LANDPARTIEN

in ganz DEUTSCHLAND

DROSTE

W0267787

WUNDER BARE LAND SCHAFTEN

Landpartie – das klingt nach gefüllten Picknickkörben, wogenden Getreidefeldern und sonntäglichen Familienausflügen. Und es klingt **herrlich altmodisch**: kein Stress, keine Termine, kein Handy. Es geht raus aufs Land und rein in die Natur.

Quer durch Deutschland führt die Reise zu den **schönsten Orten der Ruhe und Entspannung**: in schnuckelige Dörfer, zu urigen Landgasthöfen, durch rauschende Wälder und an idyllische Seen.

Aus den beliebten Glücksorten haben unsere Autorinnen und Autoren ihre Herzensheimat für das perfekte Wochenende herausgeputzt. Immer drei Tage führen zu den **berühmten Highlights** und zu den **versteckten Kleinoden** der Region: ob Insel-Hüpfen in Nordfriesland oder Naturkino im Bayerischen Wald, ob Eselwanderung in der Eifel oder Storchendorf im Havelland. Überall warten **wunderbare Landschaften** und **herzliche Menschen**.

Nach einer solchen **Auszeit** fühlt man sich geerdet und frisch erholt. Und ist durchaus auch ein wenig überrascht, wie abwechslungsreich und voller Abenteuer das eigene Land ist. Da möchte man am liebsten gleich wieder auf Tour gehen. Und warum eigentlich nicht? Das nächste **unvergesslich schöne** Reiseerlebnis wartet schon!

LANDPARTIEN

LANDPARTIEN

ALLGÄU

Überwältigende Schönheiten

Atemberaubende Gipfel und malerische Täler, sanfte Hügel und markante Felsen. Das Allgäu ist das ideale Ziel für eine Landpartie. Sie führt mitten ins Herz der Natur, mitten ins entspannte Erleben. Ob sommers oder winters. Mit weiten und grünen Wiesen, erfrischenden Badeseen, rauschenden Wasserfällen und kühlschattigen Wäldern ist dieses einmalige Terrain perfekt für Genussmenschen.
Springen wir gleich ins kalte Wasser hinein. Denn am ▸ **Forggensee,** dem vom Lech durchflossenen Stausee, können sich Bewegungsmenschen nach Leibeskräften auspowern. Nahezu jeder Wunsch nach aktiver Betätigung wird dort erfüllt – man kann wandern, radeln und klettern, paragliden, schwimmen und segeln. Aber auch Liebhaber tiefenentspannter Lebensart, Naturromantiker allzumal, kommen in diesem Stück Schlaraffenland unweit vom Bioferienhof Beim Sima auf ihre aussichtsreichen Kosten. Ganz gleich, wohin man schaut, reiht sich ein malerisches Postkartenmotiv ans nächste. Doch am schönsten ist der Blick über den Forggensee hinweg ins Füssener Land mit seinem markanten Gipfelpanorama. Selbst der Königswinkel ist gut zu sehen, von dort winken die Schlösser Hohenschwangau und Neuschwanstein herüber.

Daraufhin wird es königlich. ▸ **Schloss Neuschwanstein** zieht alles in seinen Bann. Das tut zwar so, als sei es mittelalterlich, zählt aber gerade einmal 130 Jahre. Nach den Vorstellungen des Märchenkönigs Ludwigs II. erbaut, thront es über der Pöllatschlucht auf der Spitze eines Felsrückens. Mit seinen zahllosen Türmen, Erkern, Ziertürmchen, Balkonen und Zinnen schwebt es strahlend weiß und erhaben über allem Irdischen. Wer dieses himmlische Elysium gebührend auf sich

wirken lässt, vergisst umgehend das ihn umgebende touristische Gewusel und beginnt zu ahnen, was es heißt, wenn von märchenhafter Schönheit die Rede ist.

Das Erlebnis wird getoppt von der ▸ **Sellthürner Käskuche,** einer kleinen Bergkäserei mit Sennereiladen. Obwohl sie auf einer sanften Anhöhe am östlichen Rand des Illertals thront, liegt sie gut versteckt in einem kleinen Weiler, gerade einmal von 80 Menschen bewohnt. Seit 2006 betreibt Rudi Gmeiner zusammen mit seiner Frau Marlene die Käskuche in Eigenregie – und lernt, was die Käseherstellung aus melkfrischer Heumilch anbelangt, noch täglich dazu. An die 20 köstlichen und aromatischen Rohmilchkäse-Spezialitäten zaubert der Käsemeister daraus hervor. Immer donnerstags um 11 Uhr steht eine Sennereiführung an, an der man auch unangemeldet teilnehmen kann. Danach geht's im Sennereiladen zur Käseprobe. Die herzhaften Prachtkerle heißen Blümle, Heuhupfer oder Älplerglück.

Nach so viel wohlduftendem Käse meldet sich zunehmend größerer Hunger. Also auf ins Restaurant ▸ **Zum Sailer** nach **Marktoberdorf,** in dem der Vorarlberger Haubenkoch Johannes Hirtl eine kreative Kombination aus österreichischer und Allgäuer Küche kredenzt. Was er hier auf detailverliebt angerichteten Tellern serviert, sind buchstäblich lukullische Gedichte: von frisch-knackigen Salatvarianten über die geschmorte Rinderroulade und dem Rote-Bete-Bergkäseknödel bis zum Wiener Schnitzel, den Vorarlberger Kässpätzle und dem steirischen Kürbiskernparfait. Der passende Tafelspruch begrüßt die Gäste: „Essen ist ein Bedürfnis, Genießen jedoch eine Kunst."

Tierisches Leder, himmlische Fische

Gibt es einen schöneren Start in den Tag als mit einer Streichelkur für die Seele im ▸ **Natur- und Moorfreibad** in Reichenbach mit dem Moorstüble Restaurant und Kiosk nebenan? Idyllisch inmitten von Wiesen und Feldern in der sonnenverwöhnten Ebene

zwischen dem Rubihorn-Nebelhorn-Entschenkopf-Bergmassiv und der Iller gelegen. Das mit Holz ausgelegte und von naturbelassenem Quellwasser gefüllte Becken ist die reinste Augenweide. Und erst das Bad darin, so erquickend und erfrischend, die pure Revitalisierung. Anschließend kann man sich auf der Liegewiese aalen oder im Biergarten am feinen Angebot laben.

Danach geht es handfest weiter. Bei ▸ **Leder Klaus Bensmann** in Bad Hindelang, der sich Lederschneider nennt, alles von der Pike auf kennt – das Ledergerben und das Lederverarbeiten – und für seine Kunst brennt. Er arbeitet auf Wunsch und nach Maß. Sobald man mit ihm ins Gespräch eintaucht, ist er in seinem Element. Nicht nur sein Gesicht spricht dabei Bände, etwa von alten Techniken nordamerikanischer Ureinwohner. Derweil hängt ein wohltuender Duft in der Luft, der angenehme Geruch von Leder. Von der Decke hängen riesige Pergamente, getrocknete Rohhäute von Hirschen, die er zu Trommeln verarbeitet. Auf 2 Meter großen Holzrahmen sind Felle gespannt, vor denen sich Lederhosen, Westen, Jacken, Kleider und Taschen präsentieren. Auch jede Menge Gürtel, Messerscheiden, Handytaschen, Beutel und viele weitere Accessoires sind dort zu sehen – selbstredend alles handgemacht und aus Leder.

Kurz bevor man tief im Gunzesrieder Tal gefühlt von der Erdscheibe zu fallen scheint, weist ein Schild am Wegesrand über eine schmale Brücke zu einem Ort, an dem sich unzählige Saiblinge quietschfidel und putzmunter tummeln. Inmitten bunter Bergwiesen und imposanter Hänge fühlen sie sich im eiskalten Quellwasser der Gunzesrieder Ach pudelwohl. In den 16 Becken der ▸ **Bergfischzucht Gunzesried** wächst der Saibling über mehrere Stationen in zweieinhalb bis vier Jahren zu einem so prächtigen Fisch heran, dass nicht nur Feinschmecker davor in die Knie gehen. Natürlich landen die nicht nur im Handel, sondern auch gleich nebenan im Naturblockhaus aus Weißtannenstämmen so frisch auf Tisch und Teller, wie es frischer nicht geht – in der urgemütlichen Brotzeitstube oder auf der herrlichen Sonnenterrasse mit traumhaftem Blick in den Naturpark Nagelfluh.

Tanzende Zehen und mystische Quellen

Will man den neuen Tag ruhig beginnen, ist die alte Reichsstadt **Kaufbeuren** genau das richtige Pflaster. Hinter dem Crescentiakloster gibt's eine Oase der Stille: den ▸ **Klosterberggarten.** Dort wird man von einem Schatzkästlein aus Bäumen, Sträuchern, Blumen und Kräutern empfangen, das sich lang und breit über einen steilen Hang hinweg erstreckt. Der Garten ist in Anlehnung an den *Sonnengesang* des heiligen Franziskus von thematischen Stationen durchzogen, die einen zum Nachdenken und Meditieren einladen.

Mitunter melden sich danach die Füße, weil etwas drückt. Dagegen hat vor 150 Jahren der berühmte Pfarrer Kneipp die nach ihm benannte Sandale erfunden. Sie sollte „die Zehen tanzen" lassen, und das tat sie: Wenige Riemen sorgen für Halt und frei liegende Zehen, das Fußbett kam später hinzu. Heute gibt es nur noch zwei Schuhmacher, die die Handwerkskunst der Original-Kneippsandale beherrschen. Jochen Scharpf im ▸ **Schuhhaus Scharpf** in Bad Wörishofen ist einer davon. Seine Wertarbeit hat ihren Preis, aber wer einmal welche getragen hat, bleibt ihnen treu.

Man kann seine Gehwerkzeuge auch im verwunschenen Wald der tausend Quellen kühlen, der neben der ▸ **Katzbrui-Mühle** in Apfeltrach beginnt: Überall gluckert, plätschert, rieselt und tropft es, quellen Rinnsale unter Wurzeln und Moos, aus felsigen Spalten hervor. Hunderte Quellen, die sich im fließenden Stelldichein zum Katzbruier Bach vereinen. Viele sind überzeugt, dass dieses wasserreiche Stück Erde ein Kraftort ist. Danach kehrt man buchstäblich beseelt im kleinen, aber feinen Biergarten vom Wirtshaus Katzbrui-Mühle ein, das auch ein Hotel und Mühlenmuseum umfasst. Und lässt dort die abwechslungsreichen Erlebnisse im Allgäuer Land Revue passieren. Bestimmt stellt sich dann auch ein Lächeln auf den Lippen ein.

Da will ich hin!

▶ **Forggensee**
Aussichtspunkt nahe St.-Urban-Straße, 87669 Rieden am Forggensee, www.rieden.de

▶ **Schloss Neuschwanstein**
Neuschwansteinstraße 20, 87645 Schwangau, www.neuschwanstein.de

▶ **Sellthürner Käskuche**
Sellthüren 11, 87634 Günzach, www.kaesealp.de

▶ **Zum Sailer**
Marktplatz 6, 87616 Marktoberdorf, www.zum-sailer.de

▶ **Natur- und Moorfreibad**
Reichenbach 70, 87561 Oberstdorf

▶ **Leder Klaus Bensmann**
Ostrachstraße 38, 87541 Bad Hindelang, www.kb-leder.de

▶ **Bergfischzucht Gunzesried**
Säge 2 a, 87544 Blaichach-Gunzesried, www.bergfischzucht.de

▶ **Klosterberggarten**
Crescentiaplatz (hinterm Kloster) 13, 87600 Kaufbeuren

▶ **Schuhhaus Scharpf**
Kneippstraße 15, 86825 Bad Wörishofen, www.scharpf-schuhe.de

▶ **Katzbrui-Mühle**
Katzbrui 7, 87742 Apfeltrach, www.katzbruimuehle.de

ALTES LAND

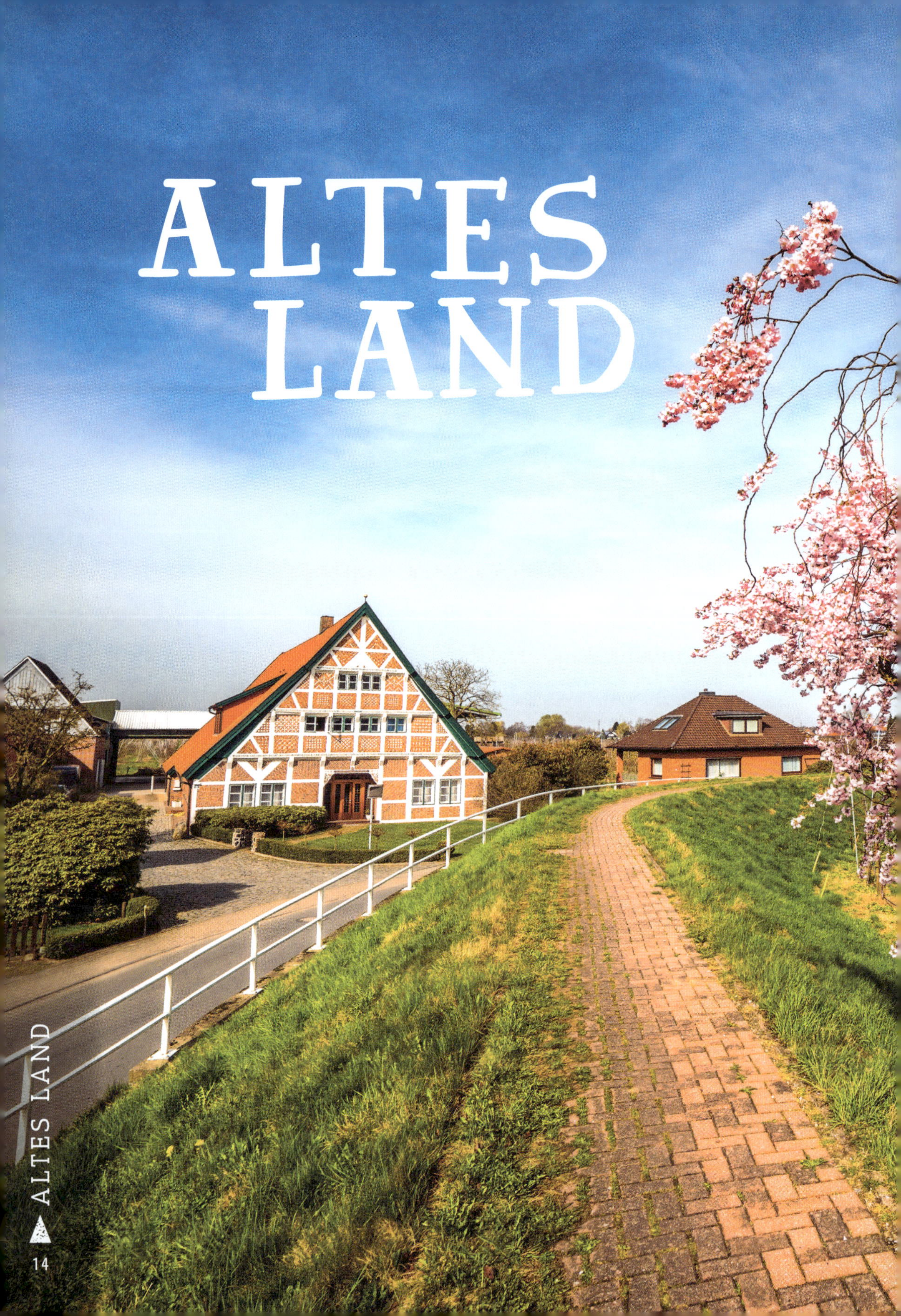

Der Weg ist das Ziel

Egal ob im Frühling, Sommer, Herbst oder Winter: Ein Kurzurlaub im Alten Land bei Hamburg ist zu jeder Jahreszeit eine wahre Freude für Herz und Seele. Im größten Obstanbaugebiet in Europa liegt entweder der Duft von Kirsch- und Apfelblüten in der Luft oder der einer reichen Ernte. Hier ist das Zuhause von knackigen Äpfeln wie aus dem Bilderbuch und saftigen roten Kirschen. Auf rund 30 Kilometer Länge erstreckt sich entlang vom mächtigen Elbstrom ein wahres Naturparadies mit bezaubernden Fachwerkhäusern, Brauttüren und Prunkpforten.

Wer schon am ersten Urlaubstag Seeluft schnuppern möchte, der kommt mit der Fähre der ▸ **Elblinien** her und genießt ab dem Hamburger Fischmarkt die rund zweistündige Überfahrt mit den Katamaranen Liinsand und Japsand. Fahrräder sind ausdrücklich erwünscht, denn das Alte Land liegt direkt am Elberadweg. Ab dem Anleger Kaffeeklappe in Hollern-Twielenfleth ist dann auch wieder fester Boden unter den Füßen. Dort gibt es frisch gebackenen Kuchen und einen ordentlichen Pott Kaffee, und das ganz rustikal auf dem schwimmenden Schiffsanleger. Jetzt noch weiter Seemannsgarn spinnen, einmal rauf auf den Deich und auf einer der schneeweißen Hochzeitsbänke Platz nehmen und die Aussicht auf die Elbe genießen. Danach geht es nur wenige Meter weiter in das wohl kleinste ▸ **Leuchtturmmuseum** der Welt in einem waschechten, antiken Leuchtturm, der über 100 Jahre den Schiffen den Weg wies. In direkter Nachbarschaft befindet sich der Nachfolger, das ▸ **Leuchtfeuer Twielenfleth**, und das sogar im ganz untypischen schwarz-weißen Gewand.

Wer mag, der lässt sich ab hier maritimen Fahrtwind um die Nase wehen und macht sich mit dem Rad auf in Richtung ▸ **Lühe-Anleger.** Das geht auch prima mit dem Elbe-Radwanderbus, der natürlich auch Ausflügler ohne Drahtesel mitnimmt. Am berühmtesten Fähranleger der ganzen Region mit diesmal rotem Leuchtturm gibt es dann ordentlich was zu gucken – sogar bis hin zu den Kranspitzen im Hamburger Hafen. Und mit einem Fischbrötchen auf der Hand geht das gleich noch viel besser. Wer mag, fährt mit der ▸ **Lühe-Schulau-Fähre** zur weltberühmten Schiffbegrüßungsanlage Willkomm Höft. Dorthin, wo per Lautsprecher die Daten zu den vorbeifahrenden „dicken Pötten" durchgesagt werden. Doch da sich das Alte Land schon ein bisschen wie Heimat anfühlt, kann der Tag auch in ▸ **Stubbe's Gasthaus** in Jork direkt beim Lühe-Anleger ausklingen. Der Familienbetrieb mit dem berühmten Sofa in der Gaststube bewirtet sei 1839 seine Gäste, wie es sich gehört, direkt am Wasser. Das sogar mit einem hauseigenen Anleger für Sportboote. Auch Wohnmobile finden dort ein gemütliches Plätzchen im Grünen. Und wer sich doch nach einer heißen Dusche sehnt, der bucht sich einfach eines der Gästezimmer bei Familie Stubbe. Allerdings muss in jedem Fall der Hamburger Pannfisch mit Senfsoße oder der gebratene Seehecht probiert werden, und das bei schönem Wetter unbedingt im Kaffeegarten.

Zeitreise im Hier und Jetzt

Nach einem echt norddeutschen Frühstück geht es weiter zum nächsten Familienbetrieb in der Blütengemeinde Jork. Schon die Fahrt dorthin ist ein kleiner Urlaub: Es geht am Deich entlang, durch prachtvolle Obsthöfe und vorbei an stattlichen Altländer Fachwerkhöfen. Im Zentrum des Ortes liegt das ▸ **Ollanner Buurhuus** und dort ist der Tisch schon reichlich im Altländer Stil gedeckt. Die Spezialität in dem Restaurant sind traditionelle und fast vergessene Gerichte, die von Familie Wehrt praktisch wieder wach geküsst wurden. Mit frischen Zutaten aus der Region, und das garniert

mit Kartoffelsorten wie Blauer Schwede oder Rote Emmalie. Von dort aus sind es nur ein paar Schritte zur ▸ **St.-Matthias-Kirche**, einer der schönsten in ganz Norddeutschland. Dort sind alte Kirchenbänke mit Schnitzereien zu bewundern und beim Betrachten des goldenen Altars stellt sich sofort ein Gänsehautgefühl ein.

Da das Gute in Jork stets so nah liegt, ist auch der berühmte ▸ **Gräfenhof** mit seinem Bauerngarten nur einen Steinwurf entfernt. Die Jorker lieben ihr Rathaus aus dem 17. Jahrhundert, und das ganz besonders, weil dort auch das Standesamt angesiedelt ist. So geht es ganz stilecht und nicht weit von der Elbe in den Hafen der Ehe. Es lohnt sich zudem, mit wachen Augen durch den Ort zu gehen, denn es finden sich gerade in Jork noch die sogenannten Prunkpforten und Brauttüren. Auch sollte in der ▸ **Drogerie Hubert** im Ortskern nach einem kleinen Reiseandenken geschaut werden. Dieses alteingesessene Geschäft war bei seiner Eröffnung 1936 durch Paul Hubert eine echte Sensation im Alten Land.

Damit die Vitamine nicht zu kurz kommen, geht es nun zum ▸ **Herzapfelhof**, wo sich alles um die beliebte Frucht dreht – und das bevorzugt in Herzform. Ganz besonders aber mit Apfel-Liebe, denn Familie Lühs beschriftet mittels Laser die Äpfel mit jeder gewünschten Botschaft, das kann auch mal ein spontaner Gruß sein. Auf dem hauseigenen Gelände gibt es alles über den Apfelanbau zu erfahren und beim Herzrundweg denkt wirklich jeder: „Herz, was willst du mehr?"

Herrscht doch einmal das berühmte nordische Schietwetter, macht man sich einen gemütlichen Tag im ▸ **Museum Altes Land**. Nirgendwo sonst kann so tief in die Vergangenheit eingetaucht werden, und das mit alten Obstkörben, Kutschen, Fangnetzen und in einem kompletten antiken Wohnzimmer, das dort aufgebaut ist.

Genuss für Leib und Seele

Seeluft macht ja bekanntlich hungrig und im Urlaub kann es durchaus mal Butterkuchen zum Frühstück geben – und das mit ganz viel Genuss in der ▸ **Bäckerei Pfeiffer** im malerischen Ort Steinkirchen. Die Kunden kommen bis aus Hamburg, stehen bereitwillig in der Schlange, um diesen fantastischen goldenen Butterkuchen zu probieren. Nachschub ist immer garantiert und gebacken wird an sieben Tagen in der Woche. Ehrensache, dass der Kuchen nach einem geheimen Familienrezept mit den besten Zutaten hergestellt wird.

Der himmlische Duft aus der Backstube zieht direkt rüber in das „Nachbarhaus“, in die ▸ **Kirche St. Martini et Nicolai.** Dorthin, wo auf der Empore eine der berühmtesten Orgeln der Welt ihr Zuhause hat. Diese wurde 1687 von Arp Schnittger erschaffen, der als einer der besten Orgelbauer seiner Zeit galt.

In direkter Nähe liegt auch der ▸ **Biohof Ottilie** mit wunderschönem Hofcafé. Gastgeberin Kerstin Hinz bereitet alle köstlichen Kuchen und Speisen nach Bioland-Standard zu und es gibt sogar veganes Eis. Als Geheimtipp gilt ihr hausgemachtes Altländer-Apfel-Ketchup.

Wer sich jetzt so langsam auf den Heimweg macht, der sollte den Besuch im Alten Land an der strahlend weißen ▸ **Hogendiekbrücke** ausklingen lassen. Denn das Beste kommt ja bekanntlich zum Schluss und diese Brücke erinnert an die Flügel einer Windmühle und somit an die holländischen Siedler in der Region. Es gibt kaum ein beliebteres Fotomotiv im Alten Land. Und genau hier und jetzt ist der richtige Zeitpunkt, um schon den nächsten Besuch zu planen.

Da will ich hin!

▶ **Elblinien**
Anleger Twielenfleth/Kaffeeklappe (vorab buchen), www.elblinien.de

▶ **Leuchtturmmuseum und Leuchtfeuer Twielenfleth**
Twielenflether Chaussee 64, 21723 Hollern-Twielenfleth

▶ **Lühe-Anleger und Lühe-Schulau-Fähre**
Elbdeich 63, 21720 Grünendeich, www-luehe-schulau-faehre.de

▶ **Stubbe's Gasthaus**
Lühe 46, 21635 Jork, www.stubbes-gasthaus.de

▶ **Ollanner Buurhuus**
Schützenhofstraße 16, 21635 Jork, www.hotel-altes-land.de

▶ **St.-Matthias-Kirche**
Schützenhofstraße 1, 21635 Jork, www.kirche-jork.de

▶ **Gräfenhof**
Am Gräfengericht 2, 21635 Jork, www.jork.de

▶ **Drogerie Hubert**
Bürgerei 3, 21635 Jork, www.drogerie-hubert.de

▶ **Herzapfelhof Lühs**
Osterjork 102, 21635 Jork, www.herzapfelhof.de

▶ **Museum Altes Land**
Westerjork 49, 21635 Jork

▶ **Bäckerei Pfeiffer und Kirche St. Martini et Nicolai**
Alter Marktplatz 13, 21720 Steinkirchen, www.backpfeiffer.de

▶ **Biohof Ottilie**
Ort 19, 21720 Mittelnkirchen, www.biohof-ottilie.de

▶ **Hogendiekbrücke**
Postweg/Ecke Bürgerei, 21720 Steinkirchen

BAYERISCHER WALD

Hineingesprungen in die Waldwildnis

Ab ins südöstlichste Eck der Republik! Hier im Bayerischen Wald gibt's nicht nur unberührte Natur, sondern auch mächtig viel Kultur und Kulinarik. Am besten, man reist schon abends an, um ausgeschlafen aufs Grüne Dach Europas zu starten.

Los geht's in der Vergangenheit. Auf einem kleinen bewaldeten Hügel bei Geiersthal liegt die imposanteste Burganlage der Region. Seit dem 12. Jahrhundert war sie der ganze Stolz von Grafen und Rittern. Doch 1469 folgte die Zerstörung. Rund ein halbes Jahrtausend lang fiel die ▸ **Burgruine Altnußberg** in einen nicht enden wollenden Dornröschenschlaf. Der wurde erst in den 1980er-Jahren beendet, als man mit Ausgrabungen begann. Kommen Besucher heute den kurzen Waldweg zur Burg hinauf, sehen sie schon von Weitem einen mächtigen rekonstruierten Bergfried. Auf seiner Aussichtsplattform entschädigt ein 360-Grad-Blick für den Aufstieg. Gemütlicher ist's am Boden. Bis zu 3,80 Meter dicke Mauern hat man hier teils mannshoch freigelegt. So ist ein kleines Labyrinth zwischen Gesindeküche, Zwinger, Kapelle und Pferdestall entstanden.

Weiter geht's zum Naturgenuss par excellence. Und das ganz ohne Schweißtreiben. Die knallgrünen Shuttles der ▸ **Waldbahn** erschließen viele Höhepunkte im Bayerischen Wald. Absolutes Sahnestück ist die Linie RB 38, die von Gotteszell aus nach Viechtach führt. Ein großer Teil der Trasse verläuft direkt am Schwarzen Regen entlang. Dessen Tal hat sich den Beinamen Bayerisch Kanada verdient. Warum? Weil der Fluss so unglaublich unberührt daherkommt – eben wie in den Weiten Nordamerikas. Einsteigen, loslassen und genießen!

Der Bahnausflug hält zugleich das erste kulinarische Ausrufezeichen parat. Nur 2 Fußminuten vom Haltepunkt Schnitzmühle entfernt lässt das ▸ **Adventure Camp Schnitzmühle** die Gaumen frohlocken. Hier steht zum Beispiel ein gelbes Thai-Curry auf dem Tisch. Es kommt mit knackigem Gemüse, Bambus und gegrillter Entenbrust daher. Daneben hat sich ein bayerisch inspiriertes Gericht niedergelassen: Die hausgemachten Nudeln werden von Steinpilzen, Zucchini und Petersilienpesto umspielt. Dazwischen stehen noch zwei Gläser Holunder-Eistee – ebenfalls selbst gemacht. Und alles hat eins gemeinsam: Es ist unheimlich lecker. Das Motto: Thai-Bay! Eine ungewöhnliche Kombi, die sehr gut harmoniert.

Gut gestärkt haben wir noch genug Energie für eine besondere Wanderung. Dafür geht's in die Nähe von Lohberg – zum ▸ **Naturkino**. Bei diesem luftigen Glücksort handelt es sich um 20 Holzbänke. Die stehen auf dem Höhenkamm des Bayerwaldes unweit des etwas über 1300 Meter aufragenden Berges Zwercheck. Nur wenige Schritte nordöstlich liegt die tschechische Grenze, die man beim rund einstündigen Anmarsch über einige Hundert Meter direkt neben sich hat. Kurzum: Man befindet sich mitten in der Natur. Allabendliches Highlight ist der Sonnenuntergang. Von Sekunde zu Sekunde leuchtet der Himmelskörper dann immer stärker in allen nur vorstellbaren Rottönen. Was für ein filmreifer Abschluss eines gelungenen Tages!

Heiße Kunst und weite Blicke

Wir starten mit routiniertem Treiben in den neuen Tag. Motto dabei: Tradition ist nicht das Bewahren der Asche, sondern das Weiterreichen des Feuers. Und genau das passiert in einer kleinen Glashütte in **Riedlhütte**. Wie schon der Ortsname sagt, lag hier einst ein wichtiges Zentrum der Glasindustrie. Doch davon ist nahezu nichts mehr übrig. Die große, den Ort prägende Glasfabrik musste 2009 schließen. In direkter Nähe brennt aber

noch ein glühend heißer Ofen – beim Familienbetrieb ▸ **Glasscherben Köck**. Ein Vater-Sohn-Gespann erhält hier die Handwerkskunst. Besucher können hautnah dabei zuschauen, wie die farbenfrohen Unikate entstehen. Ganz spezielle Stücke im XXL-Format zeigen die Köcks im hauseigenen Wald-Glas-Garten. Da gibt's 12 Meter hohe Glasbäume, eine gläserne Krippe und lebensgroße Nachbildungen von Wisent, Bär und Storch. Bei dem Anblick kann man von Glück sprechen, dass es in der Region noch verwurzelte Handwerker gibt, die das Feuer am Lodern halten.

Verwurzelt sind auch die Hauptakteure beim nächsten Halt. Der ▸ **Baumwipfelpfad** im Nationalpark bietet einmalige Waldeinblicke in das 1970 gegründete Schutzgebiet. Höhepunkt des insgesamt 1300 Meter langen Holzstegs in luftiger Höhe ist der Aussichtsturm am Ende des Weges. Weil er aus der Ferne betrachtet wie ein Ei ausschaut, haben ihm die Einheimischen den Spitznamen Baum-Ei gegeben. Aus der Nähe erinnert die Konstruktion eher an die Kuppel des Berliner Reichstages. In sanften Spiralen schlängelt sich der barrierearme Pfad langsam gen Himmel. Am Ende stehen die Besucher 44 Meter über dem Grund. Bei gutem Wetter können sie nicht nur einen famosen Rundumblick über Rachel, Lusen und Co. genießen, sondern in der Ferne auch die Silhouetten der Alpennordkette erspähen.

Die dritte und letzte Station des Tages ist ein versteckt gelegenes Kleinod bayerischer Wirtshauskultur. Die ▸ **Tafernwirtschaft D'Ehrn im Freilichtmuseum Finsterau** bietet bodenständige Küche in authentischer Umgebung. Abgewetzte Bodenplatten aus Stein im Eingangsbereich, robuste Stühle und Tische aus dunklem Holz in der Stube, eine schnuckelige Schänke in der Mitte des Geschehens und ein alteingesessenes Wirtspaar: Das sind die Zutaten für eine kulinarische Zufluchtsstätte erster Güteklasse. Gezaubert werden hier vorzügliche bayerisch-böhmische Gerichte.

Bis ans Ende des Bayerischen Waldes

Am dritten Morgen steht ein grenzüberschreitendes Abenteuer auf dem Programm. Passkontrollen gehören dabei zum Glück längst der Vergangenheit an. Es ist zusammengewachsen, was zusammengehört. Zwei Länder – eine Region! Oder halt! Es sind sogar drei Länder! Wer an der deutsch-tschechischen Grenze weit genug nach Südosten vordringt, trifft auf Österreich. Am ▸ **Dreiländereck** können Wanderer binnen Sekunden ihre Füße in jeden der drei Staaten setzen. Ein fast mannshoher Granitblock markiert das trinationale Fleckchen. Daneben gibt es am Dreisesselmassiv massig Natur zu bewundern. Für den Rundweg über Steinernes Meer und Bayerischen Plöckenstein sollte man knapp 3 Stunden einplanen.

Langsam geht's auf den Heimweg. Da dürfen ein paar modische Mitbringsel nicht fehlen! Im schmucken Bayerwald-Städtchen Waldkirchen ist eine der bekanntesten Shopping-Oasen Bayerns beheimatet, das ▸ **Modehaus Garhammer.** Seit 1896 hat der Familienbetrieb den Anspruch, seinen Kunden ein Rundum-sorglos-Paket zu schnüren. Viele kommen sogar aus München oder Nürnberg. Wer hätte gedacht, dass Großstädter zum Shoppen in die Provinz fahren?

Letzter Stopp: ▸ **Steinbruchweiher Büchlberg!** Nur wenige Hundert Meter vom Kirchturm entfernt hütet ein bewaldeter Hügel ein steiniges Geheimnis. Inmitten der Bäume öffnet sich ein runder Krater, gefüllt mit blaugrün strahlendem Wasser. Was nach den Überresten eines Meteoriteneinschlags aussieht, ist jedoch menschengemacht. Einst wurde hier Granit abgebaut, nun darf sich die Natur wieder frei entfalten. Ein schmaler Durchbruch führt zum Ufer des Steinbruchsees. Dort erheben sich steile Felswände. Am schroffen Stein wuchern kleine Pflänzchen, Sträucher und Bäume. Ein wunderbares letztes Seele-baumeln-Lassen vor der Abreise.

Da will ich hin!

▶ **Burgruine Altnußberg**
94244 Geiersthal, www.burgruine-altnussberg.de

▶ **Waldbahn**
Bahnhof Teisnach, Bahnhofstraße 5, 94244 Teisnach, www.waldbahn.de

▶ **Adventure Camp Schnitzmühle**
Schnitzmühle 1, 94234 Viechtach, www.schnitzmuehle.de

▶ **Naturkino am Zwercheck**
93470 Lohberg, www.lohberg.de

▶ **Glasscherben Köck**
Forsthausstraße 2, 94566 Riedlhütte, www.glasscherben-koeck.de

▶ **Baumwipfelpfad Bayerischer Wald**
Böhmstraße 43, 94556 Neuschönau, www.baumwipfelpfade.de/bayerischer-wald

▶ **Radizierte Tafernwirtschaft D'Ehrn im Freilichtmuseum Finsterau**
Museumsstraße 51, 94151 Finsterau, www.ehrn.de

▶ **Dreiländereck am Dreisessel**
94089 Neureichenau, www.neureichenau.de

▶ **Modehaus Garhammer**
Marktplatz 28, 94065 Waldkirchen, www.garhammer.de

▶ **Naturdenkmal Bergholz mit Steinbruchweiher**
Oberer Steinweg 1–2, 94124 Büchlberg, www.buechlberg.de

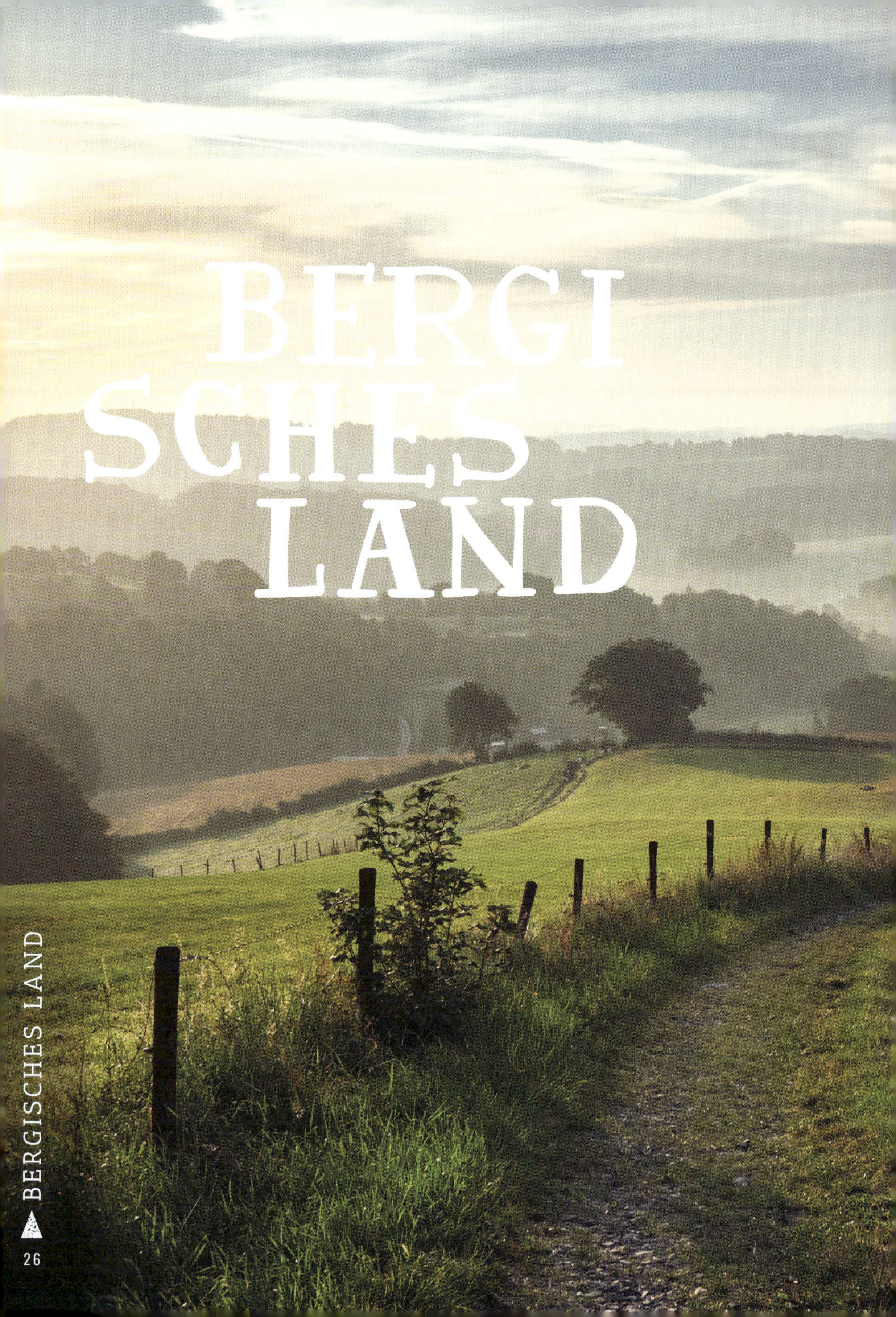
BERGISCHES LAND

Tierisch schön

In der Nähe von Köln laden die imposanten Hügel, waldigen Höhenzüge und grünen Täler des Bergischen Landes zu idyllischen Auszeiten ein. Hier gibt es Burgen und Schlösser, Talsperren und Stauseen – und vor allem ganz viel Natur. Hühner scharren und gackern, Kaninchen flitzen durch Käfige, ein Ferkel grunzt: Auf dem ▸ **Vieh- und Krammarkt** in **Waldbröl** sind auch heute noch lebende Tiere zu haben. 1850 erhält die oberbergische Stadt das Privileg, einen Viehmarkt abzuhalten, weil Ackerbau im Bergischen Land mit den oft steilen Hängen sehr beschwerlich ist. 1860 folgt die Erlaubnis, auch einen Krammarkt zu veranstalten: Meint der Begriff damals sämtliche Dinge, die ebenso zu einer Landwirtschaft gehören, so bezeichnet er heute Nützliches und weniger Nützliches für den Alltag. Mehr als 150 Händler sind es, die an jedem zweiten und vierten Donnerstag im Monat von 7 bis 13 Uhr auf einer Strecke von mehr als 1,5 Kilometern ihre Waren feilbieten – und bisweilen 15.000 Besucher ins Stadtzentrum locken. Frühaufstehen lohnt sich also. „Viele Anbieter kommen seit Jahrzenten“, weiß Marktmeister Günter Härting. „Und mancher Kunde kommt ebenso lange.“ Auch wenn heute niemand nach einer schönen Kuh oder einem stattlichen Hengst Ausschau halte, denn seit den 1950er-Jahren wird nur noch Kleinvieh in der schmucken, frisch sanierten Markthalle angepriesen. Und für den kleinen Hunger zwischendurch gibt es an zwei Buden die Original-Marktwurst – wer die nicht gegessen hat, war nicht auf dem Markt.

Oberhalb des Stadtzentrums thront der Nutscheid-Höhenzug, auf dem sich ein hölzerner Aussichtsturm fast 40 Meter in den Himmel über Waldbröl streckt. Darunter ausgebreitet

hat sich der etwa 8 Hektar große ▸ **Naturerlebnispark Panarbora**, im September 2015 eröffnet vom Landesverband Rheinland des Deutschen Jugendherbergswerks. Wer Mitglied ist, darf dort in hölzernen Stelzenhäusern unter Baumkronen schlafen. Allen Ausflüglern stehen der Park und der 1635 Meter lange Baumwipfelpfad offen, der zu jeder Jahreszeit spektakuläre Weitblicke offenbart und schließlich zum Turm führt. Der bewegt sich leicht im Wind, ein ganz besonderes Vergnügen. Der Pfad gilt als einer der längsten weltweit und ist einzigartig in Nordrhein-Westfalen.

Wer auf dem Markt die Kühe vermisst hat, findet sie nun in der Waldbröler Ortschaft Neuenhähnen. Hier darf man sie nicht nur streicheln und umarmen, sondern auch an die Leine nehmen: Seit 2011 bieten Uwe Eschmann und seine Frau Melanie engen Kontakt und Wanderungen mit den sanften Vierbeinern an. ▸ **Sissy-Kuhkuscheln** heißt das und erinnert an das erste Kälbchen, das – wegen zahlreicher Gebrechen – ausgiebige Streicheleinheiten bekam. So wie heute alle Tiere, die bei den Eschmanns gelandet sind. Die wollten jedoch keinen Gnadenhof gründen, sondern lieber gestressten Städtern zeigen, wie sanftmütig Kühe sind und wie sehr ihre Nähe beruhigen kann. Mittlerweile wohnen auch Alpakas und Schafe auf dem Hof.

Hat man danach Hunger, muss der Magen nicht lange knurren: Im Nachbarort Geilenkausen serviert Astrid Saubert am Wochenende in ihrem ▸ **Kräutercafé** das, was die Natur gerade anbietet – Blätterteigtarte mit Mädesüßcreme und frischen Pfirsichen, Parmesanschnitten mit buntem Tomaten-Giersch-Basilikum-Salat, Beerenbaiser oder Fichtenspitzen-Zitronentorte. Ihre Speisekarte ist klein, die Wildkräuterlimonade eine unbedingte Empfehlung.

Wild und historisch

Ludger Schmidt ist in Eile. Die Polarfüchse haben Nachwuchs. Und der tapst gerade zum ersten Mal aus dem Versteck. Das möchte sich Schmidt natürlich nicht entgehen lassen. In

Reichshof-Eckenhagen leitet er den ▸ **Affen- und Vogelpark**, mit dessen Gründung sich Schmidts Vater Werner 1983 einen Kindheitsraum erfüllte. Längst sind auf dem etwa 8 Hektar großen Gelände mehr als 800 Tiere und gut 180 Arten zu Hause – eben auch Polarfüchse, Otter und Erdmännchen. Auf einer rund 12.000 Quadratmeter großen Wiese mit See treiben Berberaffen gern Schabernack und klettern auf Besucherarme. Wer hier etwas mehr Abstand halten möchte, kann über einen 60 Meter langen Panoramasteg laufen und aus einer sicheren Höhe von fast 6 Metern auf die Affenbande blicken.

Weiter geht es zu einem wahren Schmuckstück. Die Anfänge von ▸ **Schloss Homburg** reichen bis in 11. Jahrhundert zurück. Heute ist es ein kultur- und natur- sowie regionalgeschichtliches Museum. Hier verbinden sich mittelalterliche Mauern mit den modernen Glasfassaden der Neuen Orangerie. In der kühlen Burgküche des Sayn'schen Hauses gegenüber ließen sich im Mai 1973 der damalige Bundeskanzler Willy Brandt und der sowjetische Staatschef Leonid Breschnew nicht nur ein ausgiebiges Mahl schmecken. Und am Morgen danach titelte die Oberbergische Volkszeitung recht nüchtern: „Breschnew gefiel Homburg". Heute zeigen jene Räume im Untergeschoss, wie in einer mittelalterlichen Küche gearbeitet wurde und welche Küchengeräte den Bediensteten damals zur Verfügung standen, wie Vorräte angelegt werden konnten und wie etwa Butter hergestellt wurde. Im Roten Haus zu Füßen des Schlossberges sind eine Biologische Station und das Restaurant Zehntscheuer untergebracht, zudem locken eine Museumsbäckerei sowie eine seltene Säge- und Getreidemühle.

In die Mitte **Nümbrechts** und dort in den historischen, behutsam sanierten und modernisierten Ortskern ist Küchenchef Manuel Wehling mit seiner ▸ **Manufaktur** gezogen. Das Restaurant hat seinen Platz an Niedens Garten gefunden, einer alten Grünanlage, und ist damit der richtige Ort, um den bergischen Tag ausklingen zu lassen.

Musik und Vergängliches

Am letzten Tag geht es in die kleine Kirche des Marienheider Ortes **Kempershöhe**, dort breitet Dr. Ullrich Wimmer seine Schätze aus. Seit Jahrzehnten schlägt des Sammlers Herz für Musikautomaten, Musikuhren, Walzen- und Plattenspieldosen und Drehorgeln. All diesen Dingen widmet sich das ▸ **Bergische Drehorgelmuseum**. Hinzu kommen Puppenspiele, die, scheinbar von Geisterhand geführt, zu Leben erwachen – darunter ein Ballett von 1890: Einst verkürzten solche Automaten an Bahnhöfen in der Schweiz Reisenden das Warten. Ein selbstspielendes Klavier entfachte 1971 Wimmers Leidenschaft: „Ich wollte eine Frau beeindrucken, war aber ein zu schlechter Musiker", erklärt er die Anschaffung jener Maschine von 1914. Sie spielt Robert Schumanns *Fröhlicher Landmann* und Ernst Tochs Stück *Der Jongleur*, 1926 allein für Automaten geschrieben. Solche Schmuckstücke bringt ihr Besitzer jederzeit mit Papierstreifen, Lochkarten oder Schellackplatten zum Klingen.

Wem der Sinn nach Ruhe steht, der ist an der ▸ **Burgruine Eibach** in der Lindlarer Ortschaft Scheel richtig. Dort schnattern allenfalls ein paar Gänse, will man sich mit dem Auto vorbeischieben, um zum Picknickplatz zu gelangen. Und das Federvieh denkt gar nicht daran, von der Straße zu weichen – hier haben Gans und Ganter das Sagen. Im Watscheltempo geht's also voran bis an die wenigen Mauern der Wasserburg. Zugänglich ist diese nicht, aber der lauschige Platz unter Bäumen gestattet den Blick auf ihre romantischen Reste. Vögel nisten da, Enten dümpeln auf dem Wasser und Ziegen klettern über Mauerreste, während sie an Gräsern knabbern. Im Jahr 1356 erstmals erwähnt, wurde Burg Eibach 1782 durch einen Brand völlig zerstört. Nur ein Turm und Teile der Vorburg blieben stehen. Die perfekte Kulisse, um über Altes und Neues nachzudenken und einen nächsten Besuch im Bergischen zu planen.

Da will ich hin!

▶ **Vieh- und Krammarkt**
Hochstraße, Marktplatz und Markthalle Waldbröl, www.wir-fuer-waldbroel.de

▶ **Naturerlebnispark Panarbora**
Nutscheidstraße 1, 51545 Waldbröl, www.panarbora.de

▶ **Sissy-Kuhkuscheln**
Neuenhähnen 6, 51545 Waldbröl, www.sissykuhkuscheln.de

▶ **Kräutercafé**
Geilenkausener Straße 12, 51545 Waldbröl, www.kraeutercafe.com

▶ **Affen- und Vogelpark Eckenhagen**
Am Bromberg, 51580 Reichshof, www.affen-und-vogelpark.de

▶ **Schloss Homburg**
Schloss Homburg 1, 51588 Nümbrecht, www.schloss-homburg.de

▶ **Manufaktur**
Hauptstraße 42, 51588 Nümbrecht, www.manufaktur-das-restaurant.de

▶ **Bergisches Drehorgelmuseum**
Kapellenweg 2–4, 51709 Marienheide, www.leierkastenheiterkeit.com

▶ **Ruine der Wasserburg Eibach**
Eibachstraße, 51789 Lindlar, www.frielingsdorf24.de/bvs

CHIEM SEE

Wohlfühloase für Leib und Seele

Wer sich nach einer erholsamen Auszeit sehnt, und seien es nur drei Tage, findet am Chiemsee, dem Bayerischen Meer, ein vielfältiges Eldorado in malerischer Kulisse. Ob landschaftliche Schönheit, kulinarische Genüsse, abwechslungsreiche Freizeitmöglichkeiten und Sehenswürdigkeiten ohne Ende – an Deutschlands drittgrößtem See schöpft man aus dem Vollen.

Das kann man auch schmecken. In Frasdorf etwa im ▸ **Anderlbauer Hofladen**. Der entpuppt sich sogleich als Schatztruhe naturbelassener Lebensmittel. Hier gibt es rund 20 Käsesorten aus Schaf-, Ziegen- und Kuhmilch aus der eigenen Käserei. Natürlich bio! Vom cremigen Camembert, würzigen Bergkäse und feinen Frischkäse bis zum Heublumenkäse ist alles dabei, was das Feinschmeckerherz begehrt. Wirtschaften im Einklang mit der Natur lautet das Motto. Fleisch und Wurst von den selbst geschlachteten Lämmern und Schafen, hausgemachte Marmeladen, Biohonig, Obstessig und Apfelwein ergänzen das Angebot. Alles von Hand und mit Liebe gemacht.

Darauf muss man ein Schnapserl trinken, am besten aus Meisterhand. Zum Glück ist die ▸ **Edelbrandmanufaktur Guggenbichler** ganz in der Nähe. In fünfter Generation wird dort die Destillationskultur verfeinert. Tritt Brennmeister Johann Guggenbichler inmitten saftiger Streuobstwiesen vor seinen Achertinger Hof, ist er in seinem Element. Jeden der rund 160 Obstbäume kennt er genau: das Alter, die Sorte, den Ertrag, selbst die Macken. Kein Wunder, liefern sie doch den wertvollen Grundstoff für seine Edelbrände. Rund 30 Sorten Obst – bis zu 90 Prozent

kommen aus der Region – verarbeitet er jährlich zu Edelbränden, Likören und Geist.

Macht sich nach so viel kleinem Genuss langsam großer Appetit bemerkbar, ist man in der ▸ **Schlosswirtschaft Wildenwart** goldrichtig. Vom Guide Michelin und Slow-Food-Verein bereits wiederholt wärmstens empfohlen. Vor historischer Kulisse verführt sie in schönem Ambiente überzeugte Genussmenschen zum kulinarischen Happening. Christoph Gelder, Pächter seit 2008, stammt aus der Gegend und schwört auf regionale Küche. Auch bei der Einrichtung der Gaststube beweist er ein gutes Händchen. Alles ist so, wie man sich ein traditionelles bayerisches Wirtshaus wünscht: behaglich, gemütlich, heimelig, einfach himmlisch eben. Da passt der obligatorische Biergarten natürlich bestens ins Bild. Aber Achtung: Die Kunde von diesem Glücksfall lokaler Wirtshauskunst hat sich längst herumgesprochen. Also unbedingt einen Platz reservieren!

Wer nun den dringenden Wunsch nach etwas Bewegung verspürt, kommt im Erlebnisbad ▸ **Prienavera** in Prien auf seine Kosten. Das lädt in fantastischer Umgebung zum Schwimmen und Entspannen ein. Auch die Sauna- und Wellnesswelt ist die reinste Entschleunigungs-Power-Station. Was das Prienavera aber einzigartig macht, ist sein warmer Außenpool, der sich sanft bis ans Ufer des Chiemsees schmiegt und das Gefühl vermittelt, direkt im See zu schwimmen. Zum einmaligen Badespaß gesellt sich noch ein sagenhafter Blick hinzu. Und der fällt vom Beckenrand hinüber auf die Insel Herrenchiemsee und dort durch eine Lindenallee über den Kanal bis zum Schloss.

Eine Seefahrt, die ist lustig

Seefahrer-Romantik auf dem Salondampfer Ludwig Feßler: So fängt ein erlebnisreicher Tag am Chiemsee an. Mit 75 Metern vom Bug bis zum Heck ist der historische Raddampfer das längste der 14 Schiffe umfassenden Chiemsee-Flotte und hält seit Frühjahr 1927 Kurs. Mit

seiner eleganten Erscheinung ist er die reinste Augenweide – nostalgische Gefühle inklusive. Viermal täglich geht die Ludwig Feßler während des Sommerfahrplans (Mitte Mai bis Mitte September) auf die zweieinhalbstündige Große ▸ **Chiemseetour.** Sie sticht dabei von Prien/Stock, Seebruck und Chieming aus in See und fährt auch die Herren- und Fraueninsel an. Da die Fahrt bei jedem Anleger unterbrochen und mit einem anderen Schiff fortgesetzt werden kann, bieten sich Zwischenstopps für entdeckungsreiche Landgänge an. Auf der Fraueninsel beispielsweise. Sie ist die kleinste Gemeinde Bayerns mit lediglich 50 Häusern und 250 Bewohnern, die man in gemütlichen 20 Minuten umrundet. Dort liegen wahre Schätze verborgen. Allen voran der ▸ **Campanile,** der achteckige Glockenturm mit der barocken Zwiebelkuppel von Kloster Frauenchiemsee, ein Wahrzeichen des Chiemgaus. Mit 2 Meter dicken Mauern und knapp 9 Meter Durchmesser reckt und streckt er sich seit dem 12. Jahrhundert himmelwärts.

Nur einen Steinwurf davon entfernt ist die aus ockerfarbenem Tuffstein erbaute ▸ **Karolingische Torhalle** aus dem Jahr 792 zu bewundern. Sie bildete ursprünglich den vorgelagerten Eingang zur ansonsten geschlossenen Klosteranlage. Wer ins Kloster wollte, musste hier durch. Ein massives Nadelöhr, von zwei mit Schwertern bewehrten und behelmten Posten rund um die Uhr bewacht.

Anno 2006 ging für Frauenchiemsee eine 300-jährige Durststrecke zu Ende. So lange mussten die Bierfreunde warten, bis auf der zweitgrößten Insel im Bayerischen Meer wieder eigenes Bier gebraut wurde: im ▸ **Inselbräu.** Der studierte Braumeister Daniel Hagen ist mit ganzem Herzen und großer Leidenschaft bei der Sache. Und das schmeckt man seinen drei Biersorten auch an: Das Weißbier gibt's immer, im Winter das etwas stärkere Märzenbier und im Sommer das naturtrübe Zwickel, eine Eigenkreation. Und das schmeckt am besten auf der fast ums ganze Inselbräu umlaufenden Sonnenterrasse. Im Osten sieht man die Tausendjährigen Linden, im Süden den Campanile und im Westen über den See hinweg die prächtige Alpenkulisse.

Senneralm und karibisches Flair

Heute geht's in die Berge. Von Grassau Strehtrumpf sind es gerade einmal 30 Gehminuten aufwärts zu der auf 1020 Meter Höhe malerisch liegenden ▸ **Hefter-Alm**. In der freundlichen Gesellschaft von Sepp und Irmi Guggenbichler fühlt man sich gleich heimisch. Die beiden Senner bewirtschaften die Alm seit 30 Jahren, von Mitte Mai bis Mitte Oktober kümmern sie sich um die Tiere, darunter Kühe, Kälber, Pferde, Ziegen und Hühner. A g'scheite Brotzeit gibt's natürlich auch. Ob knuspriges Brot, delikater Kuchen oder fluffiger Kaiserschmarrn, ob frische Buttermilch, spritzige Kräuterlimonade oder handgemachter Käse – alles ist köstlich.

Die nächste Station ist da, wo der Torf wächst. Die Kendlmühlfilzen (*Filze* ist der oberbayerische Ausdruck für Hochmoor) bilden das größte Hochmoor Südostbayerns. Auf dem Moorrundweg (9,6 Kilometer) zeigt es sich von seinen schönsten Seiten. Im Frühsommer empfängt einen die ▸ **Kendlmühlfilzen** in der weißen Blütenpracht des Wollgrases, sommers im leuchtenden Violett des blühenden Heidekrauts und im Herbst trägt sie das augenfällige Dunkelbraun des Pfeifengrases. Nach wenigen Metern wird man von der Stille der Moorlandschaft eingenommen und ein beruhigender Duft liegt in der Luft.

Zum großen Finale lädt das ▸ **Sonnendeck** in Chieming ein. Kiosk, Café, Imbiss und Restaurant, alles in einem und mit Strand. Vor allem begeistert die herrliche Sonnenterrasse, die einen einmaligen Weitblick über Bayerns größten Binnensee serviert. Wie ein riesiger Teppich rollt er sich grünlich blau schimmernd vor traumhafter Alpenpanoramakulisse aus. Auch die Sonnenuntergänge sind hier fantastisch, sie versprühen karibisches Flair am Bayernmeer.

Da will ich hin!

▶ **Anderlbauer Hofladen**
Hauptstraße 4, 83112 Frasdorf, www.anderlbauer.de

▶ **Edelbrandmanufaktur Guggenbichler**
Oberacherting 1, 83112 Frasdorf, www.edelbrandmanufaktur.com

▶ **Schlosswirtschaft Wildenwart**
Ludwigstraße 8, 83112 Frasdorf, www.schlosswirtschaft-wildenwart.de

▶ **Prienavera**
Seestraße 120, 83209 Prien am Chiemsee, www.prienavera.de

▶ **Große Chiemseetour**
Hafen Prien/Stock, Seestraße 108, 83209 Prien am Chiemsee, www.chiemsee-schifffahrt.de

▶ **Campanile**
83256 Frauenchiemsee

▶ **Karolingische Torhalle**
83256 Frauenchiemsee

▶ **Privatbrauerei Inselbräu**
Haus-Nr. 55, 83256 Fraueninsel im Chiemsee, www.inselbraeu-frauenchiemsee.de

▶ **Hefter-Alm**
83224 Grassau, www.hefteralm.de

▶ **Kendlmühlfilzen**
Wandererparkplatz, Steinbrückweg, 83224 Grassau, www.grassau.de/kendlmuehlfilzen-1

▶ **Sonnendeck am Chiemsee**
Grabenstätter Straße 14, 83339 Chieming, www.sonnendeck-chieming.de

EIFEL

Wenn Vulkane andächtig machen

Die Vulkaneifel ist von ihrer Lage her das Herz der Eifel, mit Maaren und den höchsten Bergen der Region, die allesamt einst Feuer spuckten. Heute bieten sie Streicheleinheiten für die Seele. Drei Tage Vulkaneifel entschleunigen und zeigen, was wesentlich ist.

Vulkanen soll man mit wachen Sinnen begegnen. Da ist die ▸ **Kaffeerösterei in Daun** der leckere Weckruf. Manchmal durchzieht die Straßen der Stadt so ein Geruch: etwas bitter, etwas rauchig, etwas erdig und leicht süßlich. Dann sind Hansdieter Richarz-Hilberg und seine Ehefrau Heike am Werk. Beide machten ihre Passion für Kaffee zum Beruf. Sie rösten nur Kaffee von kleinen Familienfarmen in Südostasien, Afrika oder Mittelamerika, deren faire und ökologische Anbaumethoden sie selbst vor Ort kennenlernen. Zum Kaffee gibt es köstliche kleine Kuchen. Es fällt schwer, sich hier loszureißen, denn es locken auch erlesene Schokoladen, Liköre, Öle und mehr. Aber es soll ja weitergehen, der Natur auf der Spur.

Wie wäre es mit einer meditativen Einstimmung in die Eifelnatur? Wenige Kilometer entfernt gipfelt eine Vulkanbesteigung in der ▸ **Mariengrotte** bei Hohenfels-Essingen. Im Tal unten grasen Kühe und Pferde, über allem thront der Mühlenberg. Sein Geheimnis ahnt nur, wer langsam und aufmerksam unterwegs ist: Wuchtige bemooste Basaltmühlsteine, Jahrhunderte alt, stehen im buchen- und eichenbewachsenen Grün. Solche wie sie wurden seit der Antike aus dem Berg gebrochen. Geblieben sind ein Labyrinth aus bizarren Felsformationen und im Gipfelbereich mehrere kleinere Höhlen: ein perfekter Abenteuerspielplatz. An einer fast senkrecht abschüssigen Bergflanke glaubt man einer Halluzination zu erliegen:

Was macht die Lourdes-Madonna im Eifeler Wald? Die romantische Mariengrotte, die in die fast schwarze Lava hineingehauen wurde, entstand 1897 als Dank für die Rettung eines Dorfschullehrers aus den Fluten des Weinfelder Maars. Man muss nicht katholisch sein, um hier verzaubert zu sein. An Baumgeister zu glauben wie die keltischen Ureinwohner funktioniert auch.

Die andächtige Stimmung ist Balsam für die Seele, mehr davon, bitte! Also wieder ein paar Kilometer weiter zum ▸ **Arensberg.** Eine offene Wiesen- und Heckenlandschaft mit Feldlerchen am Himmel und eine sanfte Hügelkuppe – mehr ist erst mal nicht zu sehen. Dann eine Art Zauberwald wiederum mit Eichen, Buchen, Lärchen, Walderdbeeren. Durch einen kleinen Tunnel geht es mitten hinein in die einstige Magmakammer eines Vulkans. Der war vor zig Millionen Jahren aktiv, durchbrach Schichten aus Schiefer, Kalk und Sandstein und türmte einen großen Kegel auf. Im 19. Jahrhundert nahm der mühsame manuelle Bergbau den Gipfel fort und gab stattdessen etwas Einzigartiges. Denn nirgendwo sonst kann man mitten in einen erloschenen Vulkan hineingehen. Drinnen ist ein geschütztes, terrassiertes Biotop entstanden. Man hört nichts außer Vogelgezwitscher, Insektensummen und dem Rauschen des Windes. Die senkrecht aufragenden Wände tragen die Farben der Erdschichten in sich, weißer Kalk, gelber Sandstein, schwarze Vulkanasche: Glück für alle, die ein Gespür haben für das Kunstgenie der Natur. Hier fühlt sich der Mensch so geborgen wie in Abrahams Schoß.

Sprint zum Glück

Nach so viel Staunen über das, was Vulkane können, zeigt sich die Eifel von der sportlichen Seite. Zumindest von der beweglichen, nämlich auf einem Abschnitt des ▸ **Vulcano-Mußepfads** bei Ellscheid. Hier lockt der Mürmes, ein nur zu Fuß erreichbares Feuchtbiotop und Flachmoor in einem Krater,

ein echter Naturschatz mit seltenen Pflanzen. Es gehört zur „Rennstrecke“ einer ganz besonderen Frau: Inge Umbach, selbst fröhliche Athletin Ü65, hat vor Jahren ihre Leidenschaft zum Beruf gemacht und zeigt in ihrer ▸ **Laufoase Schritt für Schritt** anderen, wie man beim Laufen glücklich wird. Sogar anfangs untrainierten Sofalümmlern hilft sie geduldig und empathisch auf die Sprünge. Ihre Oase ist regelmäßig eine erholsame Wohlfühlstation beim Maare-Mosel-Lauf, einem deutschlandweit bekannten Breitensportevent für Naturfans.

Wer vom Laufen Appetit bekommen hat, kann in **Hillesheim** sehr effektiv und lecker etwas gegen Unterzuckerung tun. Außerdem gibt es hier echtes Gänsehautgefühl gegen körperliches Ausgepowert-Sein. Die ganze Stadt steht im Zeichen der fiktiven, vergnüglichen Verbrechen in Romanform. Unweit von Kirche und Rathaus findet sich ein ziemlich plüschiges Krimihotel samt Restaurant, desgleichen ein urtümliches ▸ **Kriminalhaus** mit dem ▸ **Café Sherlock**. Alles atmet den Charme von Agatha Christie und Hercule Poirot, versehen mit originalen Accessoires aus Filmen. Das Kriminalhaus beherbergt das Deutsche Krimiarchiv: eine Mischung aus Bibliothek und Antiquariat, 30.000 Bände umfassend. Gemütliche Leseecken gibt es hier, in denen man sich verlieren kann.

Spannend ist auch ein Ausflug in die Antike: Bei **Duppach** fand ein Bauer beim Pflügen die Reste einer ▸ **Römervilla**. Die Vorfahren müssen kunstsinnig gewesen sein, denn es kamen Fragmente von Skulpturen aus rotem Sandstein zutage: Köpfe eines Jünglings, eines Ebers, eines Löwen, mit stilisierten Blüten verzierte Fragmente und mehr. Wiederauferstanden ist ein kleiner Kräutergarten mit allem, was die römische Küche würzte, ein mit antiken Techniken erfolgter Nachbau eines Speichergebäudes, eine Trockenmauer, ein römischer Sitzkreis (Exedra) und die Replik eines martialischen Greifenkopfes. Inmitten von Wiesen und Feldern spüren heutige Besucher ein Stück von der Alltagstaktung der mediterranen Vorfahren: Innehalten und ahnen, dass Glück auch etwas ganz Bodenständiges sein kann, für das es sich lohnt, zu „ackern“.

Tierisch gut

Bodenständig ist auch das Kunsthandwerk der Eifel, zum Beispiel in Köttelbach bei Kelberg. Man erkennt die ▸ **Töpferei Serocka** sofort: Zwischen Blumen und blühenden Stauden oder auch im gepflasterten Innenhof ragen bunte Skulpturen empor. Ihre Accessoires, Vasen, Schalen und Geschirre sind unverwechselbar durch ihre samtig leuchtenden Glasuren und filigranen Formen, die nichts von der Wuchtigkeit rustikalen Steinguts haben.

Nicht weit entfernt, in Bongard, sollte man bei einer ▸ **Eselwanderung** allerdings nur unzerbrechliches Gepäck mitbringen. Wer mit den zotteligen Wegbegleitern zur nahen Waldquelle oder zu einer einsamen Kapelle wandert, wird auf durchschnittlich 3 Stundenkilometer entschleunigt. Die Esel geben das Tempo vor – und sie haben Zeit. Das Kopfkino hört auf, kaum dass man den Hof des Forsthauses von Petra Landsberg verlassen hat. Die Tiere kennen die Routen rund um den Hausvulkan Barsberg genau, verlaufen kann man sich mit ihnen nicht.

So vollkommen geerdet, entschleunigt und seelisch genährt besucht man die ▸ **Abtei Maria Laach**. Vor rund 13.000 Jahren entstand der größte See in Rheinland-Pfalz, an dem sie liegt. Der Vulkan tief unter dem Wasser atmet im Schlaf und sendet Gasbläschen an die Oberfläche des Laacher Sees. Wanderer und Wassersportler verlieren sich im riesigen Rund. In der Kirche des berühmten romanischen Benediktinerklosters herrscht eindrucksvolle Stille. In der Klostergärtnerei, in der Kunsthandlung oder unten am Ufer im Hofladen jedoch geht es im Trubel der Besucher um die gesündeste Pflanzenrarität, das schönste Stück Keramik und Silberschmuck oder das leckerste Biosteak vom Laacher-See-Rind. Kaffee und Kuchen auf der Sonnenterrasse des Seehotels machen es deutlich: Die Eifel ist jede Reise wert.

Da will ich hin!

► **Dauner Kaffeerösterei**
Wirichplatz, 54550 Daun, www.dauner-kaffeeroesterei.de

► **Mariengrotte Hohenfels**
54570 Hohenfels-Essingen, www.hohenfels-essingen.de

► **Arensberg**
54578 Walsdorf-Zilsdorf, www.deutsche-vulkanstrasse.com/highlights/arensberg

► **Vulcano-Mußepfad**
54552 Ellscheid

► **Laufoase Schritt für Schritt**
Birkenweg 3, 54552 Ellscheid, www.lernelaufen.de

► **Kriminalhaus mit Café Sherlock**
Am Markt 5–7, 54576 Hillesheim, www.kriminalhaus.de

► **Römervilla Duppach**
Weiermühle, 54597 Duppach, www.archaeologie-duppach.de

► **Töpferei Serocka**
Zum Hochkelberg 34, 53539 Kelberg, www.toepferei-serocka.de

► **Eselwandern Eifel**
Am Barsberg 14, 53539 Bongard, www.eselwandern-eifel.de

► **Benediktinerabtei Maria Laach**
56653 Maria Laach, www.maria-laach.de

FÖHR UND AMRUM

Fabelhaft und farbenprächtig

Der „geilste Moment" im Urlaub, um einmal ein Zitat aus dem Freundeskreis zu bemühen, ist, „wenn alle Arbeiten erledigt sind, man völlig groggy die Bürotür hinter sich schließt und die ganze schöne Urlaubszeit noch vor sich hat". Ja, Vorfreude lässt die Seele Purzelbäume schlagen.

Wer sich aufmacht, die nordfriesischen Inseln und Halligen zu entdecken, kann diese Vorfreude in vielfältiger Weise auskosten. Das beginnt schon an der Reling der vielen Fähren und Schiffe, die zu und zwischen den Inseln und Halligen verkehren. Ein Blick auf das glitzernde Wasser und dabei voller Erwartung auf das sein, was da kommt.
Beispielsweise auf **Föhr**, der selbsternannten „friesischen Karibik" inmitten des Weltnaturerbes Nationalpark Wattenmeer. Wie wäre es mit einem Stadtbummel durch Wyk, dem Inselhauptort? Vielleicht gestärkt mit einem Fischbrötchen am Sandwall entlang. Auch wenn immer wieder die See lockt, den etwas abseits an der Feldstraße gelegenen ▸ **Mühlenpark** sollte man nicht links liegen lassen. Eine Oase der Ruhe – gerade in den Sommermonaten, wenn es auf Föhr durchaus trubelig zugeht. Ein echtes Kleinod, und das nicht nur wegen des Teichs mit den vielen Seerosen. Die sind zwar nicht so berühmt wie diejenigen auf den Gemälden von Claude Monet, Farbe ins eigene Leben bringen sie aber allemal.

Nur wenige Meter weiter, ebenfalls an der Feldstraße gelegen, ein Storchengehege. Hier haben viele Störche ihr Zuhause. Angefangen hat alles mit Romeo und Julia. Als sich die Storchendame in den flügellahmen Kavalier verliebte,

war die viel zu lange storchenfreie Zeit auf Föhr endlich Geschichte. Die ganze rührende Geschichte sollte man sich bei einer Besichtigung vor Ort erzählen lassen.
Apropos Geschichten. Auf eine andere trifft man in Midlum, etwas im Inneren der Insel gelegen. Ein Ort, den man nicht unbedingt auf dem Schirm hat. Er ist das Zuhause von ▸ **Fietje und Antje**, einem ganz besonderen Figuren-Paar. Er stammt vom Flohmarkt und bezog als Erster den Beobachtungsposten in einer Hecke. Über Umwege kam Antje an seine Seite. Hier haben beide alles im Blick in der Dörpstraat – und trotzen allen Wettern. Egal ob gleißende Sonne, ob Wind oder Sturm, Regen oder Schnee. Die beiden haut so schnell nichts um. So wie man sich das auch im echten Leben wünscht. Wie man munkelt, haben Fietje und Antje inzwischen übrigens Besuch bekommen. Aller guten Dinge sind ja bekanntlich drei. Eine Zahl übrigens, die symbolisch für die Freude steht. Und Freude tut der Seele ja immer gut – ebenso wie leckeres Essen. Urig und maritim geht es zu im Restaurant ▸ **Zum glücklichen Matthias** in Wyk. Hier finden sich vor allem Fischspezialitäten auf der Karte – wie könnte es auch anders sein? Benannt ist das Restaurant nach Matthias Petersen, einem legendären Kapitän und Walfänger aus dem 17. Jahrhundert. Auf dessen Spuren man übrigens auch andernorts auf Föhr wandeln kann, etwa in Nieblum, bei den „sprechenden Grabsteinen". Wenn noch etwas Zeit ist und das Wetter mitspielt, dann geht es auf der Traumstraße (die heißt wirklich so) an der Godelniederung vorbei Richtung Utersum. Vielleicht begegnet einem dort ja einer der fabelhaften Puks, die der Sage nach hier zu Hause sind. Am ▸ **Strand** dort – etwa am Kurhaus – lässt sich der Sonnenuntergang genießen. Für das Gleichgewicht der Seele.

Seelenradeln und Hygge

Wer nicht ohnehin ein paar Tage auf **Amrum** verbringt, das vor allem durch seinen unendlich scheinenden Kniepstrand bekannt ist, sollte zumindest einen Abstecher dorthin

einplanen. Fähren fahren regelmäßig. Es empfiehlt sich, sich beizeiten aufzumachen. Denn es gibt eine Menge zu entdecken. Auf Amrum selbst steigt man am besten aufs Fahrrad. Das kann man sich direkt in Wittdün ausleihen. Und dann: Seelenradeln. Von Wittdün führt ein Radweg einmal längs über die Insel vorbei am Leuchtturm, weiter Richtung an Süddorf und Nebel bis nach Norddorf. Größtenteils als Waldradweg, was man gerade bei Sonne und Wind zu schätzen weiß. Immer schön gemächlich. Zwischendurch findet sich gewiss ein Plätzchen für ein Päuschen oder eine kleine Entdeckungstour. Etwa in der Vogelkoje. Hat man Norddorf erreicht, geht es noch ein Stückchen weiter bis zur ▸ **Odde.** Das Naturschutzgebiet ist am Ende aber nur noch zu Fuß zu erreichen. Hier am nördlichen Zipfel von Amrum bietet sich einem nicht nur ein wundervoller Blick auf Sylt und Föhr, die so nahe scheinen. Nein, man ist auch ganz bei sich. Die Odde ist im doppelten Sinne „spitze“.

Wer so viel Ausdauer bewiesen hat, darf sich auf dem Rückweg noch ein Stück Friesenkultur gönnen: Friesentorte im ▸ **Friesen-Café** in Nebel. Mit Friesentee, natürlich. Wahrscheinlich war es Amrum, von wo aus diese kulinarische Sünde aus Blätterteig, Pflaumenmus und Sahne – viel Sahne! – unter dem Namen Friesentorte ihren Siegeszug angetreten hat. Wo, wann und wie sie erfunden wurde? Dazu darf jeder sein eigenes Seemannsgarn spinnen. Jetzt heißt es erst einmal genießen und auf den Body-Mass-Index pfeifen.

Und dann wieder zurück. Vorbei an der ▸ **2. Heimat** in Süddorf. Deko satt. Friesisch trifft Hygge könnte man sagen. Warum auch nicht? Das Wort *hygge* stammt aus dem Dänischen und bedeutet so viel wie Gemütlichkeit. Inspiration für ein Hygge-Feeling findet sich hier in der 2. Heimat en masse. Ein wahres Paradies zum Herumstöbern. Sowohl im Laden als auch drum herum. Sich einfach treiben lassen. Also keine Hektik, sondern entspanntes Schnöseln. Ach so, ja, Hygge ist auch eine Lebenseinstellung. Das merkt man. Der Laden ist „auf, wenn auf“. Nicht täglich und auch dann nur für ein paar Stunden. Schlimm? Keineswegs! Stimmig? Auf jeden Fall!

Kunst und Küste

Wer auf Amrum Geschmack am Tee gefunden hat, findet reichlich davon im ▸ **Friesischen Theehaus** in Nieblum zurück auf Föhr. Und nicht nur davon, weshalb Theehaus eigentlich eine Untertreibung ist. Doch erst einmal hereinspaziert. Sofort betört ein unvergleichlicher Duft die Sinne! Neben Tee, Kaffee und Kräutern finden sich weitere Genussmittel, wie Essige, Öle und Gewürze oder auch allerlei Edelsteinprodukte. Was für eine Auswahl! Wer will, genießt gleich hier eine Tasse Tee. Der Duft und das Aroma, einfach be- oder besser teetörend.

Um die Ecke in der Poststraat lohnt auch ein Blick in die Kerzenscheune. Ebenfalls nicht weit: das Gotingkliff mit einem schönen Blick auf die See.

Sollte sich tatsächlich einmal „Schietwedder" ankündigen (aber nicht nur dann), lohnt auch ein Besuch des ▸ **Museums Kunst der Westküste** im Alkersum. Und der Dorfplatz, der einer Malerpalette nachgebildet ist, mit seiner schönen Sonnenuhr liegt gleich nebenan. Meer und Küste sind die bestimmenden Themen im Museum. Etwas, was die Seele schon immer berührt hat. Oder wie es Heinrich Heine formulierte: „Ich liebe das Meer wie meine Seele, denn das Meer ist meine Seele."

Und dann ist der Urlaub schon wieder zu Ende. Na ja, fast. Einen Abstecher legen wir noch auf der ▸ **Hamburger Hallig** ein. Wie? Die gibt es? Ja, wenn man zurück auf dem Festland und unterwegs gen Süden am Sönke-Nissen-Koog haltmacht. Wie geht es weiter? Am besten zu Fuß oder mit dem Fahrrad. Hat man erst einmal die Krone des Deichs erreicht und den Blick Richtung Hamburger Hallig gerichtet, tut sich ein schnurgerader Weg auf. Let's go, hinein in ein ganz spezielles Vergnügen auf der friesischen Route 66. Aber aufgepasst: Die vielen Schafe rechts und links des Highways haben hier auf jeden Fall „Vorfahrt".

Da will ich hin!

▶ **Mühlenpark**
25938 Wyk auf Föhr

▶ **Fietje und Antje**
Dörpstraat 57, 25938 Midlum auf Föhr

▶ **Zum glücklichen Matthias**
Feldstraße 2, 25938 Wyk auf Föhr, www.zgm-föhr.de

▶ **Strand in Utersum**
Kurmittelhaus Utersum, Klaf 2, 25938 Utersum auf Föhr

▶ **Vogelschutzgebiet Amrum-Odde**
25946 Norddorf auf Amrum

▶ **Friesen-Café**
Uasterstiegh 7, 24946 Nebel auf Amrum, www.friesen-cafe.de

▶ **2. Heimat**
Sösarper Strunwai 2, 25946 Süddorf auf Amrum, www.2teheimat.net

▶ **Altes Friesisches Theehaus**
Jens-Jacob-Eschel-Straße 13, 25938 Nieblum auf Föhr, www.theehaus.de

▶ **Museum Kunst der Westküste**
Hauptstraße 1, 25938 Alkersum auf Föhr, www.mkdw.de

▶ **Hamburger Hallig**
Sönke-Nissen-Koog 36 a, 25821 Reußenköge, www.amsinck-haus.de

HARZ

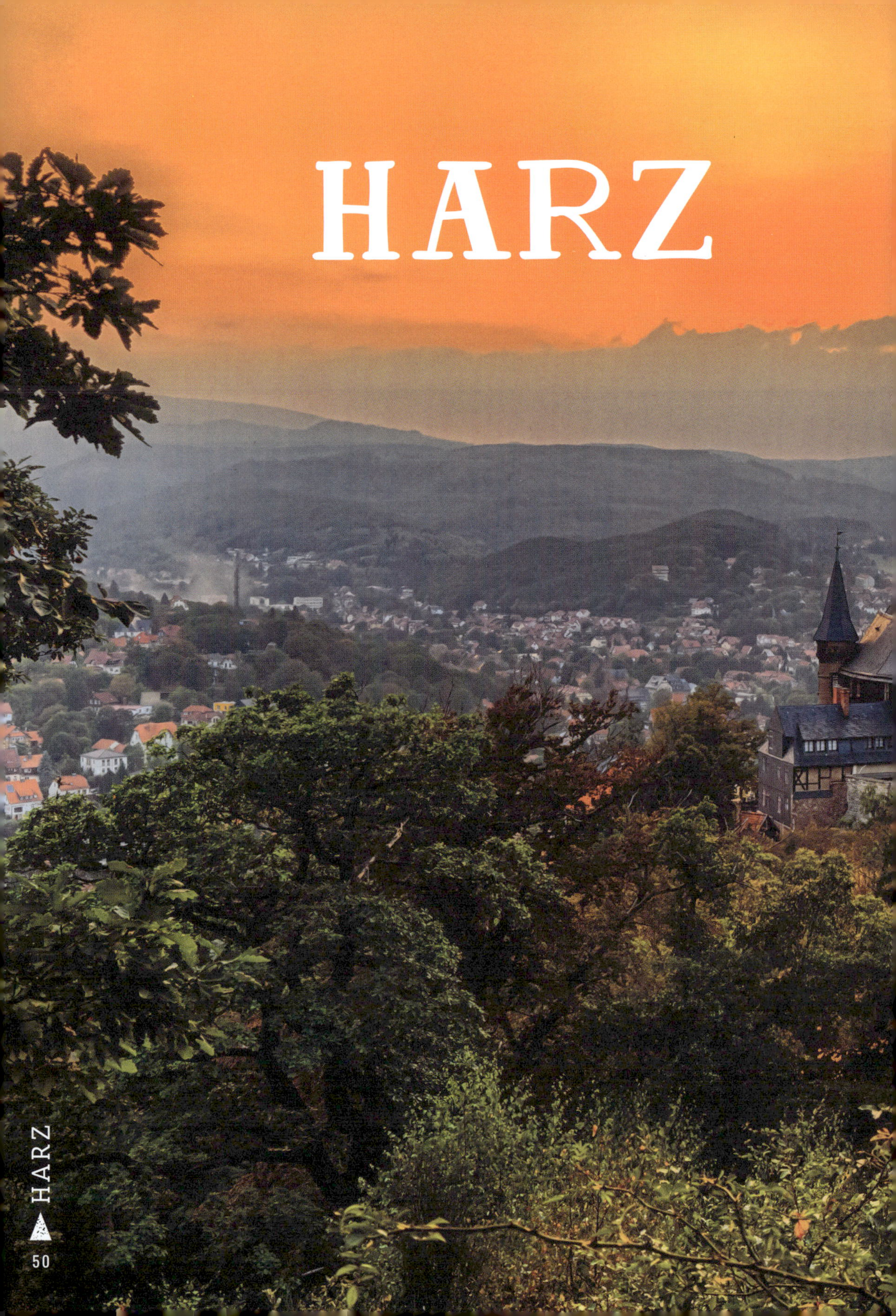

Die Seele ist bunt

Urlaub für die Seele im Harz? Immer aufs Neue eine gute Entscheidung. Ob Genuss oder Kultur, ob Unterhaltung oder Action – hier findet sich für alle etwas. Und es braucht nicht viel dafür. Zunächst nur einen passenden Ausgangspunkt. Beispielsweise die schöne Stadt ▸ **Wernigerode.** Ein Städtchen, das zu den Schmuckstücken der Region zählt. Ein weiterer Bonus: Von hier aus lässt sich das nähere und weitere Umfeld gut erkunden – egal ob per pedes oder Rad, ob mit dem Bus, Zug oder Auto.

Unterkommen lässt sich stilvoll im Gotischen Haus. Hier ist man gleich mittendrin. Vis-à-vis vom bekannten Rathaus, einem Fachwerkbau spätgotischen Ursprungs, der als eine echte Perle gilt. Je nachdem zu welcher Zeit man in Wernigerode ankommt, lädt ein Bummel durch die schmucke Altstadt ein. Was gibt es nicht alles zu sehen: ein Abstecher zum kleinsten Haus vielleicht, das tatsächlich bis 1976 noch bewohnt war und heute ein Museum beherbergt. Oder einmal bei der Altstadtblume vorbeischauen. Das 10 Meter hohe „Pflänzchen" hier im Zentrum vor den Altstadtpassagen und nur wenige Meter vom historischen Marktplatz gelegen, „sprießt" hier seit 2009. Sieben bunte Blütenkugeln sind es, die zu Wernigerode als der „bunten Stadt am Harz" passen. Sieben – eine Zahl voller Symbolik. Schneewittchen teilte sich mit sieben Zwergen hinter sieben Bergen eine Wohngemeinschaft. Und warum hat eine Woche ausgerechnet sieben Tage? Egal. Jedenfalls an sieben Tagen leuchtet einem die bunte Skulptur entgegen.

Auch lohnend: ein Besuch des ▸ **Miniaturenparks Kleiner Harz.** Auf einer

riesigen Fläche finden sich dort detailgetreue Nachbildungen wichtiger Sehenswürdigkeiten und Attraktionen der Region. Inspiration pur für die kommenden Tage! Auf dem Rückweg noch schnell im ▸ **Baumkuchenhaus** vorbeigeschaut. Dottergelb ragt das Gebäude mit geringelten Türmen hervor. Schon gewusst? Der Baumkuchen gilt ja als „König der Kuchen“ und steht deshalb symbolisch für das Konditorenhandwerk. In Wernigerode wird die aufwendige Tradition der Baumkuchenherstellung weiter hochgehalten. Die Vielfalt scheint dabei grenzenlos. Für jeden Geschmack ist etwas dabei. Vielleicht mit Marzipan oder doch lieber Nugat?

Nicht nur in den Abendstunden lohnt ein Spaziergang auf den ▸ **Agnesberg**. Da kann man ganz nebenbei auch ein paar Kalorien abtrainieren, denn der Weg hinauf ist schon etwas fordernd. Erst einmal angekommen, lässt man sich einfach auf die Bank plumpsen. Was für eine Aussicht! Wenn der Blick von dort über das nahe gelegene Schloss – auch das lässt sich natürlich besichtigen – weiter über die Stadt und darüber hinaus gleitet, kann man Pläne schmieden. Und ist voller Vorfreude auf das, was die nächsten Tage noch kommen mag. Den perfekten Ausklang des Tages genießt man in einem der zahlreichen Restaurants. Das geht an ausgewählten Tagen (und vorheriger Reservierung) sogar exklusiv. Sehr exklusiv sogar, nämlich im ▸ **Zeitwerk**, dem Wohnzimmerrestaurant. Vom Guide Michelin mit vielen lobenden Worten ausgezeichnet. Zutaten aus regionaler Herkunft, innovative Zubereitung, jung und erfrischend die Küche, trendig das Ambiente und charmant-legere der Service. Was will man mehr?

Natürlich Harz

Was wäre ein Aufenthalt im Harz, ohne die Natur zu erleben? Ja, der Wald ist im Harz stellenweise sichtbar im Wandel begriffen. Was man dabei jedoch auch im Hinterkopf behalten sollte: Es geht back to the roots, wenn man so will. Zurück zu den Wurzeln also. Ein Urwald soll entstehen. Und das braucht Zeit. Apropos: Die sollte man sich beim Erklimmen des

▸ **Brockens** nehmen. Immer wieder schiebt sich der Höchste im Harz ins Blickfeld. Doch wie geht es hinauf? Am besten auf Schusters Rappen. Nicht weit entfernt von Wernigerode zählt der Wanderweg von Schierke aus mit etwas mehr als 5 Kilometern zwar zu den kürzeren, aber durchaus anspruchsvollen Touren. Andere starten ab Torfhaus oder Ilsenburg. Wer es behaglicher mag, der fährt zum Beispiel ab Wernigerode mit der Brockenbahn. Schnaubend setzen sich Tonnen von Stahl in Bewegung. Erst langsam, dann immer schneller nimmt die Lokomotive Fahrt auf. Die einen mögen an Jim Knopf und Lukas den Lokomotivführer mit seiner Wilden 13 denken, andere an den Orient-Express oder die legendäre Transsib. Mit der Eisenbahn unterwegs zu sein, hatte ja schon immer seinen Reiz. Hier im Harz kann man sich dabei auf eines der wenigen noch möglichen Dampfabenteuer begeben und dabei die Seele baumeln lassen. Nostalgie pur.

Wen es zurück in die Stadt zieht, der bummelt durch **Quedlinburg** und seine reizvolle Welterbe-Altstadt. Kommt man durch das benachbarte Gernrode, findet sich im ▸ **Froschkönig** eine willkommene Möglichkeit für eine kleine Auszeit. Das pittoreske Café liegt gleich neben der Stiftskirche Sankt Cyriakus, die schon als Filmkulisse für Blockbuster wie *Die Päpstin* diente.

Auf dem Rückweg lockt die ▸ **Rappbodetalsperre.** Wobei sich die Qual der Wahl stellt: unten gelegen der Wendefurther Stausee, wo eine Bootstour dazu einlädt, einmal gemütlich vorauszuschippern und selbst das Steuer zu übernehmen. Vom Wasser aus betrachtet kann sogar Bekanntes überraschend neu aussehen. Nebenan die Titan RT – eine der längsten Hängebrücken weltweit. Über mehrere Hundert Meter spannt sie sich entlang der Rappbodetalsperre. Die ersten Schritte sind vielleicht noch etwas zögerlich. Aber dann hat man Vertrauen gefasst. Wer noch mehr Adrenalin benötigt, der entscheidet sich für die Megazipline: Aus 120 Metern Höhe geht es mit Europas größter Doppelseilrutsche durch das Tal. Manchen reicht auch das bloße Zusehen – und die Seele atmet freier.

Geschichte und Kreativität

Wer es nun wieder etwas gemütlicher angehen lassen möchte, sollte sich **Goslar**, die alte Kaiserstadt, nicht entgehen lassen. Wer umherbummelt, stößt auf die ▸ **Himmelsleiter**. In bunten Buchstaben prangt groß über dem Eingang zum Nordturm der Marktkirche der markante Schriftzug. Wo es da wohl hingeht? Tatsächlich in den Himmel? Wer durch die Pforte hindurchschreitet und eine kleine Gabe entrichtet, kann sich sogleich aufmachen. Schritt für Schritt, Stufe um Stufe geht es den Turm hinauf. Hier in 66 Metern Höhe, dort, wo früher Turmwächter als Brandwachen ihre Arbeit verrichteten, erwartet einen ein im wahrsten Sinne des Wortes himmlischer Rundblick über die Stadt – und darüber hinaus.
Da ist die mächtige Kaiserpfalz, wo im Mittelalter Geschichte geschrieben wurde. Und gleich dahinter erhebt sich der Rammelsberg, der für Goslar so prägend war und heute mit Museum und Besucherbergwerk Teil des UNESCO-Welterbes ist. Oder man schaut hinab auf das bunte Treiben auf dem Marktplatz. Nur mit der himmlischen Ruhe kann es plötzlich vorbei sein. Nämlich dann, wenn für manche unerwartet direkt über den Köpfen die Turmglocke läutet. Man kann das aber auch als Einladung verstehen: Noch mal durchatmen und die Seele auftanken.

Und sich dann wieder gestärkt aufmachen. Vielleicht Richtung ▸ **Hospiz Großes Heiliges Kreuz**. Auch ein Ort voller Geschichte(n). Dort, in den alten Pfründnerstuben, hat heute die Kreativität eine Bleibe gefunden. Hier gibt es Unikate zum Gebrauch mit künstlerischem Touch. Inspiration pur.

Ach ja, die Kreativität. Die gibt's auch im ▸ **Soup & Soul Kitchen**, einem Restaurant, das der Seele ja schon im Namen einen Platz in der ersten Reihe einräumt. Es lohnt sich, immer mal wieder vorbeizuschauen. Abwechslung bei den Angeboten ist hier Programm. Auf ein Wiedersehen also. Beim nächsten Mal. Im Harz.

Da will ich hin!

► **Wernigerode**

► **Miniaturenpark Kleiner Harz**
Dornbergsweg 27, 38855 Wernigerode,
www.buerger-und-miniaturenpark-wr.de

► **Baumkuchenhaus**
Neustadter Ring 17, 38855 Wernigerode,
www.harzer-baumkuchen.de

► **Aussichtspunkt Agnesberg**
38855 Wernigerode

► **Zeitwerk Wohnzimmerrestaurant**
Große Bergstraße 2 a, 38855 Wernigerode,
www.robin-pietsch.de/zeitwerk

► **Brocken**
38879 Schierke

► **Der Froschkönig – Das Café**
Burgstraße 1, 06485 Gernrode

► **Rappbodetalsperre**
www.erlebnis-talsperre-harz.de, www.harzdrenalin.de

► **Himmelsleiter**
Marktkirche St. Cosmas und Damian,
Marktkirchhof 1, 38640 Goslar

► **Hospiz Großes Heiliges Kreuz**
Hoher Weg 7, 38640 Goslar, www.kunsthandwerkgoslar.de

► **Soup & Soul Kitchen**
Petersilienstraße 5, 38640 Goslar, www.soulkitchen.house

HAVEL LAND

Vom Schwielowsee nach Werder

Diese Landpartie ist typisch Havelland. Ganz viel Natur, noch mehr Ruhe und zwischendurch leckere regionale Speisen. Alles, was die Seele so dringend braucht. Der ▸ **Schwielowsee** mit seinen hübschen Uferdörfern ist eine große Bucht der Havel in der Nähe von Potsdam. Segelboote liegen im Wasser und Strände laden zum Verweilen. Unsere Seerunde beginnt in Caputh. Der erste Sommerfrischler war der Große Kurfürst im 17. Jahrhundert. Er schenkte seiner Frau Dorothea ein gelbes Schloss am See. Heute steht es allen zur Besichtigung offen. Später entdeckten viele andere die Schönheiten am Schwielowsee. Zu ihnen gehörte auch Albert Einstein. Das letzte Gebäude an Capuths hügeligem Waldrand war sein modernes Sommerhaus. Am Wochenende ist das ▸ **Einsteinhaus** zu besichtigen. Nicht nur für das Genie der perfekte Ort, um auf die Welt zu pfeifen. Die beste Stelle dafür ist die Terrasse. Welch ein Platz, um weit übers Land zu schauen. Hier stand Albert Einstein, hier standen mindestens sechs Nobelpreisträger!

Zurück am Ufer des Sees ist das ▸ **Caputher Fährhaus** die Adresse für gutes märkisches Essen. Den schönen Ausblick aufs Wasser und die Seilfähre Tussy gibt es inklusive.

Der nächste Ort ist das ▸ **Malerdorf Ferch**. Im 19. Jahrhundert kamen die Künstler in die reetgedeckten Kossätenhäuser und ließen sich von Landschaft und Stimmung verzaubern. Ferch ist ein Ort des Lichts! Das Dorf war der richtige Flecken für die impressionistischen Maler. Ein besonderer Raum ist die ▸ **Fischerkirche**, versteckt hinter Bäumen. An der Kirchendecke schweben die Wolken des Sees, in einigen leuchten Engelsgesichter. Als sei das Licht des Sees in die Decke gewandert.

Der Pavillon beim ▸ **Fercher Strandbad** ist ein idealer Platz, um zum Sonnenuntergang über das Wasser zu schauen. Dazu ein havelländischer Obstwein, perfekter Sundowner! Doch uns führt die Runde weiter nach ▸ **Petzow.** Schloss, Kirche, Park und See sind ein schönes Stück England mit einem Hauch Exotik. Mitten in Brandenburg! Eingebettet in einen Landschaftspark im englischen Stil liegen die Bauten der gutsherrlichen Familie Kähne. Architekt Karl Friedrich Schinkel mixte den englischen Tudorstil mit südlichen maurischen Einflüssen und Peter Joseph Lenné, der Potsdamer Stargartenarchitekt, gestaltete einen englischen Garten drum herum.

Zum Schluss wartet Werder mit zweimal Verlockung. Der eine Höhepunkt liegt tatsächlich oben, der ▸ **Werderaner Weinberg.** Welch Überraschung! So weit das Auge reicht, wachsen Rebstöcke, die im Herbst voller praller Früchte hängen. Der Wachtelberg ist die nördlichste Qualitätsweinlage Europas, und das mitten in Brandenburg.

Die zweite Verlockung in Werder ist der Rundweg um die Insel. Am Wasser sitzen, den Booten zuschauen, die Beine vom Steg baumeln lassen. Die ▸ **Stadtinsel Werder** ist ein glücklicher, von der Havel umarmter Ort. Auf dem Weg am Wasser laden kleine Cafés und Restaurants zum Verweilen. Im Frühjahr, wenn die Obstbäume blühen, ist Werders Inselrundweg entlang der himmelblauen Havel ein einziges weißrosa Blütengedicht.

Birnen und Kraniche

„Wiste'ne Beern?", flüstert es in ▸ **Ribbeck** aus allen Ecken, nicht nur zur Erntezeit. Theodor Fontane hat das Dorf mit seinem Birnengedicht berühmt gemacht. Der Reim erzählt vom sterbenden Herrn von Ribbeck, der seinem habgierigen Sohn trotzt, an die Kinder des Dorfes denkt und ihnen einen Birnbaum schenkt.

Im Herbst locken die duftenden reifen Früchte, im Frühjahr die blühenden Streuobstwiesen.

Das alte Angerdorf ist zu jeder Jahreszeit idyllisch und fruchtig. In Ribbecks Gärten wachsen unzählige Birnensorten und in den Cafés und Lokalen verlocken birnige Köstlichkeiten. Der größte Bau im Dorf ist das neobarocke Schloss, das einst der Familie von Ribbeck gehörte. Eine Ausstellung berichtet über die regionale Geschichte und über den Dichter Theodor Fontane. Alles in Ribbeck steht auf Birne. In der alten Brennerei wird sie zu Schnaps gebrannt. Und im Alten Waschhaus, in dem die geweißte Wäsche durch den Raum flattert, gibt es die gerühmte Birnentorte. Ein Besuch in Ribbeck ist perfekt wie ein Bilderbuch. „So spendet Segen noch immer die Hand des von Ribbeck auf Ribbeck im Havelland.“

Über kleine Straßen geht es weiter gen Norden. Unterwegs lohnt sich unbedingt ein Stopp auf dem ▸ **Kuhhorster Ökohof**. Regionale Küche, Demeter-Produkte vom Feinsten und Bauerngolf bieten eine schöne Pause. Fast nebenan liegt die ▸ **Ziegenkäserei Karolinenhof**. Zur Auswahl gibt es hier 20 Sorten Ziegenkäse oder, für progressive Besucher, ein Stück von der Ziegensahne-Schoko-Ricotta-Torte. Das Havelland ist unprätentiös innovativ, auch in der Küche. Mit gesunden Produkten, die Körper und Seele stärken!

Der havelländische Streifzug endet im ▸ **Storchen- und Kranichdorf Linum**. Im Sommer brüten bis zu 20 Storchenpaare auf den Dächern der Häuser. Im Herbst ist die Zeit der Kraniche. Nirgends in Mitteleuropa treffen sich so viele Glücksbringer wie in und um Linum. Bis zu 120.000 Kraniche rasten im Linumer Teichland. Zwischen Schilf und Röhricht verstummt die laute Zivilisation und nur die Stimmen der Tiere, das Rauschen des Windes und manchmal das Plätschern des Wassers sind zu hören, bis kurz vor Einbruch der Dunkelheit die Kraniche mit ohrenbetäubendem Trompeten landen. Das ist ein unglaublich beeindruckendes Schauspiel.

Königliche Träume

An der Havelpromenade stehen Bänke, rechts legen die Schiffe an. ▸ **Ketzin** ist fast maritim. Aus der Ortskulisse ragt der mächtige alte Kirchturm, auf dem Friedhof wird „Kunst Garten Eden" ausgestellt. Langsam wie das Havelwasser fließt hier die Zeit vorüber. Auf dem Weg nach Paretz legen wir einen Abstecher bei ▸ **Charlotte** am Gestade ein. Charlotte ist eine Fähre, und sie bringt uns aus reiner Freude einmal hin und wieder zurück über die Havel. Der Wind pfeift die Gedanken frei, dann geht's weiter nach Paretz.

1795 kaufte der spätere König Friedrich Wilhelm das Dorf für 85.000 Taler. Sein Projekt war der Bau eines modernen Musterdorfes samt Sommerwohnsitz für seine Frau Luise und die königliche Familie. Entlang der Kopfsteinpflasterstraße von **Paretz** entstanden für das preußische Modellgut zehn Bauernhäuser im gleichen Stil, dazu ein Amtshaus, das Spritzenhaus, ein Haus für die Leineweber und die Schmiede im Gotischen Haus. In einem Park stehen die neogotische Kirche und das klassizistische Schloss. Der Zauber, den Königin Luise hier fand, ist heute zurück. Es ist ein Traum in Tapete. Die Felder der Umgebung wachsen in die Zimmer hinein, Kornblumen und Mohnblumen blühen auf allen Seiten. Obst reift auf den Bäumen und bunte Vögel sitzen in Zweigen. Das Wanddekor im ▸ **Schloss Paretz** ist ein Hingucker und eine entspannende Anregung für elegantes Raumdesign.

Luise liebte die Ruhe und das Unaufgeregte in Paretz. Ihr Frühstück ließ sie sich am liebsten in ihren Tapetenzimmern ans Bett servieren. „3 Tassen Schokolade. mit Saane vermischt". Und nachmittags dann ein Stettiner Bier. Ein vergnüglicher Genuss im Havelland.

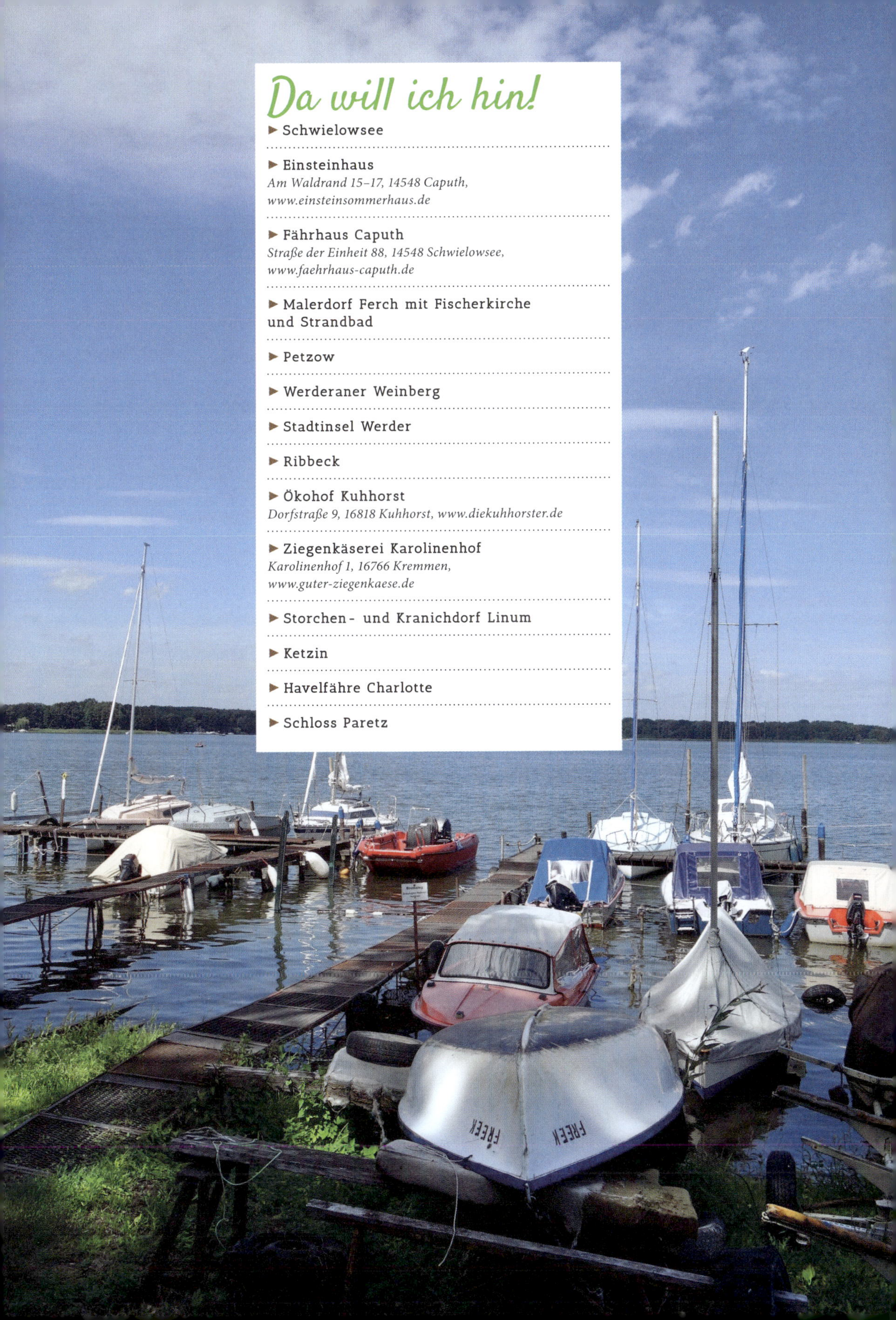

Da will ich hin!

- ▶ **Schwielowsee**
- ▶ **Einsteinhaus**
  Am Waldrand 15–17, 14548 Caputh, www.einsteinsommerhaus.de
- ▶ **Fährhaus Caputh**
  Straße der Einheit 88, 14548 Schwielowsee, www.faehrhaus-caputh.de
- ▶ **Malerdorf Ferch mit Fischerkirche und Strandbad**
- ▶ **Petzow**
- ▶ **Werderaner Weinberg**
- ▶ **Stadtinsel Werder**
- ▶ **Ribbeck**
- ▶ **Ökohof Kuhhorst**
  Dorfstraße 9, 16818 Kuhhorst, www.diekuhhorster.de
- ▶ **Ziegenkäserei Karolinenhof**
  Karolinenhof 1, 16766 Kremmen, www.guter-ziegenkaese.de
- ▶ **Storchen- und Kranichdorf Linum**
- ▶ **Ketzin**
- ▶ **Havelfähre Charlotte**
- ▶ **Schloss Paretz**

HUNS RÜCK

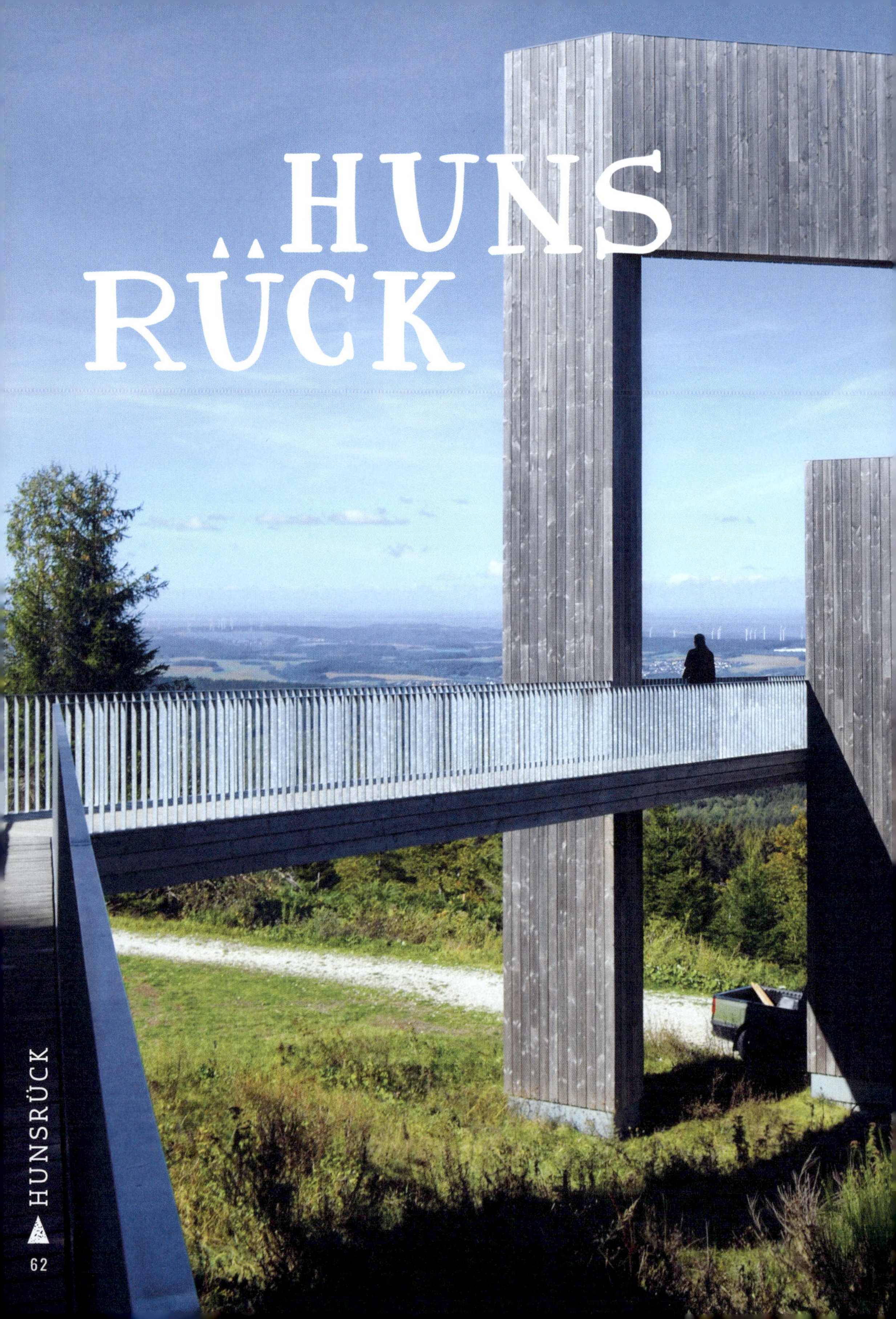

Jeder findet sein „Gehaischnis“

Willkommen im Hunsrück! Dieses Mittelgebirge zwischen Saar und Rhein, zwischen Mosel und Nahe entschleunigt ohne viel Aufsehens. Frische Luft, nette Städtchen, ehrliche Landwirtschaft und rauschende Wälder – hier gibt so viel Glück zu entdecken, dass man viele Wochenenden im Jahr wiederkommen kann.

Im Hunsrücker Dialekt gibt es ein Wort, das niemand erklären muss, weil jeder weiß, was gemeint ist: Gehaischnis. Dieses Wort steht für Wärme, Geborgenheit, selbst gemachte Erdbeermarmelade und Heimat. Vielleicht findet man das bereits am ersten Tag am ▸ **Wasserfall in Saarburgs** Innenstadt. Würden die Kellner und Bediensteten der zahlreichen Cafés und Bistros am Buttermarkt die Bestellung nicht auf Deutsch entgegennehmen, könnte man glauben, man sei an der Rialto-Brücke von Venedig. Egal, vor welchem Café man sitzt, überall am Platz herrscht eine tolle Atmosphäre zum Ausruhen, Austauschen und Entspannen am Ufer der Leuk, die sich genau hier mit Getöse über Felskaskaden 20 Meter in die Tiefe stürzt.

Entlang der Hunsrück Höhenstraße geht es raus aus dem Trubel, um zu entspannen, um ein Buch zu lesen oder einfach nur gemütlich zu picknicken. Der ▸ **Keller Stausee** erscheint hierfür geradezu ideal. Wer mag, wandert auf dem Rundweg einmal herum oder fährt eine Runde Tretboot. Hier ist sie, die perfekte Kulisse für erholsame Stunden zum Krafttanken und für einen Urlaub vom Alltag. Auch ein Freibad gibt es, wer es etwas trubeliger und sportlicher mag, ist hier genau richtig.

Für alle, für die das Glück über den Wolken liegt, lohnt sich ein Ausflug nach Hermeskeil.

Wessen Herz beim Anblick von Flugzeugen höherschlägt, muss sie einmal im Leben besucht haben: die europaweit einzige private ▸ **Flugausstellung** in Hermeskeil. Hier gibt es rund 120 imposante Flugobjekte zu bestaunen. Eine besondere Attraktion ist ein originalgetreuer Nachbau des berühmtesten zivilen Überschallflugzeugs der Welt: eine Concorde. In ihr befindet sich originellerweise das Café mit 150 Sitzplätzen.

Nach so viel Technik geht es hoch hinaus zu der ▸ **Sinnesbank auf den Dollbergen.** Man muss sich schon ein wenig anstrengen, will man zu diesem magischen Ort gelangen. Los geht es vom Keltendorf bei Otzenhausen über gut 150 Höhenmeter nach oben zum Mannfels, einer natürlichen Abbruchkante der Dollberge, der höchsten Erhebung des Saarlandes. Und die Kraxelei lohnt sich allemal. Denn oben angekommen, trifft man auf eine Sinnesbank, die zum Innehalten einlädt. Von dort aus gibt der Wald den Blick frei ins Tal auf die Primstalsperre, deren klares Wasser im Gegenlicht der Sonne glitzert.

Von hier aus ist es nicht mehr weit bis zum ▸ **Keltischen Ringwall,** ein Zeugnis aus Zeiten, als sich die Kelten gegen Julius Cäsar und seine römische Streitmacht zur Wehr setzten. Die zum Teil 10 Meter hohen Mauern beeindrucken noch heute. Außerdem kann eine rekonstruierte keltische Siedlung mit zehn Häusern bestaunt werden. Die gesamte Anlage ist kostenfrei zu besichtigen und vermittelt einen authentischen Eindruck der Vergangenheit. Ein gelungener Ort für unseren Tagesabschluss – einfach schön!

Nostalgie und Schottland-Feeling

Glücklich macht auch der Erbeskopf, mit 816,32 Metern die höchste Erhebung in Rheinland-Pfalz. Dort steht die Skulptur ▸ **Windklang** wie ein gigantischer hölzerner Violinschlüssel mitten in der rauen Natur des Berges. Einzigartig vereint die Skulptur viele Tonnen von Stahl mit einem edlen Kleid aus Holz

und spielt so in jeder Jahreszeit ihre eigene Komposition aus Wind und einer traumhaften Landschaft. Der Weitblick reicht bis in die Eifel hinein.

Wem die schottischen Highlands lieber sind, der sollte ▸ **Burg Baldenau** in der Nähe der Hunsrückhöhenstraße besuchen: pures Schottland-Feeling! Die von Sumpf umgebene Ruine ist ein wahrer Geheimtipp. Wer Ruhe sucht, wird sie hier finden.

Von hier aus ist das ▸ **Café Heimat** im Herzen von Morbach nicht weit. Hier in dem schön restaurierten Haus erblickte Filmemacher Edgar Reitz das Licht der Welt. Aus seinem Elternhaus wurde 2013 ein Café, das gleichzeitig auch ein Museum ist. Überall erinnern großformatige Fotos an die Hauptdarsteller des Jahrhundertepos *Heimat*. Ebenso schön ist ein Ausflug zum ▸ **Bauernhofcafé Hunolsteiner Hof** etwa 3 Kilometer von der Hunsrückhöhenstraße entfernt. Am Ortseingang von Morbach-Hunolstein schmiegt es sich in die idyllische Landschaft am Fuße des Idarwaldes. Mit viel Liebe zum Detail und einer großen Portion romantischer Nostalgie ist dort, wo einst Kühe weideten, ein urgemütliches Bauernhofcafé entstanden.

Meist kommt sie ganz leise und zaghaft zum Vorschein – die Sehnsucht nach Ruhe und Frieden. Und wo findet man mehr Ruhe als in einer Kirche? Von innen und außen ein Schmuckstück ist das schöne kleine ▸ **evangelische Gotteshaus von Stipshausen**, das zwischen 1772 und 1979 errichtet wurde. Die Kapelle zählt wegen ihrer farbenfrohen Ausmalung zu den schönsten Kirchen im Hunsrück.

Dort, wo einst Kühe friedlich am Futtertrog ihr Heu wiederkäuten, steht heute mitten in Herrstein das schmucke Fachwerkhaus ▸ **Zehntscheune**. Es wurde 1525 erbaut, schmiegt sich nun liebevoll restauriert an die alte Stadtmauer des Ortes und lädt mit regionaler, hausgemachter Küche aus Omas Kochbuch zur Rast ein. Frisch gestärkt, kann es dann weitergehen auf dem Mittelalterpfad, einem Rundwanderweg von etwa 3 Stunden, der im Ortskern beginnt.

Alles außergewöhnlich

Heute geht es an die Nahe. Ihr folgen wir an unserem letzten Tag Richtung Rhein. Gleich zu Beginn wartet ein absolutes Highlight: Unbedingt besuchen sollte man die ▸ **Felsenkirche von Idar-Oberstein,** die sich stolz und stark wie eine Enklave oberhalb der Stadt erhebt. Ihr Bau mitten in den Felsen begann 1482 auf den Fundamenten einer früheren Burg. Wer sie heute betritt, muss einen Tunnel passieren. Im Inneren ist ein Flügelaltar aus dem Mittelalter zu bewundern. Aber vor allem fasziniert die Aussicht von der oberhalb der Kirche gelegenen Plattform.

Von hier geht es weiter nach Bad Sobernheim. Im ▸ **Rheinland-Pfälzischen Freilichtmuseum** versetzen mehr als 40 historische Gebäude die Besucher in die Vergangenheit. Die Häuser wurden in ganz Rheinland-Pfalz Stein für Stein abgebaut und dann hier liebevoll bis ins Detail wieder errichtet. Ein Rundweg führt durch das weitläufige Gelände und zeigt die typischen Lebens- und Bauweisen von Mosel und Eifel, Mittelrhein und Westerwald, Pfalz und Rheinhessen sowie Nahe und Hunsrück. Auf dem Gelände sind auch Rinder, Schafe und Ziegen zu Hause.

Zeit für eine kleine körperliche Wohltat? Dann lohnt sich ein Besuch auf dem ▸ **Barfußpfad** direkt an der Nahe. Der rund 3500 Meter lange Rundweg macht Spaß und tut nicht nur den Füßen gut.

Wie wäre es abschließend mit einem Ausflug in den Süden? Unterhalb der Nahebrücke bei den Brückenhäusern von ▸ **Bad Kreuznach** wähnt man sich wahrlich wie im Urlaub. Fast könnte man glauben, man säße am Ufer der Seine in Paris, wenn man gemütlich bei einem leckeren Nahe-Wein zum Beispiel in der Schirmbar Fritz am Ufer sitzt, den warmen Sonnenschein genießt und dem verzaubernden Musette-Walzer eines Straßenmusikers lauscht.

Da will ich hin!

▶ **Wasserfall**
Am Markt, 54439 Saarburg, www.saarburg.de

▶ **Keller Stausee**
Hochwaldstraße 1, 54427 Kell am See, www.seen.de/keller-stausee

▶ **Flugausstellung P. Junior**
54411 Hermeskeil, www.flugausstellung.dee

▶ **Sinnesbank auf den Dollbergen**
Parkplatz an der L 147, Ringwallstraße, 66620 Otzenhausen

▶ **Keltischer Ringwall / Keltenpark**
Hunnenringweg, 66620 Otzenhausen, www.keltenpark-otzenhausen.de

▶ **Skultur Windklang**
Freizeitzentrum Erbeskopf, 54426 Hilscheid, www.erbeskopf.de

▶ **Burg Baldenau**
54497 Morbach, www.baldenau.de

▶ **Café Heimat**
Biergasse 5, 54497 Morbach, www.cafe-heimat-morbach.de

▶ **Bauernhofcafé Hunolsteiner Hof**
Hunolstein 2, 54497 Morbach-Hunolstein, www.hunolsteiner-hof.de

▶ **Evangelische Kirche**
Haupstraße 42, 55758 Stipshausen

▶ **Café Zehntscheune**
Schlossweg 13, 557576 Herrstein, www.zehntscheune.de

▶ **Felsenkirche**
Kirchweg 3, 55743 Idar-Oberstein, www.felsenkirche-oberstein.de

▶ **Rheinland-Pfälzisches Freilichtmuseum**
Nachtigallental 1, 55566 Bad Sobernheim, www.freilichtmuseum-rlp.de

▶ **Barfußpfad**
Staudernheimerstraße 90, 55566 Bad Sobernheim, www.barfusspfad-bad-sobernheim.de

▶ **Bad Kreuznach**
www.bad-kreuznach.de

INNTAL

Von Rosenheim zum Berggasthof

Breit, stark, kalt und grün, so kannten die Menschen den Inn schon immer. Seit der Römerzeit ist sein Tal ein Einfallstor für Handel und Kultur aus dem Mittelmeerraum. Wenn er kurz hinter Kufstein als reißender Gebirgsfluss die Alpen verlässt, hat er zwei Drittel seiner 517 Flusskilometer hinter sich. Zwischen Wendelstein und Heuberg bekommt er zunehmend Platz und bei **Rosenheim** kann er sich als breiter Strom ganz entspannt der Ebene zuwenden.

Hier beginnen wir unsere Landpartie durch das Inntal. Vor 800 Jahren siedelten sich an der Mangfall-Mündung Flussschiffer an, wo heute eine quicklebendige, weltoffene Stadt liegt. Ihre Plätze und Straßen mit den Laubengängen, Märkten, Brunnen und Cafés verströmen ein mediterranes Flair, die Innenstadt ist ein Fest für Flaneure und die kulturelle Vielfalt samt Kneipen- und Theaterszene kann sich sehen lassen.

Wer gleich mitten im Zentrum sein möchte, der bucht am besten im Hotel ▸ **Flötzinger Bräu.** Von hier sind es nur ein paar Schritte bis zum Max-Josefs-Platz, der „guten Stube" von Rosenheim. In einem der Cafés oder an den Biergarten-Tischen vom ▸ **Stockhammer,** dem Gasthaus mit den großen Schirmen, treffen sich die Rosenheimer zum Weißwurstfrühstück oder auch zum ersten Ratsch des Tages. Hier schauen sie in aller Ruhe, wer da so vorbeikommt, wen man grüßen will oder muss, nach der Devise „sehen und gesehen werden".

Wir wollen am Nachmittag das Inntal erkunden und gehen noch kurz am ▸ **Grünen Markt** vorbei. Das Obst als Wegzehrung für

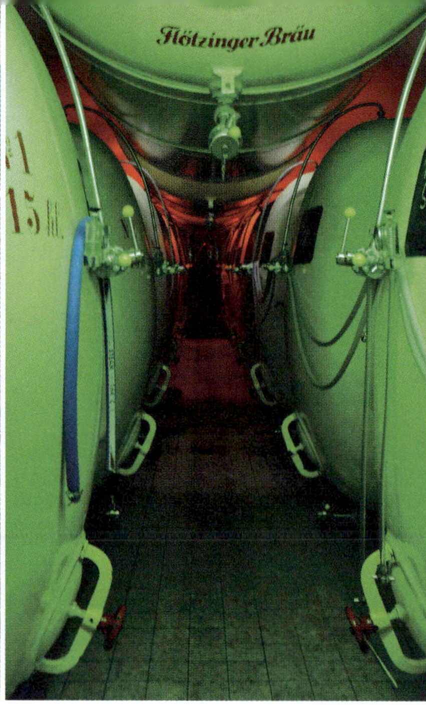

unterwegs ist hier besonders frisch und knackig. Unser erstes Ziel für heute ist die ▸ **Ruine Falkenstein** aus dem 12. Jahrhundert. Wir erreichen sie Richtung Süden über die Inntalautobahn bis zur Ausfahrt Brannenburg und weiter auf der B 15 bis Flintsbach. Der Wanderweg zum Petersberg führt uns zur Burgruine, die lange Jahre ein Bild des Verfalls war und erst seit Kurzem wieder einen Besuch wert ist. Die Grafen von Falkenstein hatten zur Stauferzeit im Chiemgau, in Tirol und in Teilen Niederbayerns das Sagen, 2017 begannen Archäologen nach ihren Spuren zu graben und förderten überraschende Details zutage. Für Besucher wurden Infotafeln und Bänke aufgestellt und den malerischen Blick ins Inntal sollte sich niemand entgehen lassen!

Der lässt sich weiter südlich am ▸ **Berggasthof Bichlersee** aber noch steigern. Ab Niederaudorf sind es nur 5 Auto-Kilometer bis auf knapp 1000 Meter Höhe, ein Schmankerl für alle Bergstraßenfans, die sich erst bei 3 Metern Breite ohne Leitplanke und bei 15 Prozent Steigung wohlfühlen. Bestes Mittel gegen die weichen Knie ist für die Beifahrer danach der grandiose Panoramablick und die Speisekarte auf den Terrassen-Tischen. Übernachten geht hier übrigens auch, die Balkonzimmer haben wir rechtzeitig vorgebucht.

Flamingos und Blasmusik

Heute geht es nach **Tirol**. Bei Oberaudorf überqueren wir kurz nacheinander die Brenner-Bahnlinie, die Autobahn, dann den Inn und schließlich die Landesgrenze. Das Inntal ist hier richtig eng und wir ahnen, worum es beim Streit um den Brenner-Basistunnel geht. Über Niederndorf fahren wir nach Ebbs und besuchen dort etwas, das keinem der gängigen Tirol-Klischee entspricht: den ▸ **Raritätenzoo**. Wer dabei jetzt an Steinböcke, Gämsen oder Murmeltiere denkt, kommt angesichts von Berberaffen, Flamingos oder Kängurus aus dem Staunen nicht heraus. Dabei scheinen sich die Exoten in dem von Bächen durchflossenen Berghang sichtlich wohlzufühlen.

Danach geht es wieder Richtung Rosenheim, am rechten Inn-Ufer entlang und dabei immer noch in Tirol. Gegen Mittag sollten wir in Erl bei der ▸ **Blauen Quelle** eintreffen, einem Gasthaus mit Tradition und einer weithin bekannten Küche mit Südtiroler Einschlag. Die Wirtsfamilie Scherlin ist 1943 aus Kastelruth eingewandert und zu ihren Südtiroler Wochen kommen von weither die Liebhaber von Schlutzkrapfen, Weinsuppe und Schüttelbrot. Die zwei Gault&Millau-Hauben haben die Scherlins nicht ohne Grund. Nach dem Festmahl gehört der Spaziergang zur Blauen Quelle dazu, nur wenige Schritte sind es bis zu diesem kleinen Naturwunder, einem Quellsee, der an manchen Stellen so türkisblau schillert, dass man augenblicklich verzaubert ist.

5 Kilometer weiter sind wir wieder in Bayern. Windshausen heißt der Grenzübergang, hier haben zu Napoleons Zeiten die Tiroler und Bayern noch heftig gefochten. Heute ist die alte Grenzstation unbesetzt, ihren Frieden bewacht die kleine Wallfahrtskirche Heilig Kreuz. Auch 6 Kilometer weiter in Nussdorf am Inn ist der Wirt friedlich gestimmt. Wer an der Blauen Quelle zu spät war, bekommt beim ▸ **Schneiderwirt** im Biergarten noch eine gute Brotzeit. Danach ist ein Spaziergang durch den Ort am Mühlbach entlang ein Muss! Künstlich kanalisiert gab der Bach früher seine Kraft an zahlreiche Wasserräder von Mühlen, Sägewerken oder Schmieden ab, sogar ein E-Werk brachte den Nussdorfern schon 1894 elektrisches Licht. Bis heute pflegen sie ihren Mühlbach mit Stolz.

Weiter Richtung Rosenheim kommen wir durch ▸ **Neubeuern** und hier sollte jeder unbedingt durch das alte Stadttor den historischen Ortskern ansteuern! Vielleicht haben wir Glück und die Blasmusik spielt am Brunnen bei einem der diversen Feste. Doch auch an „normalen“ Tagen ist es eine Lust, das Leben auf dem Marktplatz zu beobachten. Im schönsten Dorf Deutschlands (Auszeichnung 1981) wurden über Jahrhunderte die besten Innplätten gebaut, die Fassadenmalerei am Gasthaus Stangenreiter und ein kleines Schifffahrtsmuseum erinnern an diese stolze Vergangenheit.

Schiffe, Holz und Schokolade

Wenn die Inn-Schifffahrt auch am dritten Tag Thema sein soll, wäre ein Wochenende günstig, denn nur dann hat das ▸ **Inn-Museum** in Rosenheim geöffnet. Der Besuch im 450 Jahre alten Flußbaustadl lohnt sich unbedingt. Der ältere Herr am Einlass erzählt von einer Gruppe aus Holland, wo man bekanntlich viel von Schifffahrt versteht: „Die haben am Schluss vom schönsten Schifffahrtsmuseum Europas geschwärmt!“ Das macht uns neugierig und nach dem Besuch können wir den Holländern nur Recht geben. Auch Holz ist ein Thema in Rosenheim, seine technische Hochschule ist weltweit führend in der Ausbildung von Holzbauingenieuren, entsprechend international ist die Studentenszene.

Von Rosenheim machen wir uns auf Richtung Wasserburg und passieren dabei Rott am Inn. Verehrer von Franz Josef Strauß fahren hinauf in den Ort und besuchen seine Gruft neben der ehemaligen Klosterkirche. Mehr Besucher hat allerdings unten im Flusstal die ▸ **Schokoladenmanufaktur Dengel**. Die Führungen durch den Betrieb mit ausgiebigem Testen und Verkosten sind verlockend und eine gute Gelegenheit, noch fehlende Mitbringsel zu besorgen.

▸ **Wasserburg am Inn** ist die letzte Station unserer Landpartie und zugleich der Höhepunkt. Vor allem wegen der unvergleichlichen Stadtkulisse auf der Halbinsel, aber auch weil wir hier den Inn endlich mit dem Schiff befahren können: mit der 70 Jahre alte Christine von Kapitän Gottfried Held, an der Donau gebaut, grundsolide und sogar mit einem richtigen Holzsteuerrad. Wenn alle an Bord sind, geht es flott stromab bis zur Staustufe Teufelsbruck und danach langsam und bedächtig gegen den Strom wieder zurück. Jetzt hat der Gottfried Zeit und kann alles auspacken, was er über den Inn weiß. Um ihn herum lauter neugierige Passagiere in ausgelassener Stimmung. Spätestens jetzt ist uns klar: Wir kommen wieder!

Da will ich hin!

▸ **Hotel Flötzinger Bräu**
Kaiserstraße 5, 83022 Rosenheim, www.hotel-floetzinger.de

▸ **Stockhammer**
Max-Josefs-Platz 13, 83022 Rosenheim, www.gasthaus-stockhammer.de

▸ **Grüner Markt**
Ludwigsplatz, 83022 Rosenheim, www.markt-rosenheim.de

▸ **Ruine Falkenstein**
Petersbergweg 25, 83126 Flintsbach am Inn

▸ **Berggasthof Bichlersee**
Regau 2, 83080 Oberaudorf, www.bichlersee.de

▸ **Raritätenzoo**
Haflingerweg 10, 6341 Ebbs, Österreich, www.raritaetenzoo.at

▸ **Gasthof Blaue Quelle**
Mühlgraben 54, 6343 Erl, Österreich, www.blauequelle.at

▸ **Schneiderwirt**
Hauptstraße 8, 83131 Nußdorf am Inn, www.schneiderwirt.de

▸ **Neubeuern**

▸ **Inn-Museum**
Innstraße 74, 83022 Rosenheim

▸ **Schokoladenmanufaktur Dengel**
Am Eckfeld 18, 83543 Rott am Inn, www.confiserie-dengel.de

▸ **Wasserburg am Inn**

LAHN

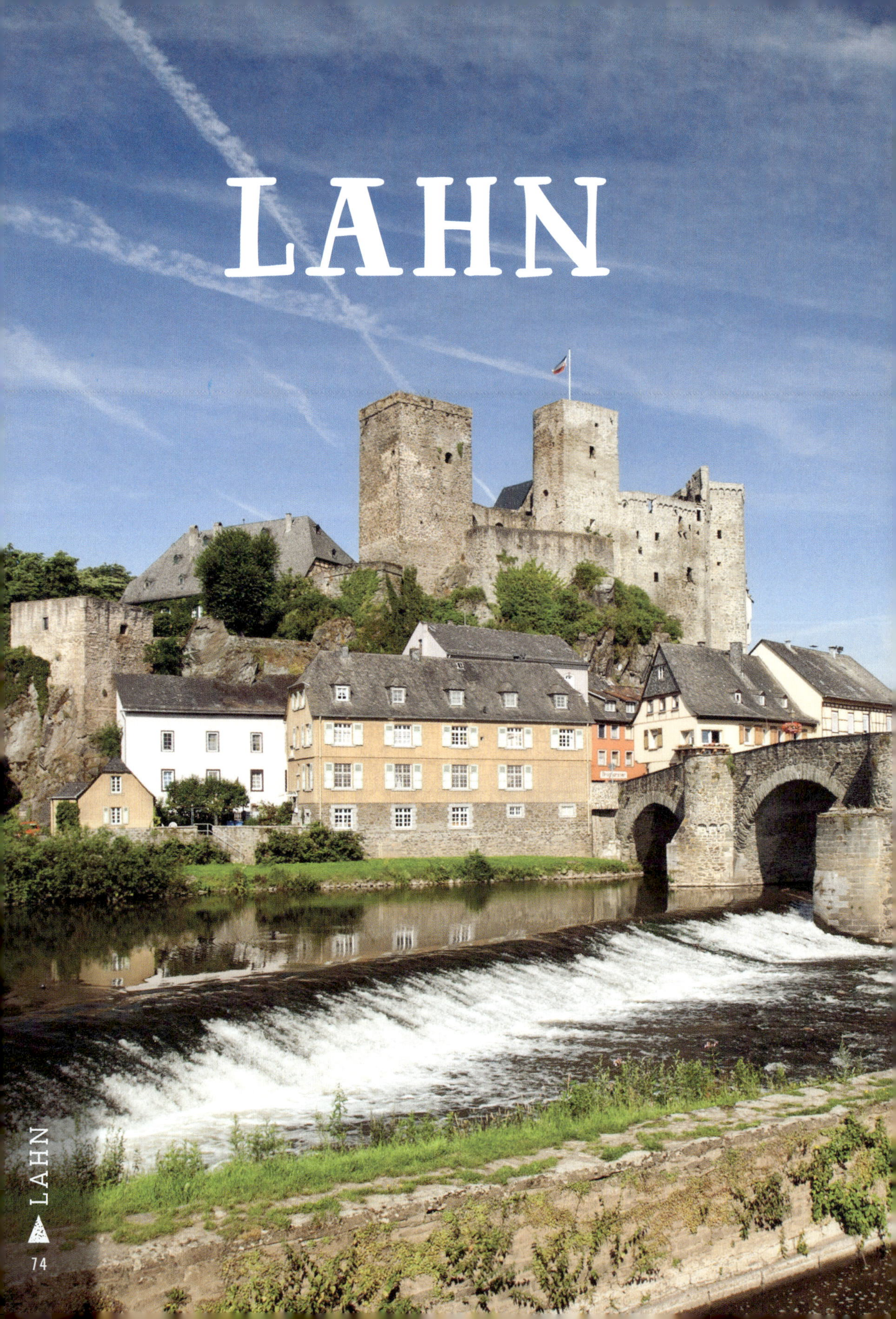

Von Marburg über Schweden unter Tage

Zwischen Bad Laasphe und Lahnstein bieten sich 295 Kilometer Wanderwege zum Waldbaden und 240 Flusskilometer zum Flusswandern an. Wer der Lahn folgt, kommt ins märchenhafte Marburg, lässt sich vom Schloss Weilburg verzücken, entdeckt die Welt in Oberbiel aus einem neuen Blickwinkel und besichtigt das mondäne Bad Ems.

Wer Märchen mag, wird **Marburg** lieben. Die mittelalterlichen Fachwerkhäuser entlang der schmalen Gassen, die steilen Treppen, der pittoreske Marktplatz und das imposante Landgrafenschloss sind zauberhaft schön. Diese Kulisse inspirierte Jacob und Wilhelm Grimm zu den berühmten Kinder- und Hausmärchen. Heute erinnert unter anderem der Grimm-Dich-Pfad daran. Er lockt mit märchenhaften Figuren zum Aufstieg durch die Altstadt bis zum Schloss. An allen Stationen können die Märchen per QR-Code nachgelesen werden, in der Touristeninformation ist ein Übersichtsplan erhältlich.

Für eine Wanderpause ist das ▸ **Edlunds,** direkt auf dem Marktplatz, perfekt. Nicht nur Schwedenfans verzückt dieses kleine Bullerbü zwischen Fachwerkhäusern und Kopfsteinpflaster. Egal, ob zum schwedischen Frühstück oder zum Heringsessen nach schwedischer Art, zu handgedrehten Köttbullar oder zum Elchcarpaccio – Nordicstyle-Gourmets werden zu jeder Tageszeit fündig. Wer sich nicht entscheiden kann, nimmt den gemischten Vorspeisenteller. Neben herzhaften Speisen gibt es typische Desserts wie Kladdkaka und Chokladtårta, lauwarme Zartbittermuffins mit flüssiger weißer Schokolade, frischen Beeren und Eis. Alles hausgemacht.

Nach diesem geschmacklichen Skandinavien-Ausflug geht es weiter nach Oberbiel. Hier erwartet das ▸ **Besucherbergwerk Grube Fortuna** seine Gäste. Das letzte klassische Eisenerzbergwerk Deutschlands entführt in eine andere Welt. In 150 Metern Tiefe herrschen konstant 13 Grad Celsius, hohe Luftfeuchtigkeit, Staubfreiheit und null Alltagslärm. Im krassen Gegensatz dazu steht der extreme Geräuschpegel, dem die Bergleute früher ausgesetzt waren. Mit der Original-Grubenbahn geht es vom Ort der Stille durch unbeleuchtete Tunnel zu den ehemaligen Abbauräumen. Hier erlebt man live, wie sich bei ohrenbetäubendem Lärm Bohrhämmer ins rot gefärbte Gestein fräsen und Lademaschinen lautstark in Bewegung setzen. Beeindruckt steht man später vor der Grube und vergleicht das Gesehene mit der eigenen Arbeit heute.

Am Abend lockt das ▸ **Hotel Zur Krone** in Löhnberg zur Einkehr. Das verwinkelte Fachwerkensemble mit modernem Biergarten ist für seine kreative Kochkunst bekannt. Ob Tatar von der Räucherforelle mit geriebenem Meerrettich, Kartoffel-Blutwurstpüree und Serrano-Chips oder lauwarmer Kirschenmichel – die Karte lädt zum glücklichen Schlemmen ein. Alternativ gibt das Küchenteam alle Tricks in Kochkursen weiter. Themen wie *Alte Gerichte, neu interpretiert* oder *Hessen meets Spanien* vermitteln außergewöhnliche Rezeptideen, die sich wunderbar zu Hause nachkochen lassen.

Von Weilburg nach Limburg

Hoch über der Lahn liegt das ▸ **Schloss Weilburg** mit seinem herrschaftlich-barocken Garten, der Orangerie, einem imposanten Innenhof sowie der Schlosskirche. Adlige Wohnkultur und höfisches Leben werden in Themenführungen wie *Madame sein ist ein elendes Handwerk* erlebbar. Mit viel Humor wird das 18. Jahrhundert beleuchtet. Eine Zeit, in der die vornehme Gesellschaf Mehl zum Pudern statt zum Backen verwendete. Diese vornehme Blässe wurde von Madame de Pompadour, dem It-Girl der damaligen Zeit,

geprägt. Während heute Bloggerinnen Modetrends bestimmen, wirkten früher exzentrische Adlige wegweisend.

Auch der Flussverlauf der Lahn ist wegweisend. Um die Region vom Wasser aus kennenzulernen, bietet sich eine ▸ **Kanufahrt** an. Tagestouren sind zwischen 15 und 28 Kilometer lang und führen durch Wehre, Schleusen und Schiffstunnel. Wer zum ersten Mal ein Paddel in die Hand nimmt, sollte sich für eine Kurztour, wie *Die kurze Auszeit* von Runkel nach Limburg, entscheiden. Mit der Strömung gleitet man vorbei am Dehrner Schloss, der imposanten Dietkirchener Basilika aus dem Jahr 841 auf einem Felshügel und erreicht Limburg. Dort befindet sich nur 200 Meter vom Anleger entfernt der ▸ **Cargo Beachclub**. Perfekt für einen kleinen Pausen-Snack.

Nur weitere 200 Meter entfernt, hinter der alten Lahnbrücke mit Blick auf den Dom, beginnt die wunderschöne Altstadt. Hier liegt ▸ **Lilos Laden**, eine Welt aus Mineralien, Edelsteinen, Silberschmuck und Souvenirs. Das älteste Fachgeschäft der Altstadt bietet Glück in mehreren Formen. Die Edelsteintheke im hinteren Drittel des Raumes zieht mit ihrer Farbenpracht aus Türkis, Tigerauge, rotem Jaspis und blauem Achat magisch an. Die Steine sind nach Art und Heilwirkung sortiert. Man kann spontan einen Stein aussuchen oder sich nach der Ayurveda-Edelsteintherapie beraten lassen.

Am Abend bietet sich eine ▸ **Nachtwächterführung** durch das mittelalterlich geprägte **Limburg** an. Früher blies der Nachtwächter zum Toresschluss vor den Stadtmauern in ein Horn. Das Signal, nach Hause zu kommen. Kurz vor der Schließung bis zum nächsten Morgen erklang der Ton ein zweites Mal. Aus Sorge, den Rückweg nicht rechtzeitig zu bewältigen, gerieten die Einwohner in „Torschlusspanik".

Heutzutage haben die Nachtwächter in Limburg die Aufgabe, ihren Gästen die Stadtgeschichte und die früheren Lebensbedingungen auf unterhaltsame Weise in der Abenddämmerung näherzubringen.

Bad Ems und Lahnstein

Seit 2011 lockt die ▸ **Emser Therme** mit Thermalbad und Saunapark. Ein Highlight ist der Outdoorbereich direkt auf der Lahn. Hier kann man zwischen Aufguss- und Klangsauna wählen. Die Panoramabar und -terrasse auf dem Fluss bieten einen einzigartigen Ausblick auf das Lahntal, den Malberg und die gegenüberliegende Insel Silberau. All das kann man mit einem frisch gepressten Saft, einem Wunschsalat und individuellen Quarkspeisen genießen. Der Spabereich lockt mit allem, vom Wasserschwebebett bis zur Hamam-Zeremonie, das Restaurant Halberts mit regionaler Wellnessküche.

Frisch ausgeruht bietet sich ein Spaziergang durchs mondäne **Bad Ems** an. Das Kurhaus inklusive Brunnenhalle mit einer der kostenlos nutzbaren Heilquellen, dem Emser Kränchen, ist einen Abstecher wert.

Weiter geht es zur ▸ **Ruppertsklamm** in Richtung Lahnstein. Vom Parkplatz an der B260 ist das Eingangstor zur 1,5 Kilometer langen und 235 Höhenmeter überwindenden Klamm schnell erreicht. Geboten wird eine spannende Mischung aus Waldwegen und Kletter-Abenteuern. Die einzigartige Atmosphäre wird von moosigem Naturduft begleitet. Kommt die Sonne zwischen den Bäumen hindurch, ergibt sich auf den feuchten Felswänden ein prachtvolles Farbenspiel. Für die Strecke nach unten und wieder steil bergauf sollte man eine Stunde Zeit einplanen. Am oberen Ende der Klamm gibt es eine Schutzhütte. Alternativ findet sich am unteren Ende der Klamm die Gaststätte ▸ **Zum Schleusenhäuschen**. Sie lädt in den Sommermonaten täglich zum Sinnieren und Schwärmen über die Erlebnisse der vergangenen Urlaubstage an der Lahn ein.

Da will ich hin!

- **edlunds**
  Markt 15, 35037 Marburg, www.edlunds.de
- **Besucherbergwerk Grube Fortuna**
  Grube Fortuna 1, 35606 Solms-Oberbiel, www.grube-fortuna.de
- **Hotel Zur Krone**
  Obertorstraße 1, 35792 Löhnberg, www.hotel-zurkrone.de
- **Schloss Weilburg**
  Schlossplatz 3, 35781 Weilburg, www.schloesser-hessen.de
- **Lahntours**
  Lahntalstraße 45, 35096 Roth (Lahn), www.lahntours.de
- **Cargo Beachclub Limburg**
  Inselweg 1 a, 65549 Limburg, www.cargobeach.de
- **Lilos Laden**
  Fleischgasse 10, 65549 Limburg, www.lilosladen-limburg.
- **Nachtwächterführung**
  Tourist Information, Barfüßerstraße 6, 65549 Limburg, www.limburg.de
- **Emser Therme**
  Viktoriaallee 25, 56130 Bad Ems, www.emser-therme.de
- **Ruppertsklamm**
  56112 Lahnstein
- **Zum Schleusenhäuschen**
  Emser Landstraße 20, 56112 Lahnstein, www.ruppertsklamm.de

LÜNEBURGER HEIDE

Rote Rosen und Schokoladengenuss

Zeit für eine romantische Auszeit zu zweit oder mit der ganzen Familie? Lüneburg mit seiner Heide ist perfekt dafür geeignet. Die Stadt punktet mit einer Mischung aus historischem Altstadtkern und modernem Universitätsflair. Die Heide ist natürlich immer zur Zeit der lilafarbenen Blüte im August und September eine Augenweide. Im Frühling und Winter kann man die Ruhe genießen und besonders zur Weihnachtszeit verzaubert die Lüneburger Heide mit ihrem ganz besonderen Charme.

Wer hier nicht war, war nicht in **Lüneburg**. Der Platz ▸ **Am Sande** gehört wohl zu den schönsten Plätzen Deutschlands. Er bietet einen prachtvollen Blick auf verschiedene Arten von Giebelhäusern und verströmt eine besondere Atmosphäre. Denn hier befinden sich viele Restaurants und Cafés, in denen man wundervoll draußen sitzen und das trubelige Geschehen beobachten kann. Ein perfekter Start für eine Sightseeingtour durch Lüneburg.

Vom Platz Am Sande ist man schnell am ▸ **Wasserturm** angelangt, von dessen Aussichtsplattform man einen wunderschönen Blick auf die Dächer der mittelalterlichen Gebäude Lüneburgs hat. Bei gutem Wetter reicht die Sicht bis zu 40 Kilometer in die Lüneburger Heide, nach Uelzen und nach Hamburg. Ein Fahrstuhl fährt die Besucher nach oben, aber es lohnt sich, nach unten die Treppe zu benutzen, da man durch den alten Wassertrank laufen und auf verschiedenen Etagen die Ausstellung besichtigen kann. Sogar ein Standesamt ist im Wasserturm untergebracht. Seit 2007 wird in der Vorweihnachtszeit der höchste Adventskranz Deutschland auf dem Wasserturm aufgebaut, der Wichern-Adventskranz, der weit sichtbar über der Stadt Lüneburg schwebt.

Lüneburg ist eng mit der beliebten TV-Serie *Rote Rosen* verbunden, deshalb lohnt sich bei der Stadttour ein Blick auf den bekanntesten Drehort, das Hotel Drei Könige von Gunter Flickenschild. In Wirklichkeit trägt das Haus den Namen ▸ **Hotel Bergström** und liegt im Wasserviertel. Das Hotel besteht aus einem Ensemble liebevoll restaurierter Häuser, die Zimmer verteilen sich über Wassermühlen, Wassertürme und Speicher am Hafen der Stadt. Wer das Restaurant besuchen möchte, findet hier eine Kleinigkeit, die großes Glück verspricht: das frische Brot. Die hauseigene Bäckerei „die Backstube" kann sich einer Backtradition von über 100 Jahren rühmen – sie wurde 1883 gegründet. Im Laden (Bei der Abtsmühle 1) kann auch das besondere Bergström-Brot gekauft werden.

Beim weiteren Rundgang durch die Stadt schlendert man am wunderschönen ▸ **Rathaus** vorbei, wovor werktags der Wochenmarkt aufgebaut ist. Es entstand um 1230 und gilt als größtes mittelalterliches Rathaus in Norddeutschland. Ein Blick lohnt auch in den schönen Rathausgarten.

Nun darf das beliebteste Mitbringsel aus Lüneburg für alle Daheimgebliebenen nicht fehlen, die köstliche Schokolade. Die ▸ **Pra-Lüne Schokoladenmanufaktur** bietet eine große Vielfalt an edlen Süßigkeiten nach eigener Rezeptur. Die Besucher können zugucken und gleich vor Ort Kaffee und Kuchen, oder natürlich heiße Schokolade, im Café des Ladens probieren. Die Trüffel und Schokoladen sind mit Aroma- und Gewürzkompositionen zum Beispiel aus Chili, Ingwer, Thymian, Lavendel oder Berberitzen verfeinert. Namensgeber und etwas ganz Besonderes ist die PraLüne: eine Komposition aus Toffee-Ganache, harmonisch abgerundet mit Salz. Typisch, wo das Salz ja zur Stadtgeschichte gehört.

Romantische Heide

Heute geht es nach **Undeloh** und damit in ein richtiges Heideörtchen. Es ist das pure Glück, durch den kleinen Ort mit heidetypischen Häusern zu schlendern. Hier reiht sich ein Fachwerkhaus an das andere und ein

kleines Café ans nächste. Undeloh liegt mitten im Naturschutzgebiet Lüneburger Heide. Schon der Name ist romantisch verklärt, bedeutet er doch *Quelle am Eichenhain*. Ein besonderes Highlight im Ort, und wunderschön still dazu, ist die St.-Magdalenen-Kirche. Sie wurde 1189 erbaut und gilt als eine der schönsten Heidekirchen. In Undeloh lohnt sich auch der Besuch im ▸ **Heide-Erlebnis Zentrum**. In gemütlicher Atmosphäre wird hier Wissen über die Heidelandschaft anschaulich vermittelt. Von den Hügelgräbern bis zu Findlingen und der Heidepflanze gibt es einiges zu entdecken.

Von dem kleinen Heideörtchen starten verschiedene Kutschfahrten und es können Fahrräder und E-Bikes ausgeliehen werden, um die schöne Heidelandschaft zu entdecken.

Das Örtchen **Wilsede** liegt im Naturschutzgebiet und ist nur zu Fuß, mit dem Rad oder der Kutsche zu erreichen. Hier leben rund 40 Einwohner. Wer Erholung sucht, findet hier ein schönes Plätzchen. In Wilsede gibt es das ▸ **Heidemuseum Dat ole Huus**, welches Einblicke in die Lebens- und Arbeitsverhältnisse eines Heidebauernhofes im 1900 bietet. Im Schafstall neben dem Museum werden Sonderausstellungen zur Lüneburger Heide gezeigt. Leckere Köstlichkeiten für eine Mittagspause bieten das Gasthaus Zum Heidemuseum und die ▸ **Milchhalle**. Sie ist ein preisgünstiges Selbstbedienungsrestaurant mit Gerichten von der Heidschnuckenbratwurst mit Kartoffelsalat bis zur Heidschnuckenfrikadelle. Wer es lieber süß mag, bekommt hier den heidetypischen Buchweizenkuchen.

Wer in der Lüneburger Heide Urlaub macht, muss unbedingt eine Wanderung oder Radtour zum ▸ **Wilseder Berg** unternehmen. Er ist so etwas wie der Stolz der Norddeutschen, ist er doch mit 169,2 Metern Höhe die höchste Erhebung der nordwestdeutschen Tiefebene. Seine Gegend ist autofrei. Vom Gipfel hat man bei klarer Sicht einen schönen Blick auf Hamburger und Lüneburger Kirchtürme. Hier stehen mehrere Bänke bereit, auf denen man sich herrlich ausruhen, seine mitgebrachte Mahlzeit und den Blick in die Heide genießen kann. Der Wilseder Berg ist mit dem Fahrrad von Undeloh aus in ca. 30 Minuten zu erreichen.

Salz und Entspannung

Heute gönnen wir uns eine erholsame Pause. In der ▸ **SaLü Salztherme** kann man wunderbar entspannen. Im Rosentepidarium, einem Wärmeraum der Saunawelt, lässt es sich auf körpergeformten und beheizten Steinliegen im römischen Stil angenehm relaxen. Die 900 Quadratmeter Wohlfühlwelt mit fünf Saunen, Aufgusszeremonien, Massage, Wellnessanwendungen und dem Heide-Dampfbad ist wunderschön gestaltet. Auch die Badewelt hat einiges zu bieten, sie wurde 2021 neu eröffnet. Das Wasser hat einen bis zu vier Prozent hohen Gehalt der Lüneburger Natursole. Ganz neu ist das Wasserviertel als Herzstück im Erlebnisbad. Hier gibt es eine Salzwelle mit Strandauslauf, die Lüne Bucht und das Heidemoor zur Entspannung – also die Lüneburger Heide im Miniformat.

Auf den Spuren des Salzes, dem Lüneburg seinen Reichtum verdankt, sollte man nachmittags noch kurz einen Abstecher ins ▸ **Deutsche Salzmuseum** machen. Es befindet sich im ehemaligen Siedehaus und entstand 1980 nach der Stilllegung der Saline am Ort der alten Produktionsstätten. Herzstück des Museums ist die 20 Meter lange und 8 Meter breite Siedepfanne. Sie ist die letzte erhaltene Pfanne der Lüneburger Saline. Im Museum wird deutlich, welches Glück die Entdeckung des Salzes der Stadt gebracht hat.

Zum Abschluss unseres Mini-Urlaubs bietet es sich an, Fisch essen zu gehen. Dies geht nirgends besser als ▸ **Am Stintmarkt**, Lüneburgs größter zusammenhängender Kneipenmeile. Hier kann man direkt am Fluss Ilmenau draußen sitzen, Getränke genießen und das fast südländische Flair im Sommer genießen. Wie der Name schon andeutet, wurde hier früher vor allem Stint gehandelt. Noch heute ist der Fisch eine regionale Delikatesse, die in vielen Restaurants in der Stintsaison von Mitte Februar bis Ende März angeboten wird.

Da will ich hin!

▶ **Am Sande**
21335 Lüneburg

▶ **Wasserturm Lüneburg**
Bei der Ratsmühle 19, 21335 Lüneburg, www.wasserturm.net

▶ **Hotel Bergström**
Bei der Lüner Mühle, 21335 Lüneburg, www.bergstroem.de

▶ **Lüneburger Rathaus**
Ochsenmarkt 1, 21335 Lüneburg

▶ **PraLüne Schokoladenmanufaktur & Caféhaus**
Am Berge 26, 21335 Lüneburg, www.praluene.de

▶ **Heide-Erlebnis Zentrum**
Wilseder Straße 23, 21274 Undeloh, www.heide-erlebniszentrum.de

▶ **Heidemuseum Dat ole Huus**
29646 Bispingen

▶ **Milchhalle Wilsede**
Wilsede 10 a, 29646 Bispingen

▶ **Wilseder Berg**
29646 Bispingen

▶ **SaLü**
Uelzener Straße 1–5, 21335 Lüneburg, www.salue.info

▶ **Deutsches Salzmuseum**
Sülfmeisterstraße 1, 21335 Lüneburg, www.salzmuseum.de

▶ **Am Stintmarkt**
21335 Lüneburg

MITTEL FRANKEN

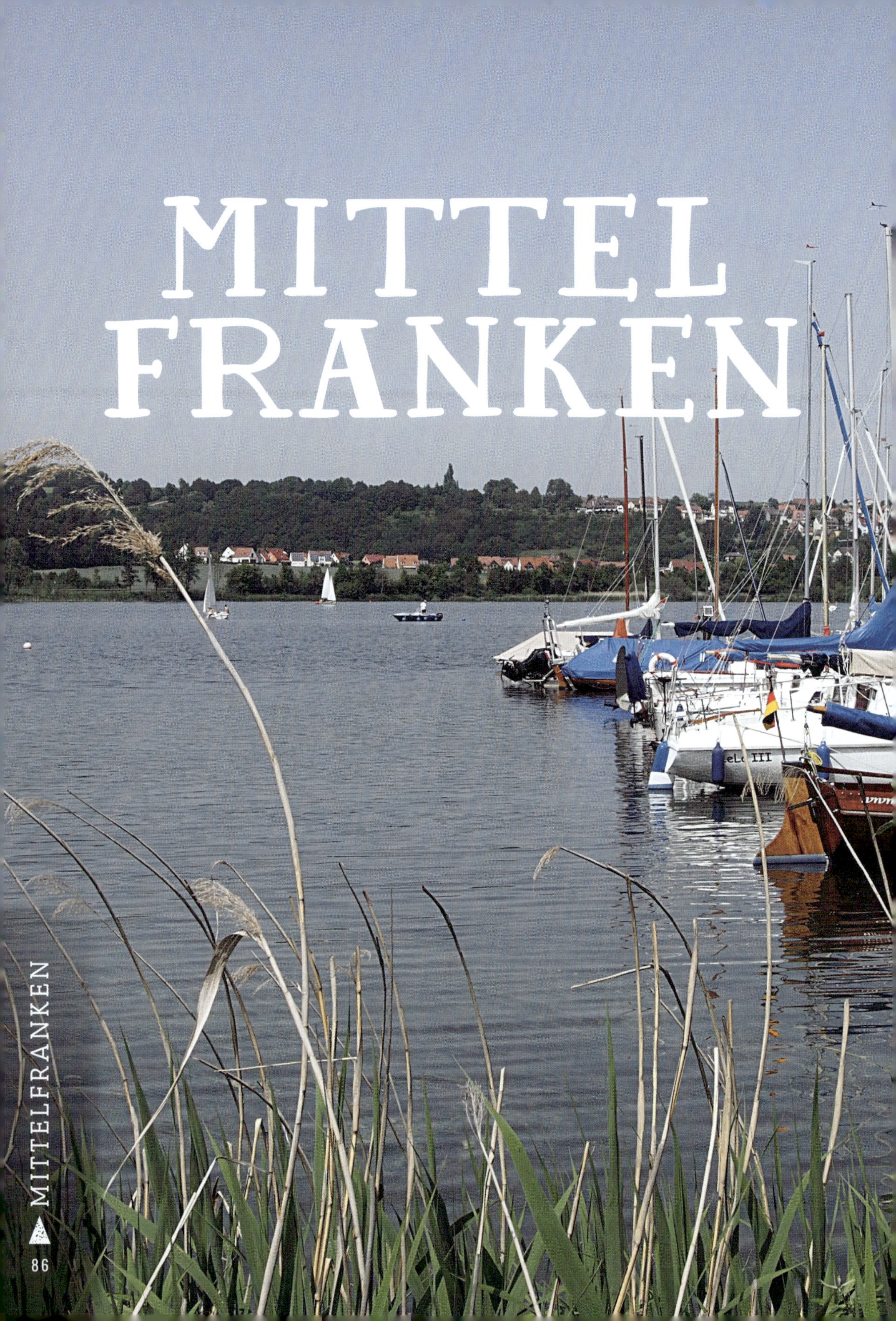

Kunst, Gold und (Sub-)Kultur

Wo fängt man an, Mittelfranken kennen und lieben zu lernen? **Erlangen** ist dafür bestimmt eine gute Wahl.
Nach einem kleinen Altstadtbummel geht es auf den Burgberg. Am östlichen Ende der Straße An den Kellern befindet sich der Treppenaufgang zum ▸ **Skulpturengarten Heinrich Kirchner.** Hier im Burgberggarten hat die Stadt Erlangen dem Bildhauer Heinrich Kirchner, der 1902 in Erlangen geboren wurde (und 1984 in Seeon starb), ein „Denkmal" gesetzt. Auf dem ansteigenden Weg durch den Garten kommt man an 18 Großplastiken aus Eisen und Bronze vorbei. Kirchners Figuren wirken wie von Kindern gezeichnet: runde Körper und Köpfe und lange, dünne Extremitäten. Die Arme sind ausgestreckt oder weisen gen Himmel und illustrieren die Beziehung des Künstlers zur Natur und zu Gott. Am Ende des Weges hat man einen einmaligen Blick über die Stadt. Einen besseren Platz für die Symbiose aus Kirchners Kunst und Natur hätte man nicht finden können.

Weiter geht die Reise nach **Stein bei Nürnberg**, wo ein architektonisches Highlight wartet: das „Bleistiftschloss" des Schreibgeräteherstellers ▸ **Faber-Castell**. Von 1903 bis 1906 wurde es als mittelalterliches Kastell im Park der Bleistiftfabrik erbaut. Schon beim Betreten des Gebäudes schlägt das Herz von Jugendstilfreunden höher, wenn sie das Treppenhaus aus hellem und dunklerem Marmor verziert mit blauen und goldenen Mosaiken sehen. Im Erdgeschoss und in der zweiten Etage befinden sich die offiziellen Räume, die im Sinne des Historismus verschiedene Stile aufs Feinste repräsentieren. Den Jugendstilfan begeistern die Privaträume im ersten Stock, vor allem die bezaubernd eingerichteten Kinderzimmer.

Nicht weit entfernt ist die Goldschlägerstadt **Schwabach**. Auf dem ▸ **Königsplatz** ist alles Gold, was glänzt. Am Schönen Brunnen in der Mitte sehen sich Markgraf und Markgräfin auf zwei vergoldeten Reliefmedaillons tief in die Augen. Goldig anzusehen sind auch die Häuser um den Platz. Allen voran das Rathaus an der Ostseite mit seinen beiden goldgedeckten Türmchen. Gegenüber befindet sich das Gasthaus Goldener Stern mit goldenem Wirtshausschild. In der Goldschlägerstube werden neben einer Ausstellung zur Blattgoldherstellung sogar mit Blattgold verzierte Gerichte angeboten. Wer genau hinsieht, wird auf dem Platz und in der Stadt noch mehr goldverzierte Gebäude entdecken. Die Suche nach dem goldenen Riesenei macht nicht nur an Ostern Freude.

Nach so viel Stadt macht man sich einen gemütlichen Abend in der ▸ **Kofferfabrik** in **Fürth**. Im Hof zwischen den roten Backsteinmauern mit dem frischen Grünzeug davor, nach oben geschützt von grünen Sonnendächern, ist es sehr gemütlich. Hinter der offenen, bunt bemalten Tür befindet sich der Couchclub, wo man auf unterschiedlichsten Ledersofas chillen kann. Von der namensgebenden Fabrik ist keine Spur mehr zu entdecken in dieser Kneipe-Galerie-Theater-Literaturhaus-Restaurant-Spielsalon-Reparaturwerkstatt-Konzertsaal-Disco. Erfreulich ist, dass hier jeder willkommen ist, ob Grufti, Jungspund, Anzugträger oder Jeansfreak. Es wird ein uriger Tagesabschluss!

Natur und das gewisse Etwas

Der Tag beginnt mit einem Besuch des ▸ **Limeseums**. Es liegt wunderschön an einem Hügel mit freiem Blick über Felder und Wiesen hinüber zum Hesselberg, dem höchsten Berg Mittelfrankens. Der offene Rundbau des Museums schraubt sich, an den Hang gelehnt, nach oben. Große Fensterfronten stellen die optische Verbindung zum Römerpark mit dem nachgebauten Miniaturkastell Ruffenhofen her. Thema des Museums ist der Limes, die Grenze

zwischen Römern und Germanen. Multimediale Ausstellungsstücke erzählen das Leben des Pferdeknechts December im Kastell. Am oberen Ende der Schnecke angelangt, genießt man noch einmal den Blick in die Landschaft, bevor die Mittelfrankenreise weitergeht.

Schon im Hof des ▸ **Gruschdlcafés** in **Fünfbronn** wird der Gast von dem liebevoll dekorierten Ambiente willkommen geheißen und auch im Inneren fühlt man sich sofort wohl. Es ist allerdings fast unmöglich, sich zu Kaffee und Kuchen hinzusetzen, denn überall im Raum sind die Nähkunstwerke der Besitzerin wie Herzen, Vögel, Katzen, Hasen, Puppen, Kissen, Schürzen ausgestellt, die man einfach bewundern muss. All das entsteht hier im Café. An ihrem Arbeitsplatz näht Karin Krauter sogar, wenn im Café alle Gäste versorgt und ein paar ruhige Minuten zu erwarten sind. Die Kunden kommen gerne, um den köstlichen selbst gebackenen Kuchen zu schmausen, die Aussicht über das Tal aus den beiden großen Fenstern zu genießen und schließlich das eine oder andere Kunstwerk mitzunehmen.

Zum Abschluss des Tages bietet der ▸ **Abenteuerwald Enderndorf** Nervenkitzel für Schwindelfreie. Am Hang, der zum Igelsbachsee abfällt, verstecken sich die neun Stationen des Kletterparks zwischen den Bäumen. Hat man ein Baumpodest erklommen, balanciert man gesichert über Hängebrücken, Steigbügel, Netze, Balken, Wackeltunnel, Drahtseile und sonstige Hindernisse zum nächsten Podest. Dort bringt eine Seilbahn den mutigen Kletterer wieder auf den Boden zurück, damit er zum nächsten Podest aufsteigen kann.
Für den besonderen Kick gibt es die Station neun. Von dort aus geht es, am Seil hängend, mit bis zu 60 Stundenkilometern 560 Meter weit über den Igelsbachsee. Die gemütlichere Alternative zur Seeüberquerung ist die Fly-Line. Im Paraglidergurt an einem Rohrsystem hängend, fährt man in gut 3 Minuten die 560 Meter hinunter zum See. Langeweile kommt bei 75 Kurven bestimmt nicht auf. Ein kleiner Kick muss sein!

Wie wäre es, zur Entspannung am Abend die Vogelinsel bei Muhr am Altmühlsee zu besuchen oder noch einen Abstecher an den Brombachsee zu machen?

Ausflug ins Mittelalter

Wie Kinder um die Mutter scharen sich die Bürgerhäuser Dinkelsbühls um das ▸ **Münster St. Georg,** das einen Besuch wert ist. Durch das Rundbogenportal gelangt man in den Innenraum der dreischiffigen gotischen Hallenkirche und ist überrascht, wie zart und luftig dieses Kirchengebäude von innen ist. Filigrane Pfeiler streben hoch hinauf, wo sie sich zu einem Netzrippengewölbe verzweigen. Dank der 16 Meter hohen Fenster fällt viel Licht in den Raum, sodass man in Ruhe eines der schönsten Sakramentshäuschen in Franken, die reich verzierte Kanzel und die teilweise neugotischen Altäre mit ihren Statuen bewundern kann.

Vom Turm des Münsters hat man einen grandiosen Blick und kann das Flair der „schönsten Altstadt Deutschlands" mit ihrer Stadtmauer und den vielen Türmen genießen.

Das Mittelalter wird auch in der Stadt **Rothenburg ob der Tauber** lebendig. Nach einem Rundgang durch die pittoreske Altstadt und dem Genuss eines traditionellen „Schneeballen", stattet man dem romantischen Taubertal einen Besuch ab. Hier befindet sich das älteste bekannte Wochenendhaus. Die Tauber plätschert vorbei, und hoch oben spitzen hinter den Bäumen Dächer und Türme der Stadt hervor. Der Rothenburger Bürgermeister fand diesen Platz ideal für sein Schlösschen, das er im Jahr 1388 hier erbaute. Über die Mauer des Grundstücks hat man einen guten Blick in den Garten. Auf der tief liegenden Wiese steht das eigenwillige Gebäude, zu dessen Eingangstür eine Steinbrücke führt. Das ▸ **Topplerschlösschen** ist ein „Weiherhaus", das einst von Wasser umgeben war. Es besteht aus einem steinernen Wehrturm mit Zugbrücke, dem man ein etwas größer geratenes Fachwerkhaus aufgesetzt hat.

Da will ich hin!

▶ **Skulpturengarten Heinrich Kirchner**
An den Kellern 49/Rathsberger Straße 1, 91054 Erlangen, www.erlangen.info

▶ **Schloss Faber-Castell**
Nürnberger Straße 2, 90547 Stein, www.faber-castell.de

▶ **Königsplatz**
91126 Schwabach, www.schwabach.de

▶ **Kofferfabrik**
Lange Straße 81, 90762 Fürth, www.kofferfabrik.cc

▶ **Limeseum**
Römerpark Ruffenhofen 1, 91749 Wittelshofen, www.limeseum.de

▶ **Gruschdl Café Krauter**
Fünfbronn 23, 91174 Spalt, www.gruschdl-cafe.de

▶ **Abenteuerwald Enderndorf**
Zum Igelsbachsee 1, 91174 Spalt, www.enderndorf.abenteuer-wald.com

▶ **Münster St. Georg**
Altrathausplatz 2, 91550 Dinkelsbühl

▶ **Topplerschlösschen**
Taubertalweg 100, 91541 Rothenburg ob der Tauber

MITTEL HESSEN

Alte Pracht

Eine Erkundung Mittelhessens beginnt idealerweise mit einem Bummel über das Kopfsteinpflaster der unter Ensembleschutz stehenden Altstadt von **Limburg**. Alle paar Meter sieht man holzgeschnitzte Figuren an reich verzierten Fachwerkhäusern und Steinskulpturen an Brunnen. Sieben Holzköpfe zieren zum Beispiel das „Haus der sieben Laster" in der Brückengasse, sie verkörpern Hoffart, Geiz, Neid, Unkeuschheit, Unmäßigkeit, Zorn, Trägheit. Die Ecke Fahrgasse-Löhrstraße ist die engste Stelle der alten Fernhandelsstraße von Brüssel nach Prag. Die Plötze, ein umtriebiger Platz mit dem Hattstein-Brunnen, im Volksmund als Säuferbrunnen tituliert, ist eine Art Basisstation mit vielen Fachwerkhäusern und Lokalen für jeden Geldbeutel. Wenige Schritte entfernt bietet sich eine Schlemmer-Rast im ▸ **Café Will** an, dem ältesten Café der Stadt, in dem sogar glutenfreie Torten serviert werden.

Und nun, frisch gestärkt, auf zum Domberg! Der 1235 geweihte siebentürmige Georgsdom aus der rheinischen Spätromanik ruht auf einem Kalkfelsen hoch über dem Limburger Becken. In der im wörtlichen Sinne grauen Vorzeit ab den 1870er-Jahren wirkte die dreischiffige Emporenbasilika ohne ihren ursprünglich farbigen Außenputz streng und abweisend. Heute erstrahlt der ▸ **Limburger Dom** des kleinsten Bistums in Deutschland glücklicherweise wieder freundlich in Rot, Weiß, Ocker, Schwarz und Grün. Man erahnt das Keuchen der Arbeiter, die ohne Bagger, Kräne und Strom vor 800 Jahren schwere Steine von der Lahn hochwuchteten, um eine riesige „himmlische Stadt" zu errichten. Das innen elegant und luftig wirkende Domgebäude birgt wunderschöne Kunstschätze, etwa die hoch-

gotische Sitzmadonna rechts vom Haupteingang. Die wertvollsten Stücke des Limburger Domschatzes kann man nebenan im Diözesanmuseum besichtigen.

Von Limburg aus geht es weiter – vielleicht auf dem idyllischen Lahnradweg – Richtung Weilburg, mit einem Stopp in **Runkel** auf der mehr als 500 Jahre alten, teils original erhaltenen ▸ **Lahnbrücke.** Lange kann man dort stehen, die gewaltige Höhenburgruine auf einem senkrecht abstürzenden Felsen über sich, die Lahn unter sich. Unter einem der vier Brückenbögen verläuft ein 90 Meter langes Wehr bis zur Schleuseninsel, auf dem im Sommer bei flachem Wasser Menschen balancieren, andere mühsam ihr Schlauch- oder Paddelboot hochziehen, um dann gegen den Strom ans andere Ufer zu paddeln.

Die Tagestour endet im bildhübschen Städtchen **Weilburg.** Über einer ausladend geschwungenen Lahnschleife liegt es auf einem schmalen Bergsporn, eine geschlossene Kleinresidenz, wie es sie in Hessen kein zweites Mal gibt. Das gesamte Schlossareal, eine Vierflügelanlage im Renaissancestil mit barocken Anbauten, Schlosskirche und terrassierten Gärten, bedeckt die halbe Altstadt. Ein Spaziergang durch den Versailles nachempfundenen ▸ **Schlossgarten** bildet einen geradezu königlichen Abschluss dieses ereignisreichen Tages. Riesige Blut- und Hainbuchen breiten ihre Äste vor einer vergoldeten gusseisernen Balustrade aus, auf deren Marmorpostamenten überdimensionale Deckelvasen platziert wurden. Ein Lindenboskett, auch Lindensaal genannt, bildet großflächig ein Schatten spendendes Dach. Die nächste Terrasse liegt vor der streng symmetrischen Fassade der Unteren Orangerie, von da gelangt man hinab auf die Parterre-Terrasse.

Lotte-Liebe und Leica-Kult

Mit Beginn des neuen Tages wandeln wir auf den Spuren des schwer verliebten 22-jährigen Rechtspraktikanten Johann Wolfgang

Goethe. Das ▸ **Wetzlarer Lottehaus** ist ein bescheidener Fachwerkbau, weder prächtig ausgestattet noch reich an Exponaten. Gerade darin besteht sein Reiz – das Museum lebt von der Vorstellungskraft seiner Besucherinnen und Besucher. Gleich rechts im Flur hängt das Gemälde *Brotschneidende Lotte,* das die erste Begegnung von Werther und Lotte in Goethes berühmtem Briefroman *Die Leiden des jungen Werther* von 1774 darstellt. Ohne Zweifel hatte der junge Dichter die reale Charlotte Sophie Henriette Buff vor Augen, als er seinen Bestseller verfasste. Die 19-Jährige lebte im Verwaltergebäude des Deutschen Ordens und kümmerte sich anstelle der Mutter, die nach der Geburt des 16. Kindes (!) gestorben war, um die Geschwister. Goethe wurde enttäuscht: Charlotte war verlobt und heiratete 1773 den Legationssekretär Johann Christian Kestner, mit dem sie selbst zwölf Kinder bekam. Der Dichter schrieb sich den Liebeskummer von der Seele und der Rest ist Literaturgeschichte.

Nach einer zünftigen Rast im ▸ **Biergarten** an der Alten Lahnbrücke oder im ▸ **Weingarten** direkt um die Ecke erwartet uns der ▸ **Leitz-Park** auf einem Berg oberhalb der Stadt, eine einmalige optische Erlebniswelt. Leica-Kameras haben Kultstatus bei Profis und Amateuren. Alles begann 1914 mit der Entwicklung der ersten erfolgreichen Kleinbildkamera durch Oskar Barnack, den Leiter der Versuchsabteilung bei Leitz. Seriell produziert wurde die Leica ab 1925. Richtig in Fahrt kam ihr Siegeszug 1954 mit dem handlichen Leica-Messsuchersystem, das die Pressefotografie revolutionierte. Alle berühmten Fotografen, von Robert Capa, Henri Cartier-Bresson, Alfred Eisenstaedt, Paul Wolff bis Barbara Klemm, benutzten „die M", mit der sie unauffällig und schnell Situationen einfangen konnten.

Was der Leitz-Park zu bieten hat: Auf einer 90-minütigen Leica-Tour blickt man direkt in die Manufaktur der Feinmechaniker. Das Ernst-Leitz-Museum vermittelt Geschichte und Fototechnik, die Leica-Galerie zeigt zeitgenössische Fotografie. Der Leitz-Naturlehrpfad, der Kamerashop, das stylische Café Leitz, das Leica Casino und das Restaurant Weinwirtschaft sind die i-Tüpfelchen des Eventprogramms.

Wo der Butt schwimmt

In eine Märchenwelt gerät man in der alten Universitätsstadt **Marburg**. Der rote Großschuh, der wie verloren am Hang unterhalb des mächtigen Landgrafenschlosses zwischen Weinreben liegt, ist eines der spektakulärsten Objekte des ▸ **Grimm-Dich-Pfades.** Was gibt es alles zu entdecken! An einer Mauer im Steinweg hängen die sieben Geißlein, hoch über der Wasserscheide hockt der Froschkönig, am Markt krallen sich die Fliegen des tapferen Schneiderleins an Hauswände und im Alten Botanischen Garten schwimmt der Butt vom *Fischer und syn Frau.*

Die West-Ost-Tour quer durch Mittelhessen endet mitten im Naturpark Vulkanregion Vogelsberg. Viele Wege führen auf den ▸ **Erlebnisberg Hoherodskopf** bei Schotten: zu Fuß über den Herchenhainer Höhenweg; mit dem Fahrrad auf dem Vulkanradweg; per Bus auf den Linien des Vulkanexpress; per Auto natürlich auch.
Der Hoherodskopf steht unter dem Motto „Abenteuer und Freizeit". Über Hängebrücken tastet man sich durch den 600 Meter langen Baumkronenpfad. Eine Aussichtsplattform bietet spektakuläre Ausblicke, an klaren Tagen bis zur Frankfurter Skyline. Kletterhasen trainieren derweil auf den hohen Baumsteigen des Kletterwaldes, Wagemutige schwingen sich wie Tarzan durch die Lüfte, Kinder sausen in der Röhre der Sommerrodelbahn ins Tal. Eine interaktive Ausstellung informiert über Geologie, Botanik, Fließgewässer, Quellen, Wald, Hochmoor, Bergmähwiesen und Artenvielfalt.

Auch im Winter kann man sonnige Traumtage im Hohen Vogelsberg verbringen. Der Vogelsberg jedenfalls ist perfekt vorbereitet auf eine Erstürmung von alpinen und nordischen Skiläufern, Skatern, Spaziergängern, Schneeschuhläufern, Rodlern – und Hungrigen.

Da will ich hin!

- **Café Will**
  Salzgasse 23, 65549 Limburg, www.cafe-will.de
- **Dom zu Limburg**
  Domplatz, 65549 Limburg
- **Alte Lahnbrücke Runkel**
  zwischen Burgstraße und Leinpfad, 65594 Runkel
- **Schloss und Schlossgarten Weilburg**
  Schlossplatz, 35781 Weilburg
- **Museum Lottehaus**
  Lottestraße 8–10, 35578 Wetzlar
- **Biergarten und Weingarten an der Lahn**
  Lahninsel und Colchesteranlage, 35578 Wetzlar, www.biergarten-lahn.com, www.weingarten-lahn.com
- **Leitz-Park**
  Am Leitz-Park, 35578 Wetzlar, www.leitz-park.com
- **Grimm-Dich-Pfad**
  35037 Marburg, www.marburg-tourismus.de
- **Erlebnisberg und Skigebiet Hoherodskopf**
  Am Hoherodskopf, 63679 Schotten, www.erlebnisberg-hoherodskopf.de, www.ski-und-rodelarena-hoherodskopf.de, www.ski-taufstein.de

MITTEL RHEIN

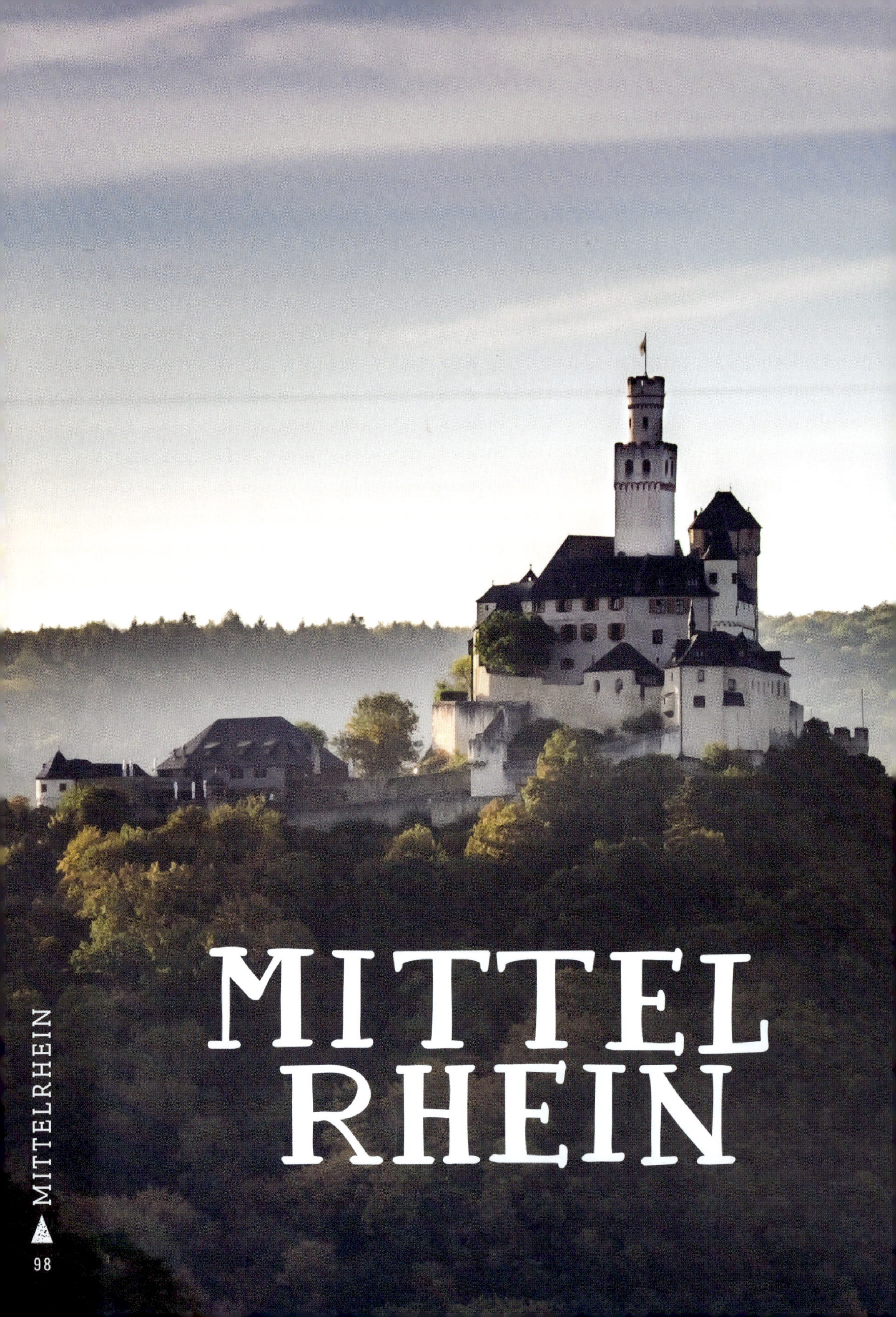

Willkommen im Mittelalter!

Im Zentrum der Mittelrhein-Region liegt Koblenz. Vater Rhein vermählt sich hier am Deutschen Eck mit der Mosel. Schon die Römer fühlten sich wohl in Confluentes, wie der Ort an der Moselmündung einmal hieß. Und weil Tradition verpflichtet, ist Koblenz für alle Glückssucher zwischen Bingen und Bonn ein idealer Standort. Hotels gibt es genügend – und zum Essen lockt ▸ **Gerhards Genussgesellschaft**. Fisch und Fleisch kommen hier in immer neuen Variationen auf den Tisch, im Sommer auf der großen Terrasse im Schatten der sehenswerten Kastor-Basilika. Anschließend bietet sich ein Bummel durch die Altstadt an.

Jetzt wollen wir aber sehen, wofür der Mittelrhein berühmt ist: seine Burgen. Ambitionierte Wanderer steuern vorher noch die Ruppertsklamm bei Lahnstein an und erleben ein Kletterabenteuer in einer immer enger werdenden Schlucht.

Jetzt geht es aber nach **Braubach**. Über dem Ort thront die Marksburg, am Rhein lockt der ▸ **Rosengarten**. Ein Glücksort, der einem Ticketverkäufer der Weißen Flotte zu verdanken ist. War gerade kein Schiff abzufertigen, peppte er Braubachs Uferpromenade mit Rosen auf. In allen Farben blühen sie heute, dazwischen stehen einladende Bänke zum Innehalten.

Nun geht es aber auf die ▸ **Marksburg**, mit rund 200.000 Besuchern eine der schönsten und meistbesuchten deutschen Ritterburgen. Ihre Kopie steht längst in einem japanischen Vergnügungspark, das Original aber noch immer am Rhein. Burgkapelle, Rittersaal, Weinkeller und Burgküche sind neben einer mit

Waffen gespickten Rüstkammer das ganze Jahr über zu besichtigen. Es sind Räume, die vom Mittelalter erzählen – und manche Redewendung von heute mit Leben füllen. Jemandem „klaren oder reinen Wein einschenken", erfährt man im Weinkeller, hieß nicht nur im Mittelalter, ihm die Wahrheit zu sagen. Der Rundgang durch die Marksburg endet gewöhnlich in der noch immer betriebsbereiten Burgschmiede mit Amboss und Werkzeug. Auch hier werden noch heute gültige Redewendungen lebendig, wie „Nägel mit Köpfen machen". Nägel nämlich waren nur brauchbar, wenn sie der Schmied mit einem Kopf versehen hatte.

20 Autominuten von Koblenz rheinaufwärts lockt Europas gewaltigster ▸ **Kaltwasser-geysir,** der nur per Schiff erreichbar ist. Es startet vom Besucherzentrum am Andernacher Rheinufer aus, wo man erfährt, wie der Geysir funktioniert, wie tief unter der Erde sich Tag für Tag Grundwasser mit Kohlendioxid aus der Vulkaneifel mischt, um sich dann einen Weg nach draußen zu suchen. Ganz so wie eine sprudelnde Wasserflasche, deren Druck nach Öffnung schlagartig nachlässt. Anschließend geht es zur Namedyer Werth, einem Naturschutzgebiet auf einer Rhein-Halbinsel, wo fast wie auf Knopfdruck dann vor aller Augen das angestaute Wasser bis zu 60 Meter in die Höhe schießt.

Gesunde Rheinfahrt

Am zweiten Tag gilt es, den Mittelrhein ganz klassisch zu entdecken. Am frühen Vormittag startet der ▸ **Schaufelraddampfer** namens Goethe am Koblenzer Rheinufer Richtung Bingen. 4 Meter sind seine Seitenräder hoch, an die jeweils acht 3 Meter breite Radschaufeln montiert sind, angetrieben von starken Hydraulikmotoren aus Schwedenstahl. Diesel statt Kohle treibt den Dampfer heute an, dessen Sirene beim Ablegen noch immer durch Mark und Bein geht. Die Salons verströmen nostalgischen Charme, am schönsten aber ist es auf Deck, wo das Gläschen Wein noch besser schmeckt und die Burgen und Dörfer fast zum Greifen nah liegen.

Wer will, kann unterwegs immer wieder aussteigen und sein Glück in Ortschaften wie Oberwesel, St. Goar, Lorch oder Bacharach suchen. Die meisten Schiffsreisenden aber fahren bis Rüdesheim oder Bingen, wo nur wenige Schritte vom Schiffsanleger entfernt der ▸ **Hildegarten** liegt. Direkt am Rheinufer dokumentiert ein kleines, mit Heilpflanzen bestücktes Gärtchen die magische und heilende Kraft mittelalterlicher Gewächse. Als Fundament gilt die antike Lehre der Säfte: Solange sie sich im Gleichgewicht befinden, gilt der Mensch als gesund. Das war auch der einst hier lebenden heiligen Hildegard bewusst. So empfahl sie etwa Glühwein gegen Blasenschwäche, Lungenkranken legte sie zerstoßene Hagebutten ans Herz. Die gelben Blüten der Königskerze sollten Gemütskranken helfen. Und gegen Ausschlag schwor die Ordensfrau auf Ziegenmilch und zerstoßene Lilienblätter. Auch um die aphrodisierende Wirkung der Grünkraft wusste Hildegard. „Das Benediktenkraut ist warm, wenn jemand es isst oder in einem Trank einnimmt, entzündet es in ihm brennende Begierde.“

Genügend Gesprächsstoff also, den man auf den Bänken im Hildegarten noch vertiefen kann – oder auf der Fahrt mit dem Zug zurück Richtung Koblenz. Unterwegs lohnt ein Zwischenstopp in **Boppard** mit einem sehenswerten Stadtmuseum, schönen Kirchen und einer alten Stadtmauer. Für eine kleine Pause ist das ▸ **Café Zeitgeist** gut. Im ältesten Fachwerkhaus der Stadt munden Kaffee und Kuchen, den die Chefin meist selbst backt. Und Frühstück gibt es hier den ganzen Tag lang. Einfach, mit Brötchen, Toast und zwei verschiedenen Marmeladen, oder opulenter, mit Wurst, Käse und Eiern von Freilandhühnern. Am Eingang des Cafés Zeitgeist ist aufgelistet, was das Leben schöner machen kann: Liebe, Zeit, Träume, Freude – und natürlich Glück.

Tierische Geschichte

Wer hat schon mal Löwen oder Krokodilen ins Auge gesehen, einer Riesenschlange beim Verdauungsschlaf zugeschaut, einen Gepard bei der Jagd beobachtet oder ein Känguru bei der Partnersuche? All das ist im ▸ **Zoo in Neuwied** möglich! Vögel, Amphibien, Insekten, Reptilien und Säugetiere sind hier zu Hause. Fast 200 Arten, die im größten Zoo am Mittelrhein vor Augen führen, wie wichtig biologische Vielfalt ist. Attraktion ist die tägliche Fütterung der Pinguine und Seehunde. Und sonntagmittags kann man den Geparden bei der Beutejagd zusehen.

Nur wenig weiter und bei schlechtem Wetter die vielleicht bessere Adresse ist der ▸ **Garten der Schmetterlinge**. Immer sommerlich warm ist es in den Glashäusern, in denen bei 60 Grad Luftfeuchtigkeit viele Hundert Flattermänner in allen Farben und Formen zu bestaunen sind. Die Schmetterlinge in Sayn, vom kleinsten Falter bis zum größten Brummer, mahnen den Besucher jedenfalls, die Schöpfung zu achten.

Architektur- und Geschichtsfreunde kommen nur ein paar Schritte weiter in der ▸ **Sayner Hütte** auf ihre Kosten, die man nach hundertjährigem Schlaf wieder zum Leben erweckt hat. Ein Industriedenkmal von Weltrang und heute eine Art Erlebnismuseum, jedenfalls die älteste noch erhaltene Werkshalle mit tragender Gusseisenkonstruktion. Ein robustes und doch filigranes Kunstwerk. Besonders schöne Werkstücke präsentiert das Rheinische Eisenkunstgussmuseum, das in dem Areal eine neue Bleibe gefunden hat. Am meisten Eindruck aber macht die alte Gießhalle mit ihrem Hochofen und Krananlagen. Licht- und Tonprojektionen begleiten die Besucher auf ihrem Rundgang. Augmented reality, computergestützte Sinneswahrnehmung, nennt sich dieses Erleben heute. Es ist eine spannende Zeitreise ins vorletzte Jahrhundert, in dem der Mittelrhein zum Sehnsuchtsort der Glückssucher wurde.

Da will ich hin!

- **Gerhards Genussgesellschaft**
  Danziger Freiheit 3, 56068 Koblenz, www.gerhards-genussgesellschaft.de
- **Rosengarten Braubach**
  Rheinanlage, 56338 Braubach, www.braubach.de
- **Marksburg**
  56338 Braubach, www.marksburg.de
- **Geysir Besuchszentrum**
  Konrad-Adenauer-Allee 40, 56626 Andernach, www.geysir-andernach.de
- **Schaufelraddampfer Goethe**
- **Hildegarten**
  Rheinufer (Museum am Strom), 55411 Bingen
- **Café Zeitgeist**
  Untere Marktstraße 10, 56154 Boppard, www.cafezeitgeist.jimdofree.com
- **Zoo Neuwied**
  Waldstraße 160, 56566 Neuwied, www.zooneuwied.de
- **Garten der Schmetterlinge**
  56170 Bendorf-Sayn, www.sayn.de/garten-der-schmetterlinge
- **Sayner Hütte**
  56170 Bendorf-Sayn, www.saynerhuette.org

MOSEL

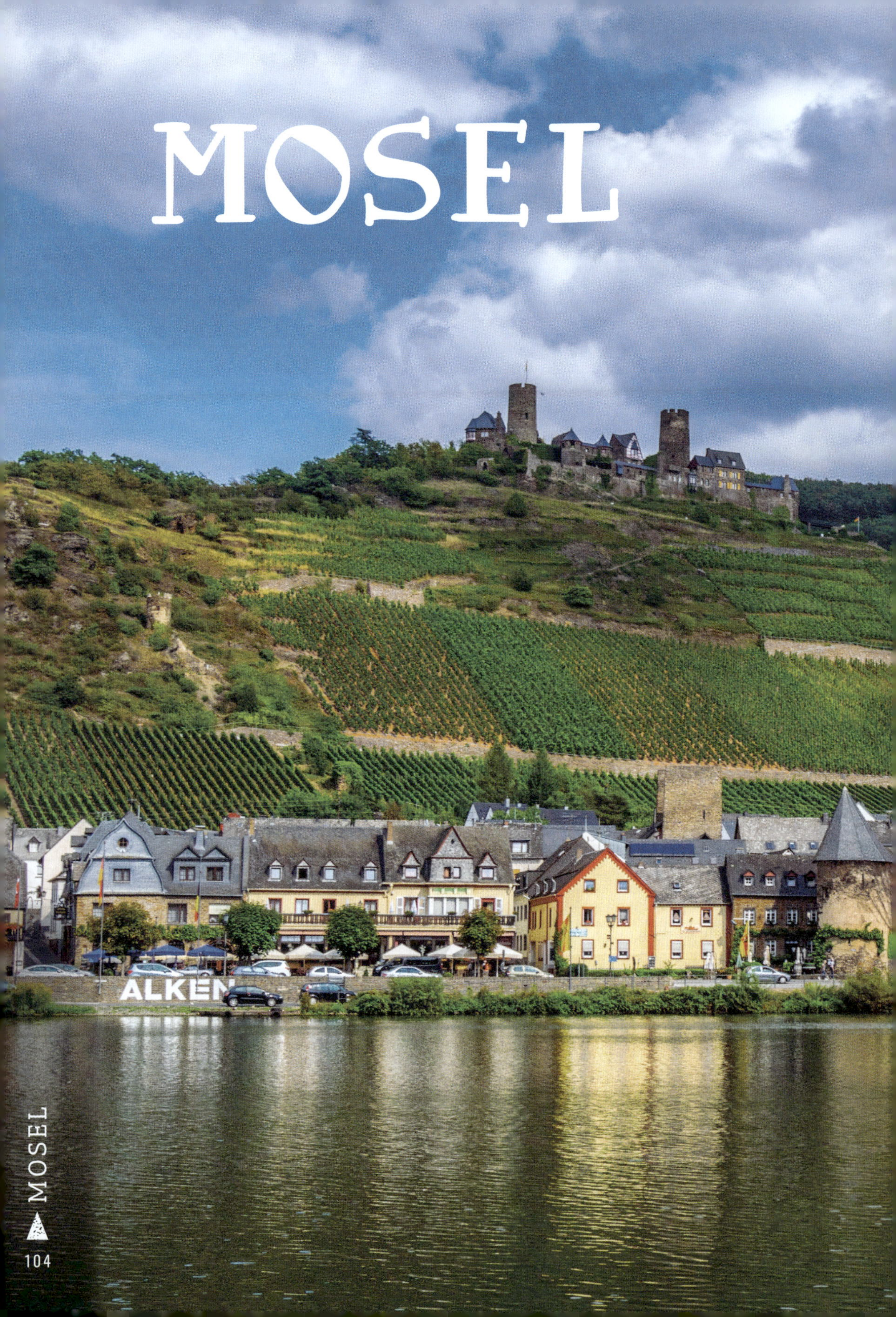

Märchenreise durchs Burgenreich

Um einen ersten Eindruck vom Moseltal zu bekommen, lohnt es sich, an seinem Ende anzufangen. Terrassenmosel heißt die Region, wo in übereinandergetürmten Parzellen Spitzenweine gedeihen. In der imposanten Landschaft ist nicht nur der berühmte Riesling Winninger Uhlen zu Hause, sondern mit der ▸ **Thurant** auch die einzige Doppelburg an der Mosel. Schon die beiden Bergfriede machen mächtig etwas her. Hinzu kommen Türmchen, Fachwerk, efeuberankte Mauern und ein Steingarten mit Putten aus dem Barock. An solchen Orten wachsen üblicherweise Dornenhecken 100 Jahre lang und Frösche verwandeln sich in Prinzen. Man läuft durch Türen, Bögen und Tore. Der Weg führt zum Jagdzimmer und in den Weinkeller voller Gerätschaften und dicker Fässer. Und wer schon immer einmal sagen wollte: „Rapunzel, lass dein Haar herunter!", findet auf dem Kölner Turm sein Glück.

Die B 49 bringt uns nach Koblenz und weiter auf die ▸ **Festung Ehrenbreitstein**, die seit rund 200 Jahren die deutschesten aller Ecken bewacht. Ihre militärische Bedeutung hat die Festung schon vor über 100 Jahren verloren. Längst ist aus dem Bollwerk ein quirliges Kulturzentrum mit Museen, historischen Gärten und kulinarischen Genüssen geworden. Ein Highlight im Frühjahr ist das Festungsleuchten, wenn die imposanten Mauern als Leinwand für ein zauberhaftes Zusammenspiel von Licht, Klang und Schatten dienen. Und an Wochenenden bringen Falkner mit ihren Greifvögeln nicht nur Kinderaugen zum Leuchten. Panoramasüchtige zieht es auf die Aussichtsplattform. Tatsächlich galt der Blick auf den Zusammenfluss von Mosel und Rhein schon im 19. Jahrhundert als Sehnsuchtsziel für reisende Künstler der Romantik.

Ein paar Flusskilometer stromaufwärts wartet in Kobern-Gondorf der nächste historische Schatz. Man muss nicht gläubig sein, um die ▸ **Matthiaskapelle** als einen inspirierenden Ort zu empfinden. Wer sie betritt, lässt einfach die Ausstattung des gut 800 Jahre alten Gotteshauses auf sich wirken. Dieses spätromanische Juwel hat ein nahezu mystisches Flair – mit seinen schwarzen Säulen, den Fenstern mit Kleeblattbogenarkaden und dem Licht, das durch den 14 Meter hohen Turm einfällt. Im Laufe der Jahrhunderte immer wieder erneuert und restauriert, leuchtet der Innenraum in kräftigen Farben. Da ist der Mosaikboden, in dem manche ein Zahlengeheimnis vermuten. Und überall Verzierungen vom Feinsten. Eine solch ungewöhnliche und zugleich rätselhafte Architektur ist mehr als nur ein Stein auf dem anderen: Die Schönheit dieses Bauwerks ist purer Genuss.

Es gibt einige Orte an der Mosel, die fast zu schön sind, um wahr zu sein, so auch die ▸ **Alte Mühle.** Sie versteckt sich in einem verschwiegenen Seitental unterhalb der Matthiaskapelle. Dicke Äste ranken um das Gemäuer, steile Weinberge reichen dicht bis an das Anwesen heran. Fast 1000 Jahre hat die verwunschene Mühle schon auf dem Buckel. Darin betreiben Thomas und Gudrun Höreth ein Restaurant für anspruchsvolle Gäste. Gehoben, aber nicht abgehoben. Jede der elf Stuben versprüht einen märchenhaften Charme. Mit Kerzenlicht, steinernen Figuren und handgeschriebenen Speisekarten. Wer mag, genießt den Abend mit moselländischen Köstlichkeiten unter blühendem Oleander im Mühlengarten.

Rühmann, Römer, Rieslingsüppchen

Und plötzlich findet man sich in der Kulisse eines Heimatfilms wieder. Genauso fühlt es sich an, wenn man durch das mittelalterliche Dörfchen ▸ **Beilstein** stapft. Die vielen Weinkeller, blumengeschmückten Fachwerkhäuschen und der Marktplatz verdichten sich zu

einem Urbild altdeutscher Gemütlichkeit, dass es einem ganz warm ums Herz werden will. Tatsächlich wurden damals viele Kinokassenschlager in den engen Gassen gedreht. Deshalb residierte 1936 der unvergessene Heinz Rühmann in der weinumrankten Winzerschenke, die es immer noch gibt. Und Willy Millowitsch hüpfte als *Der wahre Jakob* die benachbarte Klostertreppe hinab. Heute steigen täglich mitunter 1000 Touristen über diese Stufen, doch Frühaufsteher können fast alleine in die Illusion der Vergangenheit eintauchen.

Der zauberhafte Beilstein ist ein Touristenmagnet, doch eine Flussschleife weiter bietet Nehren einen Lieblingsplatz, den lange nicht jeder kennt. Vielleicht liegt es daran, dass man die zwei kleinen ▸ **Grabtempel** hoch über dem Dorf leicht übersieht. Ein römischer Weingutsbesitzer war offenbar so hingerissen von der fantastischen Aussicht übers Tal, dass er sich nach dem Ende seiner Tage in seinen Weinbergen bestatten ließ. Die beiden hübschen Tempelchen haben Fachleute fürsorglich rekonstruiert – die darunterliegende Grabkammer mit ihrer Gewölbemalerei aus dem 3. bis 4. Jahrhundert ist noch im Original erhalten. Der historische Schatz bleibt neugierigen Passanten auf den ersten Blick verborgen, öffnet man jedoch die kleine Fensterluke in der schweren Grabkammertür, bringt ein Automatismus Licht ins Dunkel: Mit einem Muster aus Früchten, Blättern und Blumen wurden die Wände dieses Liegeplatzes für die Ewigkeit geschmückt. Ein bemerkenswertes Souvenir der Römer.

Die Römer waren es bekanntlich, die den Wein an die Mosel brachten. Später herrschten lange Zeit die Klöster über die Reben. Bis heute prägen mittelalterliche Abteihöfe viele Orte am Fluss. Eine besonders hübsche Hinterlassenschaft der Mönche ist der ▸ **Springiersbacher Hof** in Ediger-Eller, wo man den Tag bei gutem Essen und Wein ausklingen lassen kann. Denn Michael und Gabriele Borchert haben das Barockgebäude aus dem Jahr 1752 in ein mediterran anmutendes Gasthaus umgebaut. Und dann schmeckt es auch noch wie bei Muttern. Man möchte sich reinlegen in das cremige Rieslingsüppchen. Passend dazu gibt es famose Rieslinge, die auf den Schieferböden

im nahe gelegenen Calmont wachsen. Serviert wird im kopfsteingepflasterten Hofgarten des Weincafé-Restaurants mit lauschigen Eckchen zum Sitzen. Hier ist das Leben so dolce, dass man so schnell nicht wieder fortgehen möchte.

Buddha oder Schmetterlinge?

Nach so vielen neuen Eindrücken braucht man Zeit zum Innehalten. Das gelingt wunderbar im Traben-Trarbacher ▸ **Buddha-Museum**. In der ehemaligen Jugendstil-Weinkellerei werden rund 2000 Buddha-Figuren aus asiatischen Ländern gezeigt – eine europaweit einzigartige Sammlung. Weiße Wände, Bambusböden und sanfte Klänge im Hintergrund entspannen beim Betrachten den Verstand, große Fenster präsentieren die Mosel. Der Rundgang durch die besinnlichen Räume mit den vielen Sitzecken wirkt nahezu meditativ. Andere wiederum finden im ▸ **Naturschutzgebiet Dortebachtal** ihr Glück, wo sich eine ganze Reihe seltener Tiere tummelt. Rechts und links steigen schroffe Schieferwände auf, über den Köpfen bilden Blätter einen zweiten Himmel. Ein steiler Pfad führt durch dieses enge Tal immer tiefer hinein ins Grüne. Vorbei an Bäumen, über Brückchen und Treppen, entlang an einem trödelnden Bach. Smaragdeidechsen huschen über den Boden. Aber vor allem flattert hier der hübsche Apollofalter herum, der Liebling der Schmetterlingskundler. Er ist in Deutschland fast nur noch an der Mosel zwischen Winningen und Cochem anzutreffen.

Und wer sich mit einer Prise Nervenkitzel am besten erholt, dem sei eine Wanderung durch den steilsten Weinberg Europas empfohlen: Wer den ▸ **Bremmer Calmont** beschreitet, trifft auf Spitzenweine, wilde Buchsbäume und Aussichten zum Heulen schön. Ein alpin anmutendes Erlebnis mit Wow-Effekt.

Spätestens am Ende des dritten Tages ist klar: Ob nun Naturspektakel oder Ritterburgen, verwunschene Dörfer und natürlich vorzüglicher Wein – die Region bietet Großartiges für Gaumen, Seele und Auge. Wer einmal an der Mosel war, der wird immer wieder zurückkehren.

Da will ich hin!

► **Burg Thurant**
56332 Alken, www.thurant.de

► **Festung Ehrenbreitstein**
56077 Koblenz, www.tor-zum-welterbe.de

► **Matthiaskapelle**
Mühlental 35, 56330 Kobern-Gondorf, www.smb-kobern-gondorf.com

► **Alte Mühle Thomas Höreth**
Mühlental 17, 56330 Kobern-Gondorf, www.thomashoereth.de

► **Beilstein**
www.beilstein-mosel.de

► **Römergräber Nehren**
www.nehren-mosel.de

► **Springiersbacher Hof**
Weingut Borchert, Oberbachstraße 30, 56814 Ediger, www.ediger-mosel.de

► **Buddha-Museum**
Bruno-Möhring-Platz 1, 56841 Traben-Trarbach, www.buddha-museum.de

► **Naturschutzgebiet Dortebachtal**
Wanderparkplatz an der B 49, 56818 Klotten, www.klotten.de

► **Calmont Klettersteig und Höhenweg**
56814 Ediger-Eller, www.calmont-region.de

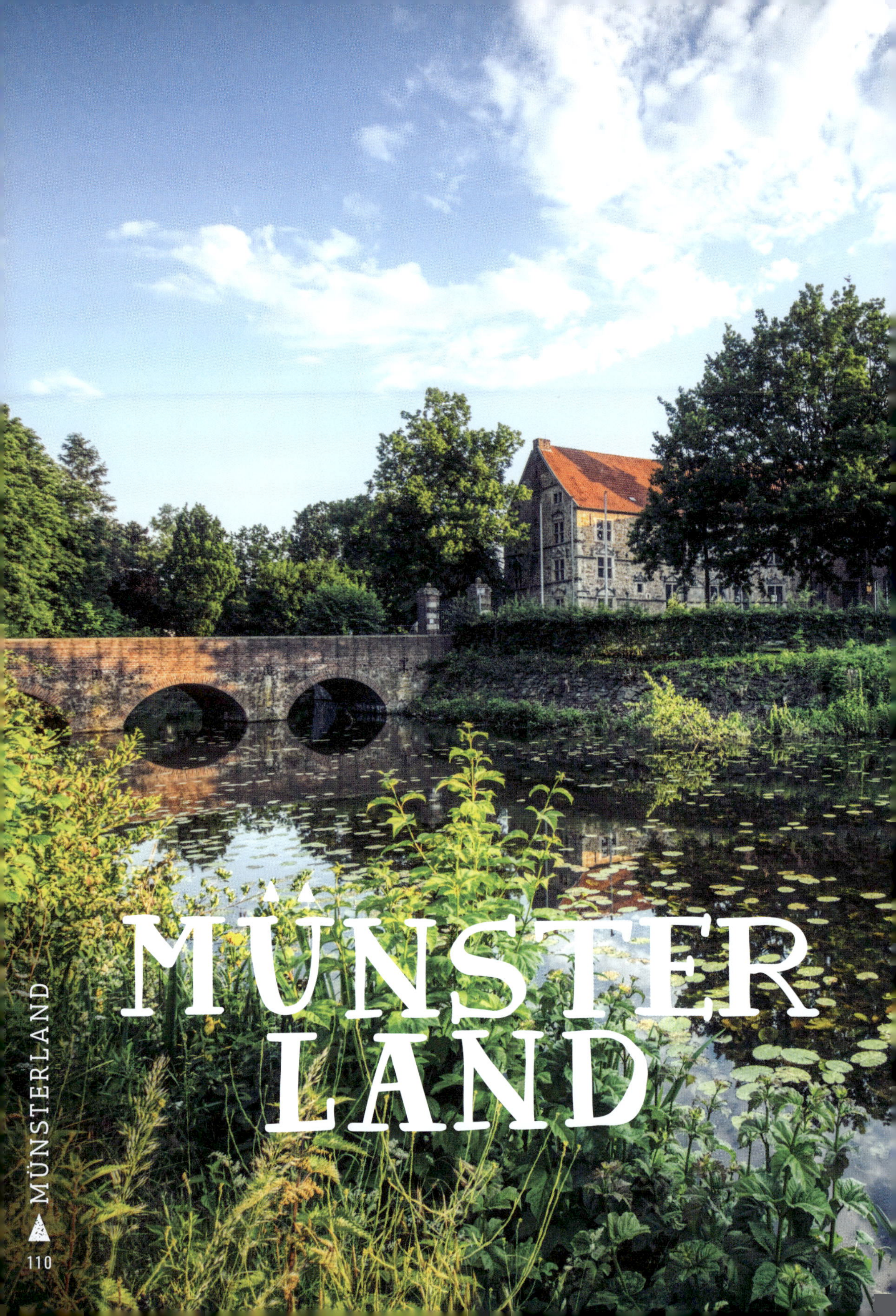

MÜNSTER LAND

Ein Tag in Münster

Nirgendwo sonst im Münsterland verbinden sich Altes und Neues, Tradition und Moderne, Ruhe und Lebendigkeit zu einer so eindrucksvollen Symbiose wie auf dem ▸ **Prinzipalmarkt** in Münster. Deswegen ist er der perfekte Ort, um die Erkundungsreise zu starten. Der Platz mit den charakteristischen Giebelhäusern und Bogengängen ist das traditionsreiche Zentrum Münsters. Hier befindet sich das historische Rathaus und hier haben zahlreiche exklusive Geschäfte und Gastronomiebetriebe ihren Sitz. Die Giebelfassade verströmt das Flair einer mittelalterlichen Hansestadt, von alten Kaufmannsfamilien und Gilden. Es empfiehlt sich, Platz in einem der Cafés vor Ort zu nehmen und das Markt-Ensemble auf sich wirken zu lassen. Langweilig wird es dabei nicht, denn das geschäftige Treiben auf dem Prinzipalmarkt ist immens: Gut 6000 Passanten queren an einem durchschnittlichen Samstag pro Stunde den Platz!

Von Münsters guter Stube aus lässt sich die Alt- und Innenstadt bei einem Bummel gut erkunden. Vielleicht mit einem Abstecher zum ▸ **Antiquariat Solder,** das vielen aus der ZDF-Krimi-Reihe *Wilsberg* bekannt sein dürfte. Wenn hier gerade nicht gedreht wird, heißt der Antiquar Michael Solder. Er ist Herr über zigtausende Bücher, von denen nur ein Bruchteil in dem kleinen Ladengeschäft in Münsters Innenstadt zum Stöbern bereitsteht.

Ein Besuch am ▸ **Aasee** darf bei einem Aufenthalt in Münster natürlich nicht fehlen. Der rund 2 Kilometer lange und 40 Hektar große See bietet so viele Möglichkeiten, dass man hier problemlos einen ganzen Tag verbringen könnte. Mit einem Wassertaxi ist von hier auch schnell der ▸ **Allwetterzoo** erreicht – ein

besonders empfehlenswertes Ziel für Familien. Der Zoo verdankt seinen Namen den „Allwettergängen", die vor Regen, Schnee oder zu viel Sonne schützen. Diese überdachten Wege verbinden die großen Tierhäuser miteinander. Rund 3000 Tiere aus allen Erdteilen leben hier.

Für historisch und kulturell Interessierte ist das ▸ **LWL-Museum für Kunst und Kultur** ein absolutes Muss. 1200 Kunstwerke in 51 Ausstellungsräumen laden zu einem Rundgang durch die Geschichte ein. Und zwar im wahrsten Wortsinne: Das Museum lässt sich bei einem inhaltlichen Rundgang vom Mittelalter bis zur zeitgenössischen Kunst erkunden. Kräftige Farben in den Ausstellungsräumen schaffen spannende Zugänge zur Kunst.
Zu späterer Stunde ist es an der Zeit, sich in das Münsteraner Nachtleben zu stürzen, zum Beispiel im Kuhviertel. An den Bierzelttischen vor den bunt angestrichenen Häusern prosten sich Studenten zu, nur ein Haus weiter wird unterdessen ein Münsterländer Töttchen, ein traditionelles Ragout, mit einem westfälischen Bier serviert. Das Stimmengewirr der Passanten in den verwinkelten Gassen dringt durch die Fenster herein – hier tobt das Leben!
Und hier findet sich auch eine Einkehrmöglichkeit für ein deftig westfälisches Abendessen: die ▸ **Altbierküche Pinkus Müller**. Sie ist der Prototyp einer münsterländischen Gastwirtschaft, ein westfälischer Archetypus ersten Ranges. Westfälische Kartoffelsuppe, würziges Biertreberbrot oder Pannekoken mit Pillewörmern finden sich auf der Speisekarte. Dazu schmeckt das Hausgebraute gleich doppelt gut.

100 Burgen

Das Münsterland ist die Region der Wasserschlösser und -burgen. Verbunden sind die 100 Gebäude durch einen fast 1000 Kilometer langen Radweg, der 100-Schlösser-Route. Gleich mehrere der beeindruckenden Bauwerke finden sich südwestlich von Münster: Als Drei-Burgen-Stadt hat sich **Lüdinghausen** weit über die Stadtgrenzen einen Namen gemacht und die beiden schönsten dieser Burgen liegen so dicht beieinander und so nah am Stadtkern, dass sie sich gerade dazu aufdrängen, zu Fuß

erkundet zu werden. Den Anfang soll dabei die ▸ **Burg Lüdinghausen** machen. Umgeben von einem herrlichen Park, der früher das Befestigungssystem der Burg bildete, liegt sie direkt im Zentrum Lüdinghausens. Wo vor 500 Jahren die geistlichen Herren des Domes zu Münster tagten, für die Zukunft des Münsterlandes planten und lebten, finden heute kulturelle Veranstaltungen und Trauungen statt.

Der Burgenspaziergang führt im Anschluss zu der nur wenige Hundert Meter entfernt liegenden ▸ **Burg Vischering**. Etwas trotzig blickt der beeindruckende Bau dem Besucher zunächst über die Gräfte entgegen, die den Wehrbau aus dem 13. Jahrhundert komplett umgibt. Je näher der Besucher kommt, umso freundlicher wirkt das Renaissance-Ensemble und spätestens am Burgtor nickt man einander beinahe freundschaftlich zu – trotz Zugbrücke, Wehrgängen und Schießscharten. Burg Vischering erwartet seine Gäste mit einem vielfältigen Angebot: Führungen für Kinder und Erwachsene, Koch- und Braukurse, Kindernachmittage und vieles mehr steht hier auf dem Programm. Im Inneren wird im Münsterlandmuseum die Geschichte der Region erlebbar. Für eine Stärkung sorgt das ▸ **Café Reitstall** im Hof der Burg.

Wer anschließend noch Zeit hat, macht einen kleinen Abstecher ins nahe gelegene Dörfchen Seppenrade. Denn hier befindet sich mit dem ▸ **Rosengarten Seppenrade** das wohl prächtigste Beispiel für münsterländische Gartenkunst. In ehrenamtlicher Pflege betreibt die Dorfgemeinschaft hier ein Habitat für nicht weniger als 600 Rosensorten und über 24.000 Rosenpflanzen. Damit wirklich alle Blumen in Augenschein genommen werden können und dem Besucher nichts entgeht, durchzieht ein Wegenetz von fast 3 Kilometern die parkähnliche Anlage.

Traumhaftes Tecklenburg

Einer der schönsten Orte des Münsterlandes ist das Bergstädtchen **Tecklenburg**. Neben der wunderschönen, fachwerkreichen Altstadt bietet der Ort die perfekten Voraussetzungen für eine Wanderung. Um die pittoreske Stadt, die zu Recht den Beinamen *Balkon des Münsterlandes* trägt, näher zu erkunden und zugleich den Zauber des Teutoburger Waldes zu erleben, ist der ▸ **Hexenpfad** genau das Richtige. Rund 5 Kilometer lang ist die Strecke, die zu zahlreichen Sehenswürdigkeiten im und um den Tecklenburger Ortskern führt. Etwas Kondition kann nicht schaden, denn es geht reichlich bergauf und bergab.

Zu Streifzügen durch die Natur und zu einem Wasserschloss, auf dem schon der westfälische Frieden verhandelt wurde, lädt die Talaue rund um das Wasserschloss ▸ **Haus Marck** am Fuße des Teutoburger Waldes ein.

Im Sommer wird die kleine Stadt auf dem Kamm des Teutoburger Waldes mit ihren gerade mal knapp 10.000 Einwohnern zum Mekka aller Musical-Fans, die die einzigartigen Inszenierungen auf der ▸ **Freilichtbühne Tecklenburg** erleben möchten. Das Ambiente könnte kaum eindrucksvoller sein: Die Festspiele finden innerhalb der Ruine der alten Burg Tecklenburg statt, die stets liebevoll ins Bühnenbild integriert wird.

Die Innenstadt selbst bietet ebenfalls allerhand Sehens- und Erlebenswertes – sei es das ▸ **Modersohnmuseum**, ▸ **das Puppenmuseum** oder wunderbar nostalgische Geschäfte wie ▸ **Omis Eingemachtes**. Nicht fehlen darf auch eine Einkehr im ▸ **Kult-Café Rabbel** direkt am Marktplatz. Hier in Tecklenburg schnuppern die Besucher in jedem Fall typisch münsterländische Atmosphäre!

Da will ich hin!

▶ **Prinzipalmarkt**
48143 Münster, www.prinzipalmarkt.de

▶ **Antiquariat Solder**
Frauenstraße 49, 48143 Münster, www.antiquariat-solder.de

▶ **Aasee**
Adenauerallee, 48149 Münster

▶ **Allwetterzoo**
Sentruper Straße 315, 48161 Münster, www.allwetterzoo.de

▶ **LWL-Museum für Kunst und Kultur**
Domplatz 10, 48143 Münster, www.lwl-museum-kunst-kultur.de

▶ **Altbierküche Pinkus Müller**
Kreuzstraße 4–10, 48143 Münster, www.pinkus.de

▶ **Burg Lüdinghausen**
Amtshaus 8, 59348 Lüdinghausen, www.burg-luedinghausen.de

▶ **Burg Vischering mit Café Reitstall**
Berenbrock 1, 59348 Lüdinghausen, www.burg-vischering.de, www.cafe-terjung.de

▶ **Rosengarten Seppenrade**
Am Rosengarten 6, 59348 Lüdinghausen-Seppenrade, www.seppenrade.de/rosengarten

▶ **Hexenpfad**
Haus des Gastes, Markt 7, 49545 Tecklenburg

▶ **Wasserschloss Haus Marck**
Haus Marck 1, 49545 Tecklenburg, www.haus-marck.de

▶ **Freilichtbühne Tecklenburg**
Schloßstraße 7, 49545 Tecklenburg, www.freilichtspiele-tecklenburg.de

▶ **Modersohnmuseum**
Markt 9, 49545 Tecklenburg, www.ommt.de

▶ **Puppenmuseum**
Wellenberg 1, 49545 Tecklenburg

▶ **Omis Eingemachtes**
Landrat-Schultz-Straße 6, 49545 Tecklenburg, www.omis-eingemachtes.de

▶ **Café Rabbel**
Markt 6, 49545 Tecklenburg, www.cafe-rabbel.de

NIEDER RHEIN

Gestern und Heute

Am Niederrhein verbinden sich Kunst und Natur, Tradition und Moderne und der Fluss mit der Landschaft. Ein Wochenende reicht für diese vielseitige Region kaum aus – ist aber ein guter Anfang.

Vom Stahlgerüst Hallenhaus auf der ▸ **Halde Norddeutschland** bietet sich ein beeindruckender Rundblick über die vielfarbige niederrheinische Landschaft. Die Aufschüttung besteht aus 80 Millionen Tonnen Gestein und ist genau genommen ein riesiger Haufen Geschichte. Mit der Begrünung, dem Anlegen von Wanderwegen, dem Bau des Hallenhauses hat man den einst prägenden Bergbau mit moderner Freizeitgestaltung vereint. Hier zu spüren, wie sich im Sommer die Hitze in der Brise verliert, liefert zudem ungeahnte Entspannungsmöglichkeiten. Den schönsten Aufstieg auf die Halde ermöglicht die Himmelstreppe.

Im Anschluss an die luftige Haldentour lässt sich das nunmehr blühende Erbe des Bergbaus in **Kamp-Lintfort** wunderbar erkunden. Auf circa 25 Hektar entstand 2020 aus dem ▸ **Zechenpark Friedrich Heinrich** ein Naherholungsgebiet. Hier kann man sehen, wie die Bergmannskultur die Gegend bestimmt hat und sie im Grünen, in Spaß, Erholung und Ausstellungen weiterlebt. Das markanteste Erkennungszeichen ist der 80 Meter hohe Förderturm von Schacht I. Auch ein Besuch im Tierpark Kalisto sollte unbedingt eingeplant werden. Hier tummeln sich flauschige Alpakas, Erdmännchen und Co. Kaum vorstellbar, dass tief unten im Erdreich, verborgen unter aufwendig aufgeschüttetem Boden, einst eine Hochleistungszeche weltrekordmäßig Kohle gefördert hat.

Die Nachbarstadt **Moers** wartet mit einer geschichtsträchtigen Altstadt auf. Hier prunkt auf dem Altmarkt das ▸ **Preußen-Denkmal**. Eingerahmt von Stein- und Kirchstraße bildet der pittoreske Platz das Zentrum dieser Perle am Niederrhein. Gastronomen tischen auf, hier trifft man sich, hier spielen Straßenmusiker ihre fröhlichen Melodien, hier redet man über dies und das, hier sitzt man in der Sonne bei Kaffee oder Bier.

Das Denkmal wurde zu Ehren des Besuchs von Preußenkönig Friedrich IV. im Jahr 1852 durch Bürger der Stadt gestiftet. Damals feierte man die 150-jährige Zugehörigkeit zu Brandenburg-Preußen.

Um den Tag gesättigt und ausgeruht mit Natur und Kultur ausklingen zu lassen, empfiehlt sich ein Spaziergang zum nahen ▸ **Schlosspark**. Der „bürgerliche Park im Adelsstil" steckt voller Orte, die Glück und Zufriedenheit schenken können. Exemplarisch dafür steht der „Entenweiher" im südöstlichen Teil, zugehörig zur Kulturinsel und zur Grabenanlage. Es ist amüsant, das Brut- und Hüteverhalten der Vögel zu beobachten, wenn zum Beispiel die Gänseeltern mit ihren Küken am Ufer eine Rast machen, wenige Meter weiter ein majestätischer Schwan vorüberschwimmt und obendrein noch ein Graureiher in unmittelbarer Nähe landet und auf Futter aus ist. Da die Vogeleltern allesamt ihre Aufgaben sehr ernst nehmen, ist nicht selten ein Spektakel die Folge. Der nach englischem Vorbild im Jahr 1836 angelegte Garten schafft eine Verbindung von der Natur zur Altstadt Moers. Natürlich ist auch das ▸ **Schloss** selbst, als Magnet für Museumsliebhaber und Theaterinteressierte, einen Besuch wert. Das vielfach ausgezeichnete Moerser Schlosstheater ist hier zu Hause.

Natur und Kultur

Ein Muss für einen Besuch am Niederrhein ist ein Abstecher an die ▸ **Niers**. Sie ist ein typischer Flachlandfluss von circa 117 Kilometern, entspringt bei Erkelenz und mündet beim niederländischen Gennep in die Maas. Die Uferlandschaft bietet viel für Erholungssuchen-

de. Bei Viersen-Süchteln fließt das Gewässer durch lange „Alleen", wo Biber ein Zuhause gefunden haben. Pappeln und zahlreiche andere Arten wie Eschen und Erlen bereichern die Flora. Hier starten Paddler und Kanuten ihre Tour bis Wachtendonk. Zwischen Süchteln-Vorst und Oedt kann man die Niers auf der „Insektenbrücke" queren. Aber keine Sorge: Es geht hier sehr friedlich zu.

Reichlich Natur liefert der ▸ **Bunte Garten** im nahen **Mönchengladbach** mit einer faszinierenden Fülle an Blumen, Sträuchern und Bäumen. Zwischen der Kaiser-Friedrich-Halle und dem Hauptfriedhof lockt der Stadtgarten seit 1890 Erholungssuchende an. Besonders im Frühjahr fallen die üppigen Rhododendren und Azaleen auf und verströmen mit ihren rosa- und lilafarbenen Prachtblüten Urlaubsgefühle.

So viel Natur macht hungrig. Essen und Trinken zählen unbestritten zu den Glücksmomenten im Alltag. Das ▸ **Goody Foody** in Mönchengladbachs Innenstadt macht nicht nur satt, sondern bietet leckeres, gesundes und nachhaltig produziertes Essen. Es ist ein Tagesrestaurant, in dem viele Menschen ihre Glücksration in Form einer Ofenkartoffel, einer Suppe oder eines Baguettes abholen bzw. direkt vor Ort verspeisen. Wohl strukturiert findet man das Angebot vor und kommt leicht ins Wanken, ob es die frische Kartoffel mit hausgemachtem Dip, Gemüse oder dem viel geliebten Matjessalat sein soll. Oder steht einem der Sinn eher nach einer vollwertigen Gemüsequiche?

Zum Abschluss des Tages geht es ins ▸ **Münster St. Vitus**. In der Schatzkammer finden sich Goldschmiedearbeiten der Barockzeit sowie des 19. Jahrhunderts, ein kölnischer Tragealtar, das Siegel des Albertus Magnus und verschiedene Handschriften. Die Krypta ist gleichzeitig kultureller Veranstaltungsort. In und an der Kirche sind immer wieder Werke zeitgenössischer Künstler zu finden, die den sakralen Raum nutzen und schätzen. Ein besonderes Kunstzeichen findet sich am Hauptportal, wo „Exit" zu lesen ist. Joseph Beuys hielt am 31. März 1972 vor der Kirche eine Lesung,

drückte einen Essigschwamm am Portal aus und schrieb ebenjenes Wort daran. Das lädt ein zu einer Gedankenreise über Beuys, die Kunst, die Kirche und über einen selbst.

Kunst und Kloster

Ein ganz besonderer Ort ist das ▸ **Museum Insel Hombroich.** Mitten in der Erft-Landschaft sind hier Darstellungsmöglichkeiten für Kunstschaffende entstanden, die ihresgleichen suchen. Es gilt, den „verwirklichten Traum“ des Düsseldorfer Sammlers Karl-Heinrich Müller (1936–2007) zu entdecken. Es gibt Pavillons, die im direkten Kontext mit der sie umgebenden Natur Kunst präsentieren. Begehbare „skulpturale Architekturen“ wie der Turm und das Labyrinth laden zu ganz persönlichen Kunsterlebnissen ein. Traditionelle asiatische Kunst steht im Kontrast – oder im Dialog? – zu moderner europäischer Kunst. Spannend ist das Zusammenspiel von Kunst und Natur, wie die metallenen Figuren von Anatol zwischen wiegenden Halmen. Es gibt keine Erklärungen, auch sind keine Wege vorgezeichnet. Die freie Bewegung, das Finden von Orten stehen im Vordergrund.

Das benachbarte ▸ **Nikolauskloster** hält für Leib und Seele etwas Gutes bereit. Es bietet nicht nur Gläubigen eine Heimstatt, einen Ort zum Beten, sondern auch Wanderern und Radfahrern mit seinem Café einen Platz für eine Rast. Willkommen geheißen wird man vom Duft selbst gebackener Kuchen und frisch gebrühten Kaffees. Ein Rundgang durch den Klostergarten bietet sich an sowie eine Opfergabe an der Grotte oder einfach nur ein stilles Gedenken. Das Haus blickt auf eine lange Historie zurück, mehrere Jahrhunderte lang wurde hier nach Franziskanerregeln gelebt. Für Geschichtsinteressierte gibt es also durchaus mehr zu entdecken als Kuchen, doch allein der ist schon die Reise hierher wert – so wie der gesamte Niederrhein. Herkommen, schauen, schmecken, genießen, entdecken, Sport treiben, Menschen treffen und der Seele Momente des Glücks schenken!

Da will ich hin!

▶ **Hallenhaus Halde Norddeutschland**
47506 Neukirchen-Vluyn

▶ **Zechenpark Friedrich Heinrich**
Friedrich-Heinrich-Allee 81, 47475 Kamp-Lintfort

▶ **Preußen-Denkmal**
Altmarkt, 47441 Moers

▶ **Schlosspark und Schloss Moers**
Kastell 9, 47441 Moers

▶ **Niers bei Süchteln**
Tönisvorster Straße, Niersbrücke, 41749 Viersen

▶ **Bunter Garten**
Benrather Straße, 41063 Mönchengladbach, www.buntergarten.de

▶ **Goody Foody**
Stephanstraße 7, 41061 Mönchengladbach, www.goodyfoody.de

▶ **Münster St. Vitus**
Abteistraße 41, 41061 Mönchengladbach

▶ **Museum Insel Hombroich**
Minkel 2, 41472 Neuss, www.inselhombroich.de

▶ **Nikolauskloster**
41363 Jüchen, www.nikolauskloster.de

NORD FRIES LAND

Die perfekte Halbinsel: Eiderstedt

Das Wichtigste in Nordfriesland: Erst mal frische Luft schnappen. Ein Austernfischer erhebt sich in die Lüfte, mehrmals laut „kwiewiep" rufend. Auf den Salzwiesen vor ▸ **Westerheversand** rupfen Schafe und Graugänse am Gras. Wie sieht das Weltnaturerbe Wattenmeer wohl von oben aus? Ein Blick vom ▸ **Leuchtturm** gibt Antwort und führt in eine andere Welt. Die Sonne erwärmt die gusseiserne Außenhaut des tonnenschweren Kolosses, der wohl berühmtesten Landmarke Schleswig-Holsteins. Im ehemaligen Büro des Wärters zieren alte Fotografien die Wände, darunter auch Bilder der großen Sturmfluten von 1962 und 1976. Zurück im Hier und Jetzt: Auf der oberen Plattform des Turms weht es kräftig. Man schaut auf das Watt, die Priele, das Meer, die Inseln und Halligen. Nimmt die Weite in sich auf. Stellt sich vor, wie bei einem Wintersturm die Wassermassen immer näher kommen und um den Fuß des Turms tosen. Wenn das Land mit einem Mal so weit entfernt scheint und der Turm zur Insel wird.

Eiderstedt im Süden Nordfrieslands schrieb seine eigene Geschichte. Als die Welt rundherum noch Friesisch sprach, setzte sich in Eiderstedt das Niederdeutsche durch. Einen Einblick bietet das ▸ **Museum der Landschaft Eiderstedt** in Sankt Peter-Dorf. Mit Schiffen zogen die ersten Siedler durch die südliche Nordsee, auch Mare Frisicum genannt. Doch was die Friesen vorfanden, unterschied sich erheblich vom heutigen Bild. Einst existierten drei Inseln in einer moorigen, von Prielen durchzogenen Landschaft. Die Halbinsel formte sich als Kulturlandschaft. Das denkmalgeschützte Haus aus dem 18. Jahrhundert bildet einen Teil der Geschichte. Es war bereits Brauerei, Bäckerei, Schankwirtschaft und

Wohnhaus. Heute vermittelt es einen Eindruck von Deichbau, Entwässerung und dem Einfluss zugewanderter Niederländer. Die Glaubensflüchtlinge kurbelten die Milchwirtschaft auf Eiderstedt an. Während die Eiderstedter Bauern durch die Jahrhunderte einen gewissen Wohlstand genossen, hatte man im Westen der Halbinsel immer mit Sandflug zu kämpfen. Um das Sandtreiben einzudämmen, pflanzte man noch zu dänischen Zeiten einen Wald an. Die einst armen Dörfer **Sankt Peter und Ording** konnten sich ab dem 19. Jahrhundert zu touristischen Zentren entwickelten. Im Garten des Museums steht ein Andenken an die Anfangszeiten des Seebads: Damals zog man sich in Badekarren zum Umkleiden zurück.

Das ist heute nicht mehr nötig beziehungsweise passiert in den Pfahlbauten oder in aller Öffentlichkeit. Der 12 Kilometer lange ▸ **Strand** zieht im Sommer alle an. Zum Wandern entlang der Brandung, Schwimmen, Surfen oder einfach Nichtstun. Aufs Meer sehen. Ein Picknick im Strandkorb machen? Hygge pur, selbst wenn der Wind weht. Oder gerade dann. Ein romantisches Picknick zu zweit, vielleicht am Abend, ohne großen Aufwand. So kann man die Zeit bis zum Sonnenuntergang locker im Korb verbringen. Geht es auf den Herbst zu, am besten eine Decke einpacken. Hygge für Fortgeschrittene sozusagen, bei Meeresrauschen und Sandverwehungen. Strandkörbe können kleine Zufluchtsorte in rauer Umgebung sein. Wie viele Geschichten mögen sie in sich tragen? Wenn man sich hineinsetzt und zuhört, ist es wieder da, das ewige Lied vom Leben am Meer.

Pellwormer Charme

Allen nordfriesischen Inseln und Halligen ist eines gemein: Überall spürt man das Gefühl von Freiheit und Weite. Wenn die Straßen lustige Namen wie Ostertilli und Tüterland haben, ist man auf ▸ **Pellworm** gelandet. Inmitten grüner Wiesen, der Deiche und Strände, umzingelt von Schafen, Möwen und Austernfischern scheint hier die Ruhe zu Hause zu sein. Daher heißt die quasi endemische Fortbewegungsart auf dem flachen Land auch

Radfahren. Selbst wenn einem mal der Wind ins Gesicht bläst und das Vorankommen erschwert. Egal. Auf Pellworm nimm man sich Zeit. Hier lernt man, keine Pläne zu haben. In den Tag hinein zu radeln. Und große Entfernungen muss man dafür nicht zurücklegen: Wer die Insel einmal umrundet, kommt auf etwa 25 Kilometer Fahrspaß. Auch kreuz und quer fahren sei erlaubt!

Pellworm gilt als die Öko-Insel Nordfrieslands, hier setzte man schon frühzeitig auf erneuerbare Energien. Wer sich darüber informieren möchte, macht einen Boxenstopp im ▸ **SolarCafé**. Es gibt Waffeln in allen Varianten, Kuchen und kleine Snacks. Vor oder nach der kulinarischen Pause kann man sich ganz nach Wunsch über die Zukunft der Energieversorgung informieren. Insgesamt produzieren die sonnen- und windverwöhnten Pellwormer doppelt so viel Energie, wie sie benötigen. Man ist schon seit den 80er-Jahren auf grünem Kurs und so wurde auch frühzeitig in ein Hybridkraftwerk investiert. Die landwirtschaftlich geprägte 1200-Einwohner-Insel übernimmt in Sachen Energie also eine Vorreiterrolle, was nun dazu führt, dass auf Pellworm mit einem intelligenten Stromnetz experimentiert wird. Wie das alles funktioniert, wird im Besucherzentrum anschaulich erklärt.

Wer Glück hat, bleibt über Nacht auf der Insel, mindestens einmal. Und genießt den Sonnenuntergang am Strand nahe der Alten Kirche. Während grasende Schafe gemütlich an einem vorbeiziehen und dabei hörbar am Gras des Deiches rupfen, geht die Sonne über dem fernen Amrum unter. Ein Leuchtturm blinkt am Horizont weiß auf, der Himmel über der Nachbarinsel brennt. Alle Farben Rot. Rechts liegen die Warften von Hallig Hooge schon im Halbdunkeln, links erhebt sich Hallig Süderoog einsam aus dem Meer. Ein Stück weiter leuchtet das Seezeichen von Westerheversand rot auf. Rundherum Stille. Mitten im Wattenmeer das kostenlose Konzert der zahlreichen Vögel, die Pellworm zur Brutzeit bevölkern. Dazu das sanfte Plätschern der Wellen – das ist wie eine Meditation.

Nord-Nordfriesland

▸ **Dagebüll** ist mehr als der Fährhafen nach Amrum und Föhr. Die geschwungene Silhouette des Ortes zum Wasser hin lässt erahnen, dass es sich um eine ehemalige Hallig handelt. Erst durch die Eindeichung im 18. Jahrhundert änderte sich alles. Und vor gut 100 Jahren zogen die ersten Badebuden an den Deich. Heute prägen sie das Antlitz des Ortes. Von April bis September stehen die Häuschen am Strand und dienen glücklichen Einheimischen als Rückzugsort. Neu sind die weißen Buden dazwischen, die als Umkleiden für alle funktionieren. Denn Dagebüll hat sich mit dem neuen Klimadeich auch gleich ein frisches Gesicht verpasst: mehr Komfort, neue Bänke, Duschen, Lampen sowie Sandkästen für die Kids. Und barrierefreies Baden.

Einheimische trifft man nicht nur an den Badebuden, sondern auch im ▸ **Hans-Momsen-Haus** im nahen Fahretoft. Noch so ein Ort, der zeitweise zur Hallig mutierte. Schuld war die große Sturmflut von 1362. Die Fahretofter Warften erinnern noch an jene Zeit. Auf einer lebte Hans Momsen, der sich während des 18. Jahrhunderts im Selbststudium zum Mathematiker und Astronomen entwickelte. Das Museum in Momsens ehemaligem Wohnhaus hält nicht nur die Erinnerung hoch, sondern beherbergt auch ein kleines Café, das sonntags mit Kaffee und Kuchen aufwartet.

Bis zur dänischen Grenze sind es nur noch 25 Kilometer. Hier liegt in Aventoft-Rosenkranz der ▸ **Rüttebüller See**, der vor allem im Frühjahr und Herbst die Liebhaber eines besonderen Spektakels anzieht: das Ballett der Stare am Himmel. Auf dänischer Seite spricht man von Sort Sol, schwarzer Sonne. Tausende Vögel bilden Formationen, es schwingt und wippt die Luft. Kunst am Himmel. Wie mit den Staren ist es immer in Nordfriesland: Man sitzt einfach nur da, atmet die gute Luft, schaut in die Weite und ist glücklich.

Da will ich hin!

▶ **Leuchtturm Westerheversand**
Deichstraße, 25881 Westerhever, www.westerhever-nordsee.de

▶ **Museum Landschaft Eiderstedt**
Olsdorfer Straße 6, 25826 St. Peter-Ording, www.museum-landschaft-eiderstedt.de

▶ **Ording Strand**
Parkplatz Am Deich, 25826 Sankt Peter-Ording

▶ **Radtour auf Pellworm**
Start am Tiefwasseranleger oder in Tammensiel, 25849 Pellworm

▶ **SolarCafé**
In de See 1 a, 25849 Pellworm, www.solarcafe-pellworm.de

▶ **Dagebüll**

▶ **Hans-Momsen-Gesellschaft e.V.**
Gabrielswarft 5, 25899 Fahretoft, www.hansmomsen.de

▶ **Rüttebüller See**
25927 Aventoft

NORD HESSEN

Edersee und Wasserspiele

Kassel, die Metropole Nordhessens, liegt in der Mitte Deutschlands und ist aus allen Richtungen mit Bahn und Auto schnell erreicht. Die umliegenden Berge und Täler bieten sich für abwechslungsreiche Streifzüge an. Zahlreiche Schlösser präsentieren dabei eine schöne Mischung aus Kultur, Geschichte und Genuss.

Die Landpartie beginnt am ▸ **Edersee**, dem touristischen Highlight der Region. Es gibt viele Möglichkeiten, ihn zu genießen. Man kann über die Waldecker Uferpromenade zwischen Strandbad und Hafen schlendern und dabei den weißen Booten zuschauen, die über das Wasser gleiten. Noch schöner ist es, selbst ins Boot zu steigen und den Trubel an Land entspannt aus der Entfernung zu beobachten. Auf zum Bootsverleih! In der Waldecker Bucht liegt eine schöne Auswahl am Steg, es ist alles dabei, was Freizeitkapitäne glücklich macht: klassische Ruderboote, bunte Tretboote und auch ansehnliche Jachten, auf denen Großfamilien Platz finden.

Hoch über dem Wasser thront Schloss Waldeck. Die schönste Art, es zu erreichen, ist eine Fahrt mit der nostalgischen ▸ **Bergbahn**: Die bunten Gondeln pendeln zwischen der Talstation am Seeufer und dem Schloss. Von Weitem sieht die Seilbahn wie ein Spielzeugmodell aus, ein Eindruck, der auch aus der Nähe bestehen bleibt. Ein Angestellter sperrt das Türchen auf und man schlüpft in die schulterbreite Kabine. Nur zwei Personen passen auf die gegenüberliegenden Sitze, die Fenster bleiben während der Fahrt geöffnet. Gemütlich und geräuschlos schweben die Gondeln über die Baumwipfel, hier und da wird der Blick auf den See frei.

Den vollen Seeblick genießt man von ▸ **Schloss Waldeck**. Herrlich breitet sich das glitzernde Wasser unter einem aus und die Landschaft präsentiert sich in ihrer einzigartigen Schönheit. Das Gebäude stammt aus dem 11. Jahrhundert und beherbergt heute ein Hotel. Neben einem Restaurant für gehobene Ansprüche gibt es auch eines mit gutbürgerlicher Küche und leckeren Kuchen.

Nachmittags wollen wir nach **Kassel**. Unterwegs fällt uns ein rotes Holzhaus auf, das Kopf steht. Tatsächlich: Da hat jemand ein ausgewachsenes Einfamilienhaus aufs Dach gestellt. Das ▸ **Tolle Haus am Edersee** ist eine verrückte Idee, die eigentlich ziemlich sinnfrei, aber nett anzusehen ist und nicht nur Kindern Spaß macht.

Der ▸ **Bergpark Wilhelmshöhe** mit seinen berühmten Wasserspielen und dem Herkules gehört zu Recht zum UNESCO-Welterbe. Es ist wahrlich beeindruckend, wie sich das Wasser durch Europas größten Bergpark schlängelt und kunstvoll in Szene gesetzt wird. Am Fuße der Herkules-Treppen bietet sich eine Pause in der originellen ▸ **Kaskadenwirtschaft** an. Mit einem Eis oder einer Hausmacher-Bratwurst sitzt man am Kaskadenteich und schaut hinunter auf Schloss Wilhelmshöhe. Oder man gönnt sich im Restaurant ein Schnitzel mit Duckefett, der nordhessischen Sauce aus Speck, Zwiebeln und Schmand. Wer lange genug bleibt, erlebt das Wahrzeichen Kassels noch in anderem Licht: Jeden Samstag ab Einbruch der Dunkelheit leuchten ein grüner und ein roter Laserstrahl 7 Kilometer über die Stadt bis zum Herkules. Ein stimmungsvoller Ausklang für einen erlebnisreichen Tag.

Echter Ritter und purer Luxus

Heute geht es ins Mittelalter, in den Wald und in gehobene Sphären. Fabian Freiherr von Berlepsch ist Spross eines alten hessischen Adelsgeschlechts und lebt standesgemäß auf der eigenen Burg: im ▸ **Schloss Berlepsch** nämlich, das vor 650 Jahren hoch über der

Werra erbaut wurde und heute noch genauso imposant in der Landschaft thront wie im späten Mittelalter. Ab und an zieht der junge Schlossherr die Ritterkluft an – zum Beispiel zum jährlichen Berlepsch-Cup, bei dem vor dem begeisterten Publikum mit Äxten, Schwertern und Lanzen um den Turniersieg gekämpft wird.

Von Berlepsch teilt sein Zuhause gern mit Gästen und hat das Schloss aus dem Dornröschenschlaf erweckt. In kurzer Zeit ist es dem Tourismusmanager gelungen, den Familiensitz nahe Witzenhausen zu einem beliebten Ausflugsziel für Familien zu machen. Dazu trägt die herausragende Gastronomie bei: In der Berlepscher Tafelrunde werden feine Köstlichkeiten aus der saisonalen Speisekarte sowie rustikale mittelalterliche Speisen und Getränke aus der Region serviert. Stilecht können Hochzeitspaare im Himmelbett übernachten – und klar, eine Erlebnis-Schlossführung gibt es auch.

Apropos übernachten: Draußen im Wald kann man in luftiger Höhe schlafen. Im ▸ **Baumhaushotel Robins Nest** steht eine kleine Siedlung mit ganz unterschiedlichen Unterkünften für Naturliebhaber: drei echte Baumhäuser, die ohne Stützpfeiler an Baumstämmen kleben, ein Stelzenhaus, eine Baumhauskugel, eine kleine Blockhütte, ein Schlafwagen und fünf Baumzelte. Jede Behausung wurde nach einem eigenen Motto entworfen, mit Naturmaterialien individuell gebaut und stilvoll mit Wildholz-Möbeln eingerichtet.

Komfortsuchende machen sich auf den 60 Kilometer langen Weg zum ▸ **Schloss Hohenhaus** bei Herleshausen. Wer in dem Fünf-Sterne-Hotel mit Gourmet-Küche einkehrt, darf etwas Besonderes erwarten, denn das im idyllischen Grün gelegene Gut nimmt nachhaltigen Umgang mit der Natur ernst und bietet gleichzeitig unaufdringlichen Luxus. Für betuchte Ruhesuchende ist dies ein Alleinstellungsmerkmal in der Mitte Deutschlands. Aber auf dem weitläufigen Gelände trifft man nicht nur ein Upperclass-Publikum, sondern ebenso ganz normale Familien mit Kindern. Und auch Neugierige, die nur mal auf eine Tasse Kaffee vorbeischauen oder den Hofladen besuchen wollen, sind willkommen.

Es war einmal …

Am dritten Tag wird's märchenhaft. Auf der ▸ **Trendelburg** soll sich das Grimm'sche Märchen von Rapunzel ereignet haben. 7 Meter dicke Wände und ganz oben ein kleines Fensterchen – das muss er sein, der Rapunzelturm. Hier rief der Prinz: „Rapunzel, Rapunzel, lass dein Haar herunter", und schon fiel der Zopf, geflochten aus Haaren, fein wie gesponnenes Gold, 20 Ellen tief herunter, sodass der Königssohn daran emporklimmen konnte. Heute ist das Burghotel ein beliebter Ort für Hochzeiten, sogar ein Standesamt und eine schöne kleine Burgkapelle sind vorhanden. Gefeiert wird im Restaurant und auf der Terrasse mit toller Aussicht ins Weserbergland. Brautpaare können nach der Trauung das turmrunde Rapunzelzimmer buchen, in das man – anders als der Prinz – über ganz normale Treppenstufen gelangt. Sogar einen Wellness-Turm mit Sonnenterrasse gibt es. Den Hotelbetreibern ist es gelungen, zeitgemäßen Vier-Sterne-Komfort in die mittelalterlichen Mauern zu bringen, ohne die Burgromantik zu verlieren. Nicht nur Brautpaare lieben so etwas.

Ein anderes Märchen der Gebrüder Grimm ist auf der nicht weit entfernten Sababurg angesiedelt: Hinter der Rosenhecke der Burg soll nämlich einst Dornröschen 100 Jahre lang geschlafen haben, bevor der Prinz es wach küsste. Regelmäßige Aufführungen erwecken die Story zu neuem Leben. Lebendig geht es auch im ▸ **Tierpark Sababurg** gleich nebenan zu. Die weitläufige Anlage beherbergt über 900 Tiere aus 80 verschiedenen Arten. „Tiere ohne Grenzen" lautet das Motto: In vielen Gehegen hat man freie Sicht auf die Tiere, darf ihnen näher kommen und sie sogar streicheln. Familien mit Kindern streifen das ganze Jahr über durch den Park und sind glücklich, wenn sie Erdmännchen, Pinguine, Hängebauchschweine und Waschbären sehen. Und auch wir spüren eine tierische Gelassenheit in uns: Danke, Nordhessen!

Da will ich hin!

▶ **Edersee**

▶ **Waldecker Bergbahn**
Talstation 34513 Waldeck-West, www.waldeckerbergbahn.de

▶ **Schloss Waldeck**
34513 Waldeck, www.schloss-hotel-waldeck.de

▶ **Das Tolle Haus am Edersee**
Hemfurther Straße 14, 34549 Edertal, www.das-tolle-haus-am-edersee.de

▶ **Bergpark Wilhelmshöhe**
34131 Kassel

▶ **Kaskadenwirtschaft Grischäfer**
Schlosspark 22, 34131 Kassel, www.kaskaden-wirtschaft.de

▶ **Schloss Berlepsch**
37218 Witzenhausen, www.schlossberlepsch.de

▶ **Baumhaushotel Robins Nest**
Berlepsch 1, 37218 Witzenhausen, www.robins-nest.de

▶ **Schloss Hohenhaus**
Hohenhaus 1, 37293 Herleshausen-Holzhausen, www.hohenhaus.de

▶ **Trendelburg**
Steinweg 1, 34388 Trendelburg, www.burg-hotel-trendelburg.com

▶ **Tierpark Sababurg**
Sababurg 1, 34369 Hofgeismar, www.tierpark-sababurg.de

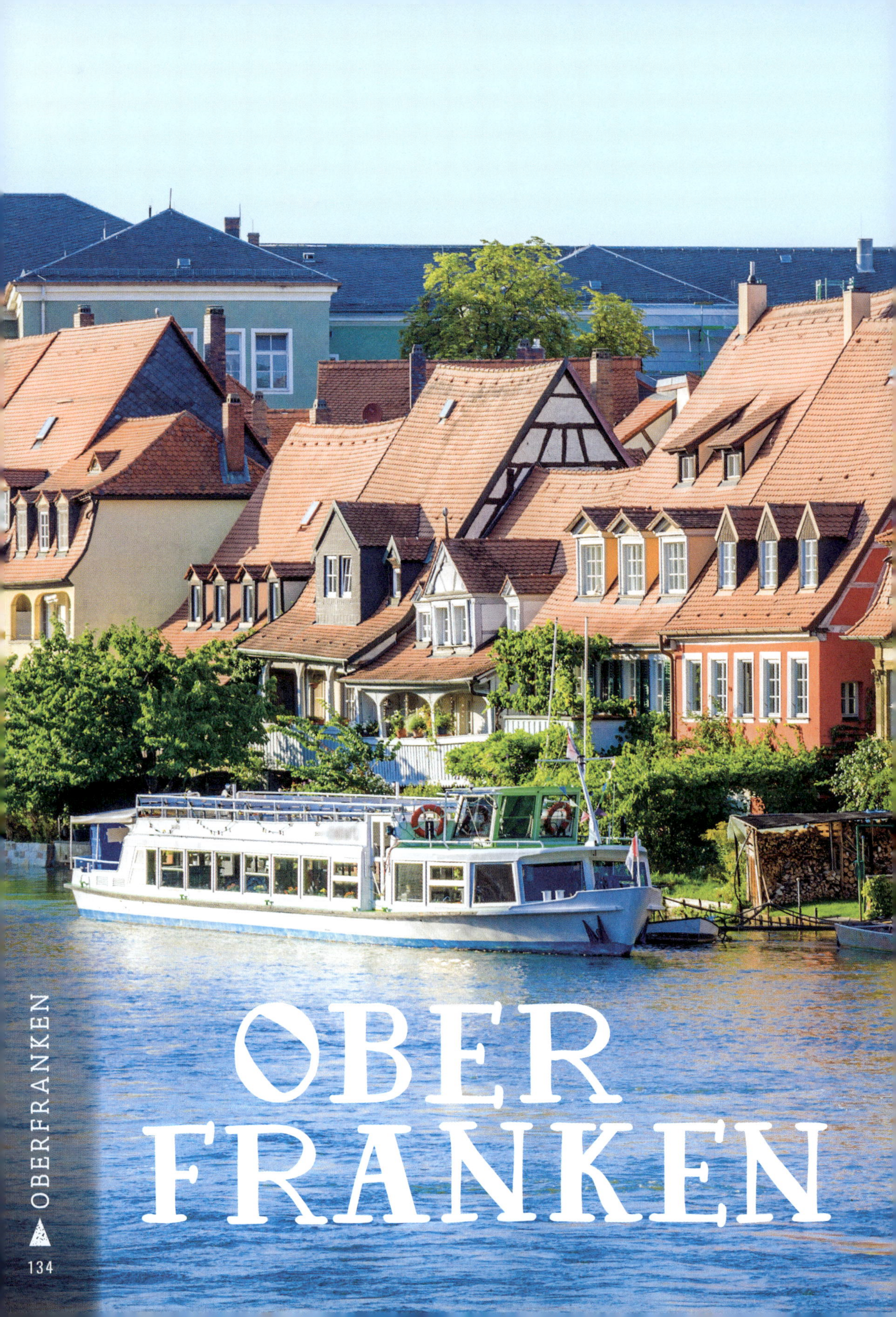

OBER FRANKEN

Kultur, Natur und Genuss

Schmucke Fachwerkhäuser, geschichtsträchtige Denkmäler und traditionsreiche Brauereien umrahmt von herrlicher Natur – die Weltkulturerbestadt Bamberg ist als Oberfranken im Kleinformat geradezu prädestiniert, um in den Norden Bayerns einzutauchen.

Am besten startet man im ▸ **Kaffeehaus Krumm&Schief** in der **Bamberger** Altstadt ganz gemütlich in den Tag. Das kleine, feine Kaffeehaus tischt zahlreiche Varianten des schwarzen Goldes auf. Sorgfältig ausgewählte Sorten werden auf verschiedene Arten zubereitet, um das Beste aus den Bohnen herauszuholen – perfekt für den Energiekick am Morgen. Ob frisch gebrühter Kaffee wie bei Oma, mit Latte-Art verzierter Cappuccino oder ein Espresso wie in Italien – das Team beherrscht sein Handwerk. Dazu gibt es hausgemachte Leckereien, wie die köstlichen Zimtschnecken. Die Backsteinwände der alten Stube und der Kachelofen sorgen für eine heimelige Atmosphäre, während Zeitschriften und Bücher zum Schmökern einladen. Im Sommer lockt der schöne Innenhof.

Gut gestärkt schlendert man in Richtung Michelsberg. Ein wenig versteckt in der Unteren Sandstraße liegt der Aufgang zum ▸ **Benediktinerweg** – das Tor zu einer herrlichen Oase inmitten der Stadt. Entlang terrassierter Hänge spaziert man durch die ehemalige barocke Gartenanlage des ▸ **Klosters Michelsberg** und wird mit einem grandiosen Ausblick über die Dächer der Altstadt, die vier Türme des berühmten Kaiserdoms, das historische Kloster und die Altenburg belohnt – die allesamt ebenfalls einen Besuch wert sind. Vorbei am Weinberg und einem malerischen Brunnen führt der Weg bis zur Aufseßstraße.

Dabei bleibt nicht unbemerkt, dass Bamberg, das fränkische Rom, auf sieben Hügeln erbaut wurde.

Nach so viel Ruhe stürzt man sich gerne wieder in das Getümmel der Stadt. Nächstes Ziel: das ▸ **KARO18**, das Café und Laden in einem ist. Praktisch, denn so kann man bei einer Pfirsich-Johannisbeer-Limo auch gleich nach dem perfekten Mitbringsel stöbern. Benannt wurde das Ladencafé nach der Karolinenstraße, in der es liegt. Das Eckhaus mit der Nummer 18 ist mit seinen großen, türkisblau gerahmten Holzfenstern ein echter Hingucker. Innen begrüßt die Besucher eine moderne, entspannte Atmosphäre. Die offenen Regale sind mit handverlesenen und ausgefallenen Dingen gefüllt, die das Leben noch ein bisschen schöner machen. Von Kochbüchern über Spielsachen, Tassen, Postkarten und Wandpostern bis hin zu Bamberger Bier findet jeder ein neues Lieblingsstück.

Zeit, weiterzuziehen und den Tag bei einer romantischen Gondelfahrt ausklingen zu lassen. Sie kennt man sonst eigentlich nur aus Venedig: ▸ **Gondolieri**. Doch auch in Bamberg verbreiten die charmanten Bootsführer italienisches Flair. Auf dem Alten Kanal geht es vorbei an Klein-Venedig, der ehemaligen Fischersiedlung mit ihren bunten Fachwerkhäusern und den schwimmenden Vorgärten, im Wasser dümpelnden Kähnen und den eindrucksvollen Bauten der mehr als tausendjährigen Altstadt, hinaus ins Grüne. Gelenkt wird die nahezu lautlos durchs Wasser gleitende schwarze Gondel in der klassischen „Voga-Veneta"-Technik. Wer möchte, packt sich ein kleines Picknick ein, genießt das herrliche Panorama und stößt mit einem Glas Prosecco auf dieses außergewöhnliche Erlebnis an.

Landpartie im Fichtelgebirge

Raus aus der Stadt und rauf aufs Land! Im alten Postamt auf der Peunt in **Weißenstadt** ist es aber keineswegs öde – faszinierend, spannend und inspirierend beschreibt das ▸ **Kleine Museum** viel eher. Bereits beim Anblick

des Gebäudes, das vom Italiener Marcello Morandini gestaltet wurde, lässt sich erahnen, was den Besucher erwartet. Klare geometrische Formen und starke Kontraste dominieren die Architektur. Licht und Schatten, hell und dunkel, schwarz und weiß charakterisieren nicht nur das Museum, sondern auch einen großen Teil der ausgestellten zeitgenössischen Kunst. Schlichte Gegensätze, die in ihrer Kombination eine eindrucksvolle Wirkung entfalten. Bei einer Entdeckungsreise durch das Museum sollte man sich Zeit nehmen und das Ensemble aus konkreter, konstruktivistischer und kinetischer Kunst auf sich wirken lassen.

Mit Spaß und Entspannung lockt anschließend der ▸ **Weißenstädter See**. Das sportliche Naturidyll im Herzen des Fichtelgebirges wird vom Großen Waldstein sowie dem Schneeberg, dem höchsten Berg Nordbayerns, umrahmt. Das Freizeitangebot ist vielfältig: Vom entspannten Spazieren, Skaten oder Radfahren auf dem Uferweg über ein Picknick auf sattgrünen Wiesen bis hin zu Wassersport wie Segeln, Surfen, Stand-Up-Paddling oder Tretbootfahren bleiben keine Wünsche offen!

Doch nicht nur in den Weißenstädter See kann man herrlich eintauchen. Auch das ▸ **Felsenlabyrinth** auf der Luisenburg lädt zu einer abenteuerlichen Erkundungstour. Im größten Granitsteinmeer Europas türmen sich gigantische Monumente aus 300 Millionen Jahre altem Gestein eindrucksvoll auf und bilden die atemberaubende Kulisse für ein kletterreichen Ausflug. Vorbei an kühlen Höhen, durch enge Felsspalten, kleine Schluchten und über steile Felstreppen führen verschlungene, wildromantische Pfade durch den mystischen Wald. Festes Schuhwerk ist beim Besuch des Nationalen Geotops also ein Muss. Die mächtigen Felsen erzählen ihre ganz eigene Geschichte – vom Zuckerhut über den Napoleonshut und die Teufelstreppe bis hin zur Insel Helgoland. Entstanden sind die Granitriesen durch Verwitterung und Erosion über mehrere geologische Zeiträume hinweg. Beeindruckende Aussichtsstellen wie der König-Ludwig-Punkt, die spektakuläre Ausblicke eröffnen, runden den Ausflug ab.

Herrliches Freizeitvergnügen

Bei einem Spaziergang durch die ▸ **Baille-Maille-Lindenallee** in Himmelkron kann man die Seele baumeln lassen und in längst vergangene Zeiten eintauchen. Einst lustwandelten hier Adelige in prächtigen Gewändern und frönten unter dem Blätterdach dem Baille-Maille-Spiel, einem Freizeitvergnügen à la Versailles, das dem heutigen Krocket ähnelt. In seiner Sommerresidenz lies Markgraf Christian Ernst1664 nach französischem Vorbild 800 Bäume anpflanzen. Fortan spielten hier reiche Handelsherren, Fürsten und Rokoko-Damen begeistert das Ballschlagen. 1792 jedoch holzten die Preußen die Linden ab. Fast 200 Jahre später erfolgte die Wiederanpflanzung der Allee, die heute mit 600 Linden ein herrlicher Ort zum Entspannen ist.

Geschmackvoll geht es in ▸ **Maisel's Bier-Erlebnis-Welt** in **Bayreuth** zu. Hier dreht sich alles um den goldgelben Gerstensaft mit seiner luftig weißen Krone. Wer den Braumeistern über die Schulter blickt, dem läuft sogleich das Wasser im Mund zusammen. Da kommt ein Biertasting gerade recht! Oder doch lieber ein Bierseminar? Den krönenden Abschluss bildet jedenfalls das Liebesbier. Im stilvollen Restaurant warten nicht nur zahlreiche Biere darauf, probiert zu werden – auch die Speisen sind ein Gaumenschmaus.

Am Abend gibt es große Oper im Kleinformat. Bayreuths kleinstes Theater, das ▸ **Marionettentheater Operla,** entführt das Publikum in eine völlig andere Welt. Die Stücke haben alle etwas mit Bayreuth zu tun. Szenen aus dem Leben der Markgräfin Wilhelmine oder des Dichters Jean Paul werden genauso auf die Bühne gebracht wie Wagners Tannhäuser oder Hänsel & Gretel. Dabei sind es vor allem die aufwendig gestalteten hölzernen Figuren sowie die originellen Bühnenbilder, die einen unvergesslichen Abend mit Kultur am Faden bescheren.

Da will ich hin!

▶ **Kaffeehaus Krumm&Schief**
Kapuzinerstraße 17, 96047 Bamberg

▶ **Benediktinerweg mit Kloster Michelsberg**
Untere Sandstraße, 96049 Bamberg

▶ **KARO18**
Karolinenstraße 18, 96049 Bamberg, https://karo18.business.site

▶ **Die Gondolieri von Bamberg**
Habergasse 12 a, 96047 Bamberg, www.gondel.info

▶ **Das Kleine Museum – Kultur auf der Peunt**
Goethestraße 15, 95163 Weißenstadt, www.kleinesmuseum-weissenstadt.de

▶ **Weißenstädter See**
95163 Weißenstadt

▶ **Felsenlabyrinth Luisenburg**
Luisenburgstraße, 95632 Wunsiedel

▶ **Baille-Maille-Lindenallee**
95502 Himmelkron, www.die-lindenallee.de

▶ **Maisel's Bier-Erlebnis-Welt**
Andreas-Maisel-Weg 1, 95445 Bayreuth, www.biererlebniswelt.de

▶ **Marionettentheater Operla**
Sophienstraße 32, 95444 Bayreuth, www.operla.de 5

ODEN WALD

Fachwerkzauber und Elefantenenergie

Wer seine Landpartie durch den Odenwald entspannt starten will, der plant seine Ausflüge am besten von den bezaubernden kleinen Fachwerkstädtchen Michelstadt und Erbach aus. Praktischerweise liegen beide direkt nebeneinander, sodass man bequem von einem Idyll zum anderen hüpfen kann.

Traumhaft schlafen lässt es sich im Boutique-Hotel ▸ **Träumerei**. Das kleine Schindelhaus mit fröhlichem lila Anstrich mitten in der Altstadt von **Michelstadt** ist längst kein Geheimtipp mehr unter Reisenden. Zu Recht ist das liebevoll eingerichtete Design-Hotel mit angeschlossenem Café weit über die Grenzen des Odenwaldes hinaus bekannt, was nicht nur an der prominenten Besitzerin Jessica Schwarz liegt. Goldspeicher, Perlentaucher, Smaragdwald oder Himmelreich – vielversprechend und fantasievoll sind schon die Zimmernamen. Hinter den Türen verstecken sich kleine, außergewöhnliche Details und gemütliche Leseplätze zum Schmökern.

Um die Ecke, in der Mauerstraße gleich neben der jüdischen Synagoge, führt ein schmaler Durchgang zwischen den Häusern in ein grünes Paradies. Wer in den ▸ **Stadtgarten** tritt, findet einen wunderschön angelegten Park mit Bachlauf und lauschigen Sitzplätzen. Überall blüht und wuchert üppiges Grün. Am besten auf eine Bank setzen und den Vögeln lauschen. Dann hat man genug Kraft getankt, um den Bummel durch die zauberhafte Fachwerk-Altstadt fortzusetzen. Ein Besuch auf dem Markplatz mit historischem Rathaus darf dabei auf keinen Fall fehlen. Das berühmte Wahrzeichen der Region von 1484 mit seinen Erkertürmchen ist wie das Deckelchen auf dem Fachwerkschmuckkästchen der gesamten Altstadt.

Wer noch mal eine kleine Pause braucht, folgt einfach dem Duft nach frisch gebackenen Zimtschnecken in die kleine Gasse hinter dem Rathaus ins ▸ **Elefantenhaus.** Gleich über 200 Dickhäuter finden sich als Figuren, auf Stoffen, als Eierbecher oder Salzstreuer im Café und Bistro. Vielleicht liegt es an ihrer sanftmütigen Ausstrahlung, dass man sich hier so wohlfühlt. Oder es liegt an der skandinavisch inspirierten Einrichtung mit Hygge-Faktor oder an dem selbst gebackenen Kuchen, den die gelernte Konditorin Claudia Bellut serviert.

Derart gestärkt geht es ins Nachbarstädtchen Erbach. Die gräflichen Sammlungen im ▸ **Erbacher Schloss** kann man wunderbar bei einer Führung erkunden. Eine Leidenschaft des früheren Erbacher Grafen galt der römischen Antike und so erklärt sich, dass es hier antike Schätze in Hülle und Fülle zu entdecken gibt. Wer vermutet schon eine Büste des jungen Alexanders des Großen hinter Schlosstüren im Odenwald? Mit dicken Filzpuschen an den Füßen, zum Schutz des wertvollen Parkettbodens, schliddern die Besucher durch die privaten Wohnräume der gräflichen Familie.

Am Ufer der Mümling im ehemaligen portugiesischen Viertel lässt man den Tag in einem gemütlichen Biergarten ausklingen. In der ▸ **Brücke 7** schmecken klassischer Odenwälder Kochkäs, vegetarische Bowls oder knusprige Fish and Chips von der Mossautaler-Forelle. Ein krönender Abschluss für einen gelungenen Auftakt im Odenwald-Glück.

Landpartie mit Sonnenkraft

Nach so viel Fachwerkbummelei lockt heute die grüne Natur. Wie gut, dass das idyllische Mossautal mit dem ▸ **Marbachstausee** gleich vor den Toren Michelstadts liegt. Hier findet man, wonach sich von Stress und Hektik geplagte Seelen sehnen: fünf kleine Dörfer mit schmucken Bauernhöfen, wohltuende Stille und eine intakte Natur zum Durchatmen. Durch grüne Hügel schlängeln sich der Streit- und Güttersbach, die sich in Hüttenthal treffen

und als Marbach weiterfließen. Umrahmt von dichten, dunklen Tannenwäldern glitzert das ruhige Wasser des Marbachstausees und lädt zum Baden, Angeln oder Segeln ein. Der schönste Platz ist der kleine Holzsteg – einfach die Füße im Wasser baumeln lassen, vor sich hin träumen und den Tag genießen. Wer mag, kann den See auf einem knapp 3 Kilometer langen Wanderweg zu Fuß oder mit dem Fahrrad umrunden.

Auch die Picknickdecke kann man hervorragend auf einer der grünen Wiesen rund um den See ausbreiten. Wer dazu leckeren Käse aus der Region und frisches Bauerbrot in den Picknickkorb packen will, plant am besten einen Besuch in der ▸ **Molkerei Hüttenthal** im gleichnamigen Ort ein. Seit 1912 wird der Betrieb, mittlerweile in dritter Generation, von der Familie Kohlhage geführt. Im Hoflädchen gibt's regionale Spezialitäten wie den original „Odenwälder Frühstückskäse" oder „Rodensteiner im Kräuter-Blütenmantel" zu kaufen – dazu eine Scheibe sahnige Rollenbutter und frisch gezapfte Buttermilch. Schon ist man im Schlemmerglück!

Am Nachmittag darf es ruhig noch mal gemütlich aktiv werden mit einer Tour im ▸ **Solarmobil** auf der knapp 10 Kilometer langen denkmalgeschützten Bahn-Strecke zwischen Wald-Michelbach und Mörlenbach. Bis zu acht Personen passen in die sonnengelben kleinen Fahrzeuge, die aber auch für eine romantische Fahrt nur zu zweit gebucht werden können. Man fährt mit 15 gemütlichen Stundenkilometern vorbei an glitzernden Forellenteichen, saftigen Kuhweiden, Apfelbaumwiesen und idyllischen Bauerhöfen. Abenteuerlich zuckelt die Bahn in 32 Metern Höhe über die Bögen des Viadukts durch das Mackenheimer Tal und verschwindet in zwei Tunnel.

Die eigene Batterie kann man ganz wunderbar mit Odenwälder Hausmannskost aufladen bei einem Stopp im gemütlichen ▸ **Landgasthaus Hölzing** in Fürth-Fahrenbach. Und dabei Pläne für den morgigen Tag schmieden.

Seerosen und barocke Träume

Eine ganz neue Facette des Odenwalds wird offenbar, wenn man sich über die südliche „Grenze“ zwischen Würzberg und Boxbrunn in den bayerischen Teil hineinwagt. Auf dem Weg nach Amorbach lohnt zunächst ein Spaziergang im ▸ **Englischen Garten Eulbach,** eine einzigartige Mischung aus archäologischem Landschaftspark und Wildtiergehegen. Im Zentrum des Parks liegt der verträumte Waldweiher, in dem sich erhabene Baumriesen spiegeln. Rund um den lieblichen Teich findet jeder seine Ruhebank, um den Blick über das Seerosenmeer auf die kleine Insel mit der winzigen Kapelle schweifen zu lassen.

An den Zwiebeltürmen und Bildstöcken merkt man gleich: Hier ist jetzt etwas anders als auf der hessischen Seite. Auf geht's auf Entdeckungstour ins zauberhafte Barockstädtchen ▸ **Amorbach** mit seiner Abtei und dem Highlight für Bücherwürmer: der fürstlichen Hofbibliothek. Über 35.000 Bände füllen die im Amorbacher Zopfstil gestalteten Schränke. Unbedingt sehen muss man auch die liebevoll restaurierte Abteikirche mit ihren prächtigen barocken Fresken. Wenn dann noch die prachtvolle Orgel mit ihren über 5000 Pfeifen bei einem Konzert oder einer speziellen Orgelführung erklingt, ist das phänomenal.

Zum Abschluss geht es noch mal hoch hinaus. Ein schmaler Eselspfad windet sich – mal mit Stufen, mal mit Steinen – 304 Meter zur Anhöhe auf den ▸ **Gotthardsberg.** Bergziegenhaft klettert man nach oben. Ist die Bergkuppe geschafft, muss noch der Turm erstiegen werden. Dann belohnt die unglaublich atemberaubende Aussicht in die Täler vom Amorbacher Talkessel im Süden bis hin zu den Spessarthöhen im Norden. Wer findet alle sieben Täler und kennt die Gipfel der umliegenden Berge? Auf den Infotafeln kann das auch noch mal nachgelesen werden, bevor es beseelt ans Abschiednehmen geht.

Da will ich hin!

▶ **Die Träumerei**
Obere Pfarrgasse 3, 64720 Michelstadt, www.die-traeumerei.com

▶ **Stadtgarten**
64720 Michelstadt

▶ **Café und Bistro Elefantenhaus**
Am Kirchplatz 5, 64720 Michelstadt, www.elefantenhaus-michelstadt.de

▶ **Schloss Erbach**
Schlosshof, Marktplatz 7, 64711 Erbach im Odenwald, www.schloss-erbach.de

▶ **Biergarten Brücke 7**
Brückenstraße 7, 64711 Erbach, www.bruecke7.de

▶ **Marbachstausee**
64756 Mossautal

▶ **Molkerei Hüttenthal**
Molkereiweg 1, 64756 Mossautal, www.molkerei-huettenthal.de

▶ **Solardraisine Überwaldbahn**
Am Bahnhof 10, 69483 Wald-Michelbach, www.solardraisine-ueberwaldbahn.de

▶ **Landgasthaus Hölzing**
Wendelinusstraße 24, 64658 Fürth Fahrenbach, www.landgasthaus-hoelzing.de

▶ **Englischer Garten Eulbach**
Eulbach Jagdschloss, 64720 Michelstadt, www.rentkammer-erbach.de

▶ **Abtei Amorbach**
Schlossplatz 1, 63916 Amorbach, www.bayerischer-odenwald.de

▶ **Gotthardsberg**
63937 Weilbach

OST FRIES LAND

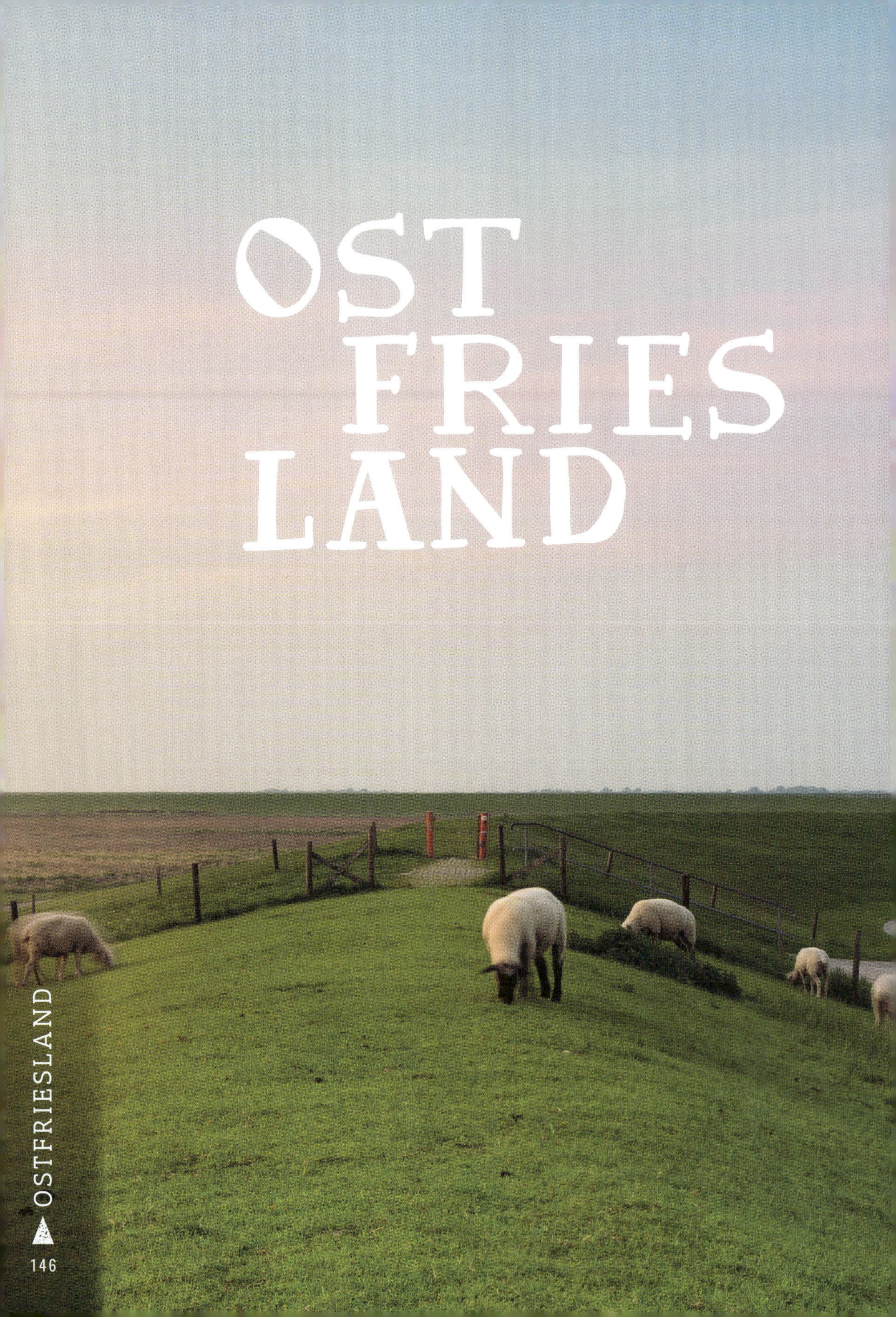

Willkommen im Sehnsuchtsland!

Diese wundervolle Region an der Nordseeküste ist so vielfältig und spannend, dass man – wenn man zehn Urlauber befragt – vermutlich zehn ganz unterschiedliche Glücksorte genannt bekommt. Es gibt die Küste mit Traumstränden und den „Sieben Schönen Schwestern“ (den ostfriesischen Inseln), aber es gibt auch das Binnenland, das es zu erforschen gilt.

Beginnen könnte man stilecht mit einer ▸ **Kuttertour** auf der Nordsee, und zwar mit der „Seestern“ von Neuharlingersiel aus. Über eine abenteuerlich wirkende (aber dann doch sehr komfortable) grüne Leiter klettert man an Bord des knallblauen Kutters; über den Köpfen flattern bunte Wimpelketten im Nordseewind. Es geht raus zu den Seehundbänken und zum Schaufischen. Ein Schild an Bord informiert darüber, dass es aus der Kombüse drei Sorten Würstchen gibt: kalte, heiße und geplatzte. Nach vielleicht 15 Minuten Fahrt wird ein Schleppnetz ins Wasser gelassen, dann wird mit einem Eimer an einem Seil Seewasser geschöpft und in ein kleines Bassin an Bord gekippt. Kurze Zeit später zappelt, schwimmt und krabbelt darin die Beute aus dem Netz: Muscheln, Krabben, Krebse und winzige Schollen, die kaum handtellergroß sind. An den Seehundbänken stellt der Kapitän den Motor ab, um die in der Sonne dösenden Tiere nicht zu stören. Nicht nur Seehunde und Kegelrobben bevölkern die Sandbänke, sondern auch unzählige Möwen und andere Seevögel – ein schöner und unvergesslicher Anblick.

Danach geht es nach **Jever** ins ▸ **Fischrestaurant Der Butt,** das Andreas Witte mit seiner Frau Gabi in der malerischen Innenstadt, ein paar Schritte abseits der belebten Fußgängerzone, betreibt. Er steht am Herd, sie

leitet den exzellenten Service. „Wohlfühllokal“ nennen die Wittes ihr Restaurant – zu Recht. In der Küche werden überwiegend regionale Produkte verarbeitet, wie z. B. friesischer Schafskäse, Krabben und Muscheln von der Nordseeküste, Räucheraal aus Bad Zwischenahn, Seezungen und Schollen aus der Nordsee. Zugegeben – die im Ganzen gebratene Babyscholle mag auf den ersten Blick nichts für Gräten-Phobiker sein, aber ein Schnellkurs im fachgerechten Filetieren dieser Köstlichkeit gehört zum Service des Hauses. Besonders spektakulär auf der Servierplatte macht sich zweifellos der Namenspatron des Lokals: der im Ganzen zubereitete Nordsee-Steinbutt; ein gleichermaßen kulinarisches wie optisches Highlight, das man sich unbedingt einmal gönnen sollte. Tipp: Gleich nebenan liegt die Historische Blaudruckerei – unbedingt besuchen!

Einmal in Jever, darf man sich keinesfalls einen Besuch im rosafarbenen ▸ **Schloss Jever** entgehen lassen, das mitten im Ort liegt und von einem herrlichen Park umgeben ist. Dort lebte einst eine schöne und bemerkenswert emanzipierte Häuptlingstochter namens Maria, die im Jahr 1500 in der „Herrlichkeit Jever“ geboren wurde und dort bis heute so tief verehrt wird, dass die Jeveraner ihre Stadt auch „Marienstadt“ nennen. Mit einem edlen Herrn namens Boing von Oldersum an ihrer Seite vertrieb Fräulein Maria die Ostfriesen 1531 aus dem vermeintlich führungslosen Jeverland, führte das Siel- und Deichrecht ein, erhob Jever 1536 zur Stadt, förderte die Rechtspflege – und gründete die Sielhäfen Hooksiel, Horumersiel und Mariensiel. Was für eine Frau!

Niedlich, ikonisch, lustig

Die ▸ **Seehundstation in Norddeich** bietet die einmalige Gelegenheit, Seehunde (im Sommer) und Kegelrobben (im Winter) im Baby-Alter aus unmittelbarer Nähe zu sehen, was in freier Wildbahn kaum möglich ist. Zur Fütterungszeit ist dort schwer was los: Jeder Platz auf der Tribüne und entlang der Panoramascheiben ist besetzt und die pelzigen

Waisenkinder sind in heller Aufregung, denn es gibt leckeren Fisch. Die Tribüne gewährt den Blick unter die Wasseroberfläche und man kann die kleinen Torpedos dabei beobachten, wie sie pfeilschnell durchs Wasser schießen. Manchmal verharren sie an der Scheibe und blicken ins Publikum – der Niedlichkeitsfaktor der kleinen Heuler mit ihren großen, dunklen Augen ist unglaublich hoch. Leider bedeutet ihr Aufenthalt in Norddeich, dass sie ohne ihre Mütter aufgefunden wurden. Hier werden sie aufgepäppelt und gepflegt, bis sie in die Freiheit entlassen werden können.

Von der Seehundstation ist es nicht weit zum ▸ **Pilsumer Leuchtturm** in der Krummhörn. Vorweg: Otto Waalkes wohnt hier nicht – trotz anderslautender Gerüchte, und doch hat sich der Turm zu einem echten Wallfahrtsort entwickelt. Kein Ostfrieslandurlaub ohne ein Foto, auf dem man vor diesem längst zum ikonenhaften Kultobjekt gewordenen Turm steht. Vom Parkplatz aus geht es am Deich entlang in Richtung Leuchtturm, der mit seinen roten und gelben Streifen aus der Ferne wie eine Ringelsocke aussieht.

Stichwort Otto Waalkes: ▸ **Dat Otto Huus** in Emden ist für Fans ein Muss. Das kleine Museum am Museumshafen (ebenfalls sehenswert!) zeigt viele Devotionalien aus Ottos langer Karriere, unter anderem in zwei Vitrinen die beeindruckende Sammlung an Preisen, die er bekommen hat. Alte Fotos, Film- und Bühnenplakate, „Ottos erster Kaugummi", einige seiner Instrumente, seine berühmten Ottifanten und jede Menge mehr machen den Bummel durch die Ausstellung zu einer beinahe schon sentimentalen Zeitreise und einem besonderen Vergnügen. Das Otto-Kino zeigt Sketche, Ausschnitte aus TV-Shows sowie Ottos Filme; außerdem erzählt der Komiker von seiner Karriere. Und wer immer schon den Schlüsselanhänger „Kotzender Ottifant" haben wollte, findet ihn im Souvenirshop. Danach schlendern man einige Meter am Wasser entlang nach rechts und hat schon den wunderbaren ▸ **Leckerpott** erreicht, einen Inklusionsbetrieb, der sich der saisonalen ostfriesischen Küche verschrieben hat.

Ein Tag am Jadebusen

Vermutlich ist er die meistfotografierte Skulptur in **Dangast**. Die Rede ist vom „Grenzstein", einem 4,6 Tonnen schweren und 3,20 Meter hohen Phallus aus Granit, der dort seit 1984 im Watt steht. Mittlerweile haben sich der Strand und der Wald ums ▸ **Kurhaus Dangast** zu einer umwerfenden Outdoor-Galerie entwickelt. Kein Besuch in Dangast, ohne im Kurhaus (von Freitag bis Sonntag geöffnet) den himmlischen, lauwarmen Rhabarber-Baiser-Kuchen vom Blech zu essen, der als leckerster Kuchen Frieslands gilt. Vom Dangaster Hafen aus kann man zum Leuchtturm Arngast schippern, der mitten im Jadebusen steht.

Nur einen Katzensprung entfernt liegt ▸ **Diedel Klövers YardArt**, eine fantastische Outdoor-Ausstellung von Tierskulpturen, die der Künstler ausschließlich aus Schrott gefertigt hat. Der Rundgang durch den Garten präsentiert unter anderem einen Gepard, ein Krokodil, zum Flug startende Gänse, einen Wal, einen Strauß in vollem Galopp, eine Raubtiermutter mit Nachwuchs, einen Albatros beim ungeschickten Landungsmanöver … alles atemberaubend lebensecht.

Zum Abschluss ist **Wilhelmshaven** noch einen Abstecher wert, besonders das ▸ **Wattenmeer-Besucherzentrum**. Dort erfährt man alles über den Nationalpark, das Weltnaturerbe Wattenmeer. Aber wie funktioniert das eigentlich mit Ebbe und Flut? Und wie kommen die verschiedenen Tiere und Pflanzen mit diesen rhythmisch wechselnden Lebensbedingungen klar? Einen spektakulären Blick über den Jadebusen – und über Wilhelmshaven – bietet die große Aussichtsterrasse auf dem Dach. Weitere Nationalparkhäuser gibt es auf den Ostfriesischen Inseln (vor Borkum ist es ein Schiff), außerdem in Dangast, Bensersiel, Greetsiel, Norddeich, Carolinensiel, Dornumersiel und in Minsen – also entlang der gesamten Küste. Ausreichend Gründe also für weitere Urlaube in Ostfriesland.

Da will ich hin!

▶ **Kuttertour**
Hafen Neuharlingersiel, Anmeldung: Tel. (0 49 74) 8 47, www.fk-seestern-245.de

▶ **Der Butt**
Kattrepel 2, 26441 Jever, www.der-butt-fischrestaurant.de

▶ **Schlossmuseum Jever**
Schlossplatz 1, 26441 Jever, www.schlossmuseum.de

▶ **Seehundstation Norddeich**
Dörper Weg 24, 26506 Norden, www.seehundstation-norddeich.de

▶ **Pilsumer Leuchtturm**
www.pilsumer-leuchtturm.de

▶ **Dat Otto Huus**
Große Straße 1, 26721 Emden, www.datottohuus.de

▶ **Leckerpott – De Besünner Köken**
Am Delft 6/7, 26721 Emden, www.leckerpott-emden.de

▶ **Kurhaus Dangast**
An der Rennweide 46, 26316 Varel, www.kurhausdangast.de

▶ **YardArt**
Dangaster Straße 96 b, 26316 Varel-Rallenbüschen

▶ **Wattenmeer-Besucherzentrum**
Südstrand 110 b, 26382 Wilhelmshaven, www.wattenmeer-besucherzentrum.de

OST SEE

In und um Schönberg

In der wunderbaren Küstenregion zwischen Kiel, Fehmarn und der Lübecker Bucht ist Entspannung angesagt. Man kann am Strand träumen, durch die Natur spazieren, in Cafés klönen und den Tag sanft dahinplätschern lassen.

Zeit zum Schnacken hat Hannes aber nicht. Denn auch auf dem Gelände des ▸ **Museumsbahnhofs am Schönberger Strand** darf der Fahrplan nicht aus dem Takt geraten. Der Junge aus Kiel ist gerade der Jüngste in der Riege des „Vereins Verkehrsamateure und Museumsbahn" und der hält seit 1976 sowohl alte Straßenbahnen als auch Eisenbahnzüge und Lokomotiven in Bewegung. Heute kontrolliert Hannes die Fahrscheine, Detlef Schulze-Hagenest hat seinen Platz im Führerstand. „Straßenbahnen zaubern den Menschen ein Lächeln ins Gesicht", verrät er. Den Hamburger Triebwagen aus der Serie V3, Baujahr 1937, steuert er am liebsten. Mehr als 30 solcher Schienenfahrzeuge sind zu sehen, der offene Triebwagen Nr. 656 aus Hamburg von 1894 ist das älteste Schmuckstück. Geöffnet ist das Museumsgelände das ganze Jahr, Fahrbetrieb ist an jedem Wochenende von Pfingsten bis Ende September.

Horst Peters ist ebenfalls jemand, der sich auskennt mit dem Schönem. Er und seine Ehefrau Cirsten Klein haben in **Stoltenberg** ein Gehöft bezogen, das um 1900 zum Gut Salzau gehörte. Ihr urwüchsiges Paradies am Passader See haben Klein und Peters ▸ **Rosen – Garten – Kultur** genannt, seit März 2017 öffnen sie es auch für Besucher. Mehr als 300 natürliche, wilde Arten und Kreuzungen von Rosengewächsen aus aller Herren

Länder haben dort Platz genug zum Wachsen. Wege gibt es nicht, rund um den Hof erstreckt sich eine Naturwiese mit heimischen Kräutern, Blumen und Gräsern. „Wir wollen zeigen, wie die Landschaft Schleswig-Holsteins einst ausgesehen hat", erklärt der Experte Peters. Die Rosa Villosa, die Apfel-Rose, gehört ohne Frage zu Peters Lieblingen. Rundherum gedeihen auch die Canina, die Celsiana oder die Nutkana. Und wer aufbricht zur farbenfrohen Landpartie, der bekommt bei Führungen von Mai bis in den Oktober hinein tiefe Einblicke in ihre Geschichte.

Auf dem **Schönberger Holm** leistet Michael Hohnsbeen dagegen echte Millimeterarbeit: Langsam schiebt der schwere Traktor seinen Anhänger unter die Schütte des Silos. Hohnsbeen ist der Mann am Steuer, doch braucht er nur die Daumen, um die grüne Landmaschine zu lenken: Sie ist ferngesteuert. Die ▸ **Interessengemeinschaft RC-Parcours Schönberger Holm** hat sich auf den etwa 400 Quadratmetern der ehemaligen Schwimmhalle eines Hotelkomplexes eine ganze Stadt gebaut. Modelle von Land- und Baumaschinen im Maßstab 1:16 und 1:14 werden hier bewegt und erfreuen Fahrer und Besucher. An Extra-Fahrtagen dürfen auch Gäste die Fernsteuerung übernehmen.

Harte Arbeit macht natürlich hungrig. In der Schönberger Strandvilla Seelust hat das ▸ **Restaurant Barkasse** festgemacht. Stets überraschen Benjamin Ramm und sein Team mit ungewöhnlichen Kreationen auf der Wochenkarte ihre Gäste, serviert werden die am liebsten mit Ostseeblick auf der Deichterrasse.

In Heiligenhafen

Hoch über den Wellen geht's im Zickzack hinaus auf die Ostsee – 435 Meter weit, um genau zu sein. So lang ist nämlich die imposante ▸ **Seebrücke am Steinwarder**, die sich die Stadt **Heiligenhafen** 2009 gegönnt hat. Der Hamburger Diplom-Ingenieur Bernd Opfermann und der Landschaftsarchitekt Karl Wefers aus Quickborn durften ihrer Fantasie nahezu freien Lauf lassen. Drei sich kreuzende

Ausleger führen, von 48 jeweils 25 Meter langen Stahlpfählen getragen, aufs offene Wasser. Bequeme Liegen laden auf dem obersten Deck zum Sonnenbad ein, Spielgeräte locken kleine Gäste, ebenfalls eingerichtet ist ein Badedeck. Und auch wenn der Wind tüchtig pfeift und das Wasser mal von oben kommt, ist der Gang über die See ein Erlebnis: Unter einem der Stege befindet sich eine verglaste Lounge. Abends ist das luftige Bauwerk illuminiert.

Wer von der Seebrücke auf die Küste blickt und die Augen nach backbord (das ist links) schweifen lässt, der schaut auf ein Paradies: Austernfischer, Säbelschnäbler, Seeschwalben und vor allem Sturmmöwen haben auf dem ▸ **Graswarder** ihr Domizil. Hinter Heiligenhafens schmucker Marina führt ein holpriger Weg mit viel Sand in ein 230 Hektar großes Schutzgebiet voll einzigartiger Natur. Ein Fernglas und Zeit gehören bei diesem Spaziergang unbedingt ins Gepäck. Und mit etwas Glück des Geduldigen sieht man, wie Seeadler ihre Kreise ziehen. Ende Oktober wird es auf der friedvollen Nehrung laut: „Oft rasten hier mehr als 3000 Gänse auf ihrer Reise in den Süden", schildert Klaus Dürkop vom Naturschutzbund Deutschland. Dieser hat dort eine Station, Ehrenamtler bieten Touren an über diesen kostbaren Flecken Erde. Der Graswarder – etwa 2,5 Kilometer lang und 300 Meter breit – ist eine der letzten Nehrungen Schleswig-Holsteins, die in Bewegung sind. Gute 3 Meter, schätzt Dürkop, wandert der Sand im Jahr. „1500 Jahre hat es gedauert, bis diese Nehrung entstanden war. Weitere 1500 Jahre wird es dauern, bis Wind und Wasser sie abgetragen haben." Ein Turm lädt zu Blicken aus der Vogelperspektive ein.

Wer danach wissen möchte, wie lecker es ist, wenn Bratkartoffeln, Roastbeef, holsteinisches Sauerfleisch und Matjes eine Liebelei eingehen, der bestellt im ▸ **Anno 1800** das Bratkartoffelverhältnis.

Landeinwärts in Lütjenburg

Er kommt aus einer Zeit, als Nachrichten ausgerufen werden, Gasthäuser eine Sperrstunde haben und in der Nacht die Straßenlaternen gelöscht werden. Hein Lüth ist Polizeisergeant. Und wenn er durch die Straßen ▸ **Lütjenburgs** streift, sind dem Mann mit der schnittigen Uniform, der Pickelhaube und der großen Glocke noch heute die Blicke gewiss. Das historische Vorbild hat von 1850 bis 1919 hier gelebt und zur Ordnung gerufen. „Aber humorvoll und nur selten mit drohendem Zeigefinger", sagt Jochen Sauvant, der seine Gäste auf eine Zeitreise durch seine malerische Heimatstadt mitnimmt. Im Alltag leitet er den Bauhof der Stadt und spaziert gern den Weg hinauf zum Bismarckturm, von dort zeigt sich der üppige und immer kunterbunte Blumenschmuck der Kleinstadt von seiner schönsten Seite.

Vor den Toren Lütjenburgs erstreckt sich eine kleine Museumslandschaft: Im Nienthal führt die ▸ **Turmhügelburg** direkt ins Mittelalter. Auch wenn die Burg erst 2003 errichtet wurde, so gibt es dennoch Geschichte auf Schritt und Tritt. Auch von oben: Etwa 14 Meter hoch ist ihr eckiger Turm. Elf solcher Wehranlagen hat es einst rund um die Stadt gegeben. Und so hat wohl der Wohnsitz eines Landadligen zwischen 1100 und 1400 ausgesehen. Nur ein kurzes Stück weiter geht es im ▸ **Eiszeitmuseum** noch tiefer hinein ins Vergangene. Der größte Schatz ist recht unscheinbar, grau und so groß wie eine Faust. Dieser Sörmland-Gneis hat nicht nur eine lange Reise hinter sich: Das Gestein aus Schweden ist 1,9 Milliarden Jahre alt. „Aber nur halb so alt wie unsere Erde", verrät Museumsleiterin Dr. Vera Laurenz-Heuser. „Seinen Weg zu uns hat er während der letzten Eiszeit angetreten." Das Nienthal selbst ist übrigens eine Landschaft, in der das Eis vor mehr als 12.000 Jahren seine Spuren hinterlassen hat. Erfrischend, wohltuend und lange anhaltend sind die Spuren, die eine solche Ostsee-Auszeit bei Gästen des Nordens hinterlässt.

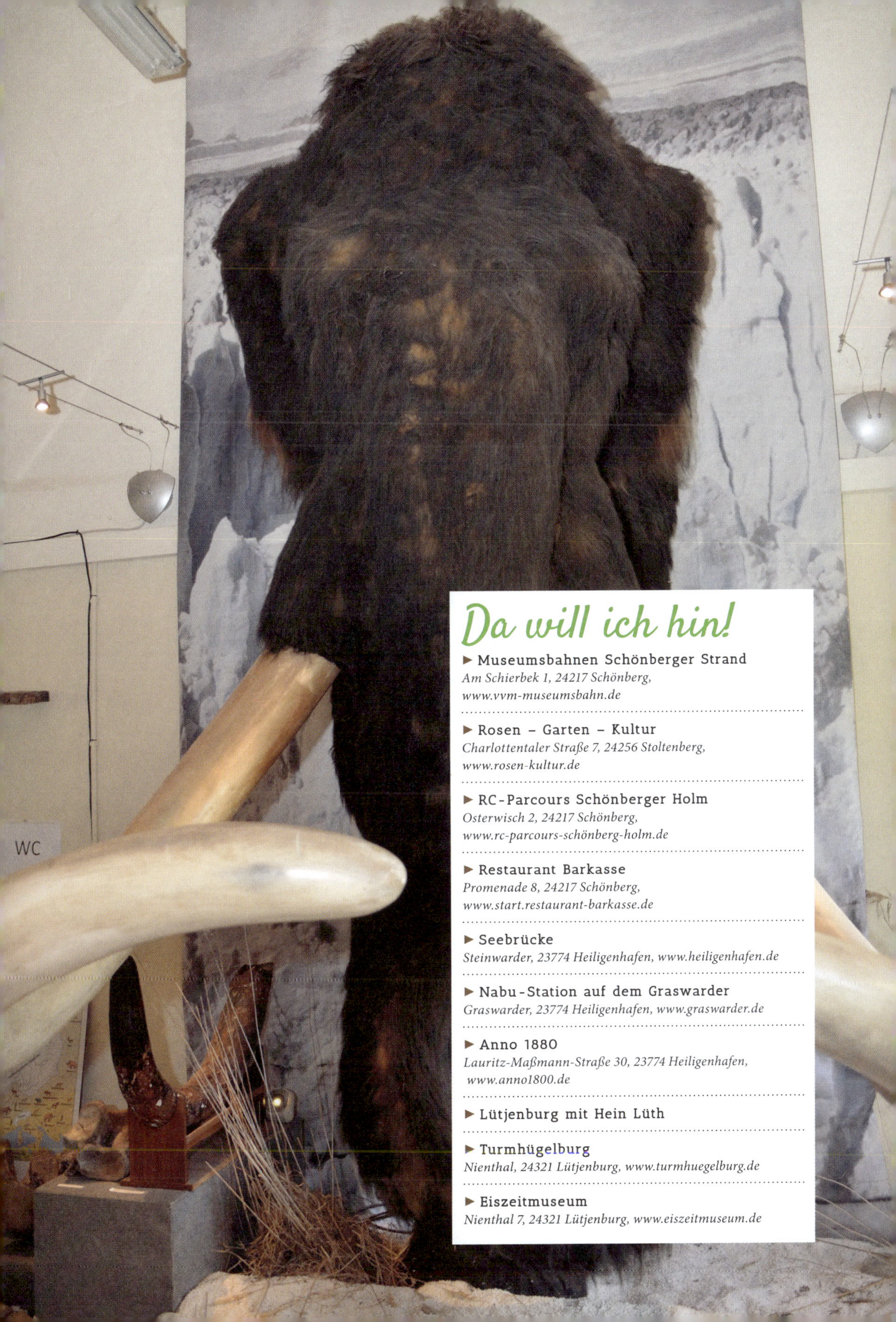

Da will ich hin!

▶ **Museumsbahnen Schönberger Strand**
Am Schierbek 1, 24217 Schönberg,
www.vvm-museumsbahn.de

▶ **Rosen – Garten – Kultur**
Charlottentaler Straße 7, 24256 Stoltenberg,
www.rosen-kultur.de

▶ **RC-Parcours Schönberger Holm**
Osterwisch 2, 24217 Schönberg,
www.rc-parcours-schönberg-holm.de

▶ **Restaurant Barkasse**
Promenade 8, 24217 Schönberg,
www.start.restaurant-barkasse.de

▶ **Seebrücke**
Steinwarder, 23774 Heiligenhafen, www.heiligenhafen.de

▶ **Nabu-Station auf dem Graswarder**
Graswarder, 23774 Heiligenhafen, www.graswarder.de

▶ **Anno 1880**
Lauritz-Maßmann-Straße 30, 23774 Heiligenhafen,
www.anno1800.de

▶ **Lütjenburg mit Hein Lüth**

▶ **Turmhügelburg**
Nienthal, 24321 Lütjenburg, www.turmhuegelburg.de

▶ **Eiszeitmuseum**
Nienthal 7, 24321 Lütjenburg, www.eiszeitmuseum.de

OST WEST FALEN LIPPE

Ankommen und genießen

Das schöne OWL liegt im Nordosten von Nordrhein-Westfalen und lockt auf 6520 Quadratkilometern mit vielen Schönheiten und Besonderheiten. Nicht ohne Grund steht OWL für „Oh wunderbares Land". Eine frühe Anreise ist sehr empfehlenswert, da es viel zu entdecken gibt.

Der Tag beginnt mitten im Herzen des wunderschön bunten Botanischen Gartens in **Gütersloh**, im ▸ **Apothekergarten**, der im Sommer 1998 erstmals seine Tore öffnete. Auf ungefähr 2000 Quadratmetern wachsen mehr als 150 Arzneipflanzen. Die beeindruckten Besucher erfahren, wie wertvoll diese Pflanzen für den menschlichen Organismus sind, und bekommen die Gelegenheit, bekannte Heilpflanzen wie Johanniskraut, Kümmel, Ringelblume und Salbei in natura zu sehen und sich über ihre Anwendung auf den Tafeln zu informieren. Nach dem Spaziergang und der Entdeckung vieler verschiedener Kräuter wird man mit einer Stärkung im ▸ **Palmenhaus Café** belohnt, das unweit des Gartens im Frühjahr, Sommer und Herbst täglich zu Kaffee, Kuchen und Mittagessen einlädt. Welch ein Genuss, nach der Erkundungstour im gemütlichen Café zu sitzen und sich nach Herzenslust inmitten der Natur verwöhnen zu lassen.

Nach diesem entspannten Start in den Tag kann es wunderbar weitergehen. Was gibt es Schöneres, als in aller Ruhe ein paar Schnäppchen in einem Outlet zu ergattern? Hierzu lädt die ▸ **Bekleidung Fabrik Heiner Bessmann** in Harsewinkel ein. Auf rund 7000 Quadratmetern Fläche gibt es alles, was das Herz begehrt: Vom Business-Outfit über Trachtenmoden oder lässigen Alltagslook ist alles vorhanden. Nach dem Einkaufen lässt man es sich im hauseigenen Bistro mit täglich

wechselnden Gerichten gut gehen oder man genießt einen Kaffee und ein Kuchenstück bei einer ▸ **Auszeit bei Sascha** und lässt die Seele baumeln.

Wer sich lieber etwas sportlich betätigen möchte, dem empfiehlt sich das Schloss Möhler in Herzebrock-Clarholz. Hier wird ganz sicher eingelocht im wunderschönen Barockgarten, wo sich eine der schönsten ▸ **Swingolf-Anlagen** Deutschlands befindet. Beim Swingolf wird ein dreiseitiger Schläger universell genutzt und die Bälle sind größer als beim herkömmlichen Golf. Natürlich sind auch die Löcher größer und leichter zu treffen. Die 18 Bahnen, die maximal 300 Meter lang sind, liegen nah beieinander. Nach einer kurzen Einweisung und ein paar Übungsschlägen in ein eigens dafür vorgesehenes Netz kann es schon losgehen.

Zum Abschluss dieses schönen Tages geht es in das romantische Städtchen **Wiedenbrück**, das seit 1970 mit dem benachbarten Rheda zusammengehört. Inmitten des Ortes liegt der alteingesessene ▸ **Ratskeller**, der mit kulinarischen Genüssen auf hohem Niveau lockt. Die vor einigen Jahren aus München und vom Starnberger See zugereisten Pächter Miriam von der Wöste-Bader und Stefan Bader haben, wie sie selbst sagen, hier ihren ganz persönlichen Glücksort gefunden und möchten das schöne Gefühl an ihre Gäste weitergeben. Das spiegelt sich in dem liebevoll restaurierten Hotel mit 30 Zimmern und dem gemütlichen Restaurant wider. Im Ratskeller wird ehrliche Herzlichkeit und Freundlichkeit gelebt und das spürt jeder, der hier eintritt.

Entspannung pur in der Natur

Nach einer entspannten Nacht und einem guten Start in den Tag geht die Reise weiter. Eine frische Meeresbrise weitab vom Meer? In **Bad Salzuflen**, am bekanntesten Wahrzeichen der Stadt, dem 2007 eröffneten ▸ **ErlebnisGradierwerk**, ist dies zu jeder Jahreszeit möglich. Beeindruckend groß erhebt es sich im

Eingang zum Kurpark und lädt, von Bänken umgeben, die Besucher zum Durchatmen ein. Etwa 600.000 Liter Sole aus drei Bad Salzufler Quellen rieseln jeden Tag über die Wände aus Schwarzdornästen. Durch das zu feinstem Nebel zerstäubte Wasser entsteht ein Klima wie am Meer. Wer wieder frei durchatmen und seiner Lunge etwas Gutes tun möchte, sollte auch die Sole-Nebelkammer besuchen. Diese liegt im Inneren des Gradierwerks, das zu den modernsten in Europa gehört. Bei leiser Musik und schönen Lichteffekten kann man hier wunderbar auf den Bänken entspannen.

Damit dieser Tag zu einem wunderbaren Glückstag wird, geht es weiter zum ▸ **Umweltzentrum Heerser Mühle**. Hier lautet das Motto *Natur erleben und erfahren*. Und dass dieses Motto auch Programm ist, bestätigen Besucher gern, denn rund um die Heerser Mühle lassen sich die Einzigartigkeit sowie die Bedeutung der Natur für uns Menschen tatsächlich hautnah erleben. Das Umweltzentrum bietet noch dazu Glück, das nichts kostet, denn der Eintritt ist für Groß und Klein frei. Die unterschiedlichsten Gärten, den Wildbienenlehrpfad und den Apothekergarten gilt es hier zu bestaunen. In den Sommermonaten ist es sogar möglich, im Schatten der großen Bäume mit bloßen Füßen durch die Werre zu spazieren. Direkt am Eingang liegt das ▸ **Mühlencafé** mit seinen kulinarischen Angeboten. Wunderschön ist es, sich hier in den malerischen Garten zu setzen und ein Stückchen frisch gebackenen Kuchen zu genießen.

Ein wenig Kultur darf auch heute nicht fehlen. Da bietet sich ein Besuch im ▸ **MARTa in Herford** an. Manche sagen, hier sei ein Ufo gelandet. In jedem Fall verbirgt sich hinter den kühn geschwungenen Formen ein Museum für zeitgenössische Kunst, das auch Verbindungen zu Architektur und Design herstellt. Das „M" steht für Museum, das „ART" für Kunst und das „a" für Architektur. Gebaut wurde es aus Backstein, Stahl und Glas, mit oft alles andere als geraden Wänden, die immer eine kleine Herausforderung für die Künstler sind, ihre Werke zu präsentieren. Wie spannend, dass dieses aufsehenerregende Gebäude in einer kleinen Region wie Ostwestfalen steht und nicht in New York oder London.

Das Glück finden

Mit dem Slogan „Wir backen Glücksmomente“ von ▸ **Karlchen's Backstube** in **Bad Oeynhausen** wird man auf den Beginn eines schönen Tages eingestimmt. Die Backstube ist im ehemaligen Süd-Bahnhof untergebracht, und es duftet nach frisch gebackenem Brot, nach Brötchen, Kuchen und Kaffee. Wer sich vor Ort verwöhnen lassen möchte, der kann unter verschiedenen schmackhaften Kuchen, lecker belegten Broten – warm oder kalt serviert – sowie Salaten und Suppen wählen.

Nach der kulinarischen Stärkung geht es spirituell weiter zum „Shinrin Yoku“, das ist japanisch und bedeutet ▸ **Baden in der Waldluft**. Beim Eintauchen in die Natur des Waldes kann man herrlich abschalten und bei sich selbst ankommen. Einfach den Stamm betrachten und berühren, die Buchen-, Eichen- oder Ahornblätter durch die Finger gleiten lassen, sich auf den Boden legen und den Duft einatmen, eintauchen und sich entspannen.

Im Kurpark in Bad Oeynhausen bietet sich dazu die beste Gelegenheit. Dort gibt es einen Baumlehrpfad mit 42 ausgewählten Bäumen, die entdeckt und berührt werden wollen. Also ruhig einmal abtauchen in die Welt der Bäume und die Antworten in der Natur suchen und finden.

Mitten in Ostwestfalen-Lippe liegt ein Stückchen Indonesien mit seinem ganz besonderen Ambiente. Die ▸ **Bali Therme** ist der perfekte Ort, um die Seele baumeln zu lassen und um für ein paar Stunden den Alltag zu vergessen. Egal, ob beim Schwimmen in der Therme oder beim Schwitzen in einer der über zehn Saunen mit Temperaturen von 45 bis 110 Grad Celsius. Etwas ganz Besonderes ist die Pagoden-Sauna, die tatsächlich auf Bali entdeckt, dort vor Ort abgebaut und per Schiff transportiert wurde, um hier im Garten als exotisches Schmuckstück zu glänzen. Ein Tag in der Bali Therme ist wie ein Urlaubstag am Meer.

Da will ich hin!

► **Apothekergarten**
Parkstraße 57, 33332 Gütersloh, www.apothekergarten-guetersloh.de

► **Palmenhaus Café**
Parkstraße 57, 33332 Gütersloh, www.palmenhaus-gt.de

► **Bekleidung Fabrik Heiner Bessmann**
Südfeld 47, 33428 Harsewinkel, www.bessmann.de

► **Auszeit bei Sascha**
Südfeld 47, 33428 Harsewinkel, www.auszeit-bei-sascha.de

► **Swingolf**
Schloßallee 7, 33442 Herzebrock-Clarholz, www.schloss-moehler.de

► **Ratskeller**
Markt 11, 33378 Rheda-Wiedenbrück, www.ratskeller-wiedenbrueck.de

► **ErlebnisGradierwerk**
Parkstraße 20, 32105 Bad Salzuflen

► **Umweltzentrum Heerser Mühle mit Mühlencafé**
Heerser Mühle 1, 32107 Bad Salzuflen, www.heerser-muehle.de

► **MARTa Herford**
Goebenstraße 2, 32052 Herford, www.marta-herford.de

► **Karlchen's Backstube**
Weserstraße 11, 32547 Bad Oeynhausen, www.karlchens-backstube.de

► **Waldbaden**
Im Kurpark, Bad Oeynhausen

► **Bali Therme**
Morsbachallee 5, 32545 Bad Oeynhausen, www.balitherme.de

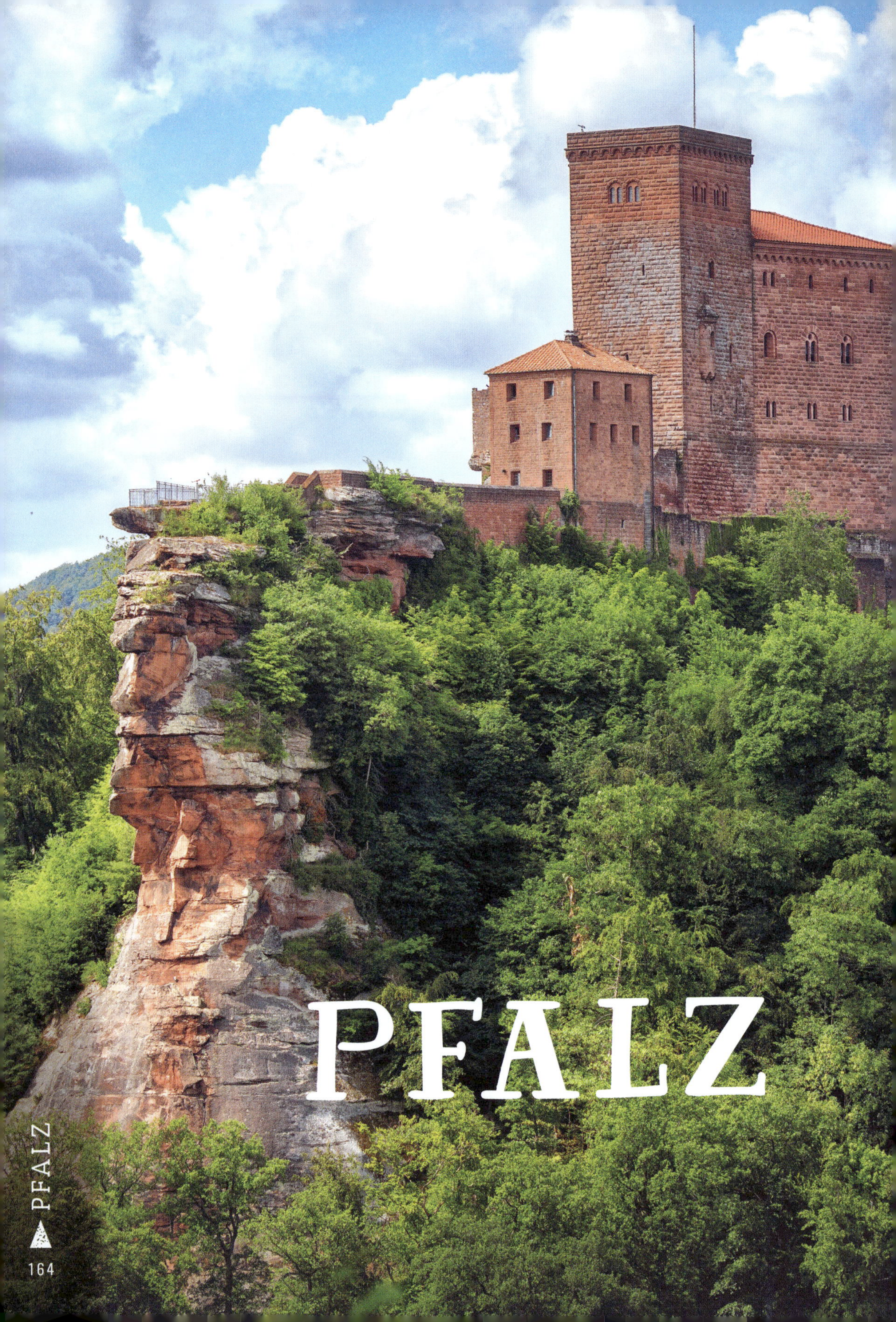

PFALZ

Wein, Wandern, Wellness

Wer zum ersten Mal in die Toskana Deutschlands kommt, merkt sofort, dass die Pfalz Urlaub ist. Doch man fragt sich: zuerst Weinstube, Wanderhütte oder Wellness? Am besten startet man am Haardtrand in Edenkoben, wo der Pfälzerwald die Rheinebene küsst, mit dem ▸ **Sessellift der Rietburgbahn.** Das Traditionsobjekt lässt seine Gäste in die Pfälzer Gemütlichkeit hinein- und hinaufschweben. Im Doppelsitzer gelangt man auf 550 Meter Höhe und gewinnt einen Überblick über die sanfte Landschaft. Oben angekommen, locken Natur, Ausblick und Einkehr.

Fährt oder spaziert man wieder hinunter, liegt einem das ▸ **Schloss Villa Ludwigshöhe** zu Füßen. Die ehemalige Sommerresidenz des bayerischen Königs Ludwig I., der auch die Pfalz regierte, strahlt mediterran gelb zwischen Rebenmeer und Mandelblüten. Feigenbäume wachsen fast die Wände hoch. Wer sich königlich fühlen möchte, nimmt an der „Living-History"-Führung teil, bei dem die einstigen Protagonisten ihren Auftritt haben.

Nach so viel Kultur ist es Zeit für das, was den Pfälzern am wichtigsten ist: „Gut esse un dringge". Das ist im Nachbarort Rhodt, im 2002 gekürten „schönsten Winzerdorf an der Weinstraße", mannigfach möglich. Wer auf der Theresienstraße entlangflaniert, findet Straußenwirtschaften und Weinhöfe, wie den ▸ **Alten Kastanienhof.** Auf der hinteren Terrasse bilden Weinblätter ein Spalier über den Tischen und dekorieren die historische Steinfassade. Wer es noch exklusiver mag, fährt zwei Dörfer weiter zum schicken Landrestaurant ▸ **Burrweiler Mühle.** Hier kann man auch Wein für zu Hause mitnehmen: Einfach am Glöckchen im Hof klingeln.

Am Nachmittag begeben sich Bewegungs- und Naturfreunde auf einen der zahlreichen Wanderwege im **Pfälzerwald.** Insgesamt sind 5000 Kilometer markiert. Von Burrweiler aus kann man durch die Weinberge steil hinauf zur markanten weißen St.-Anna-Kapelle „pilgern". Ihre St.-Anna-Hütte ist Teil der Pfälzer Hüttentour, bei der man auf 19 Kilometern fünf Hütten und Höhen kennenlernt. Alternativ kann man auf dem Pfälzer Keschdeweg durch den dichten Pfälzerwald von der Villa Ludwigshöhe zum Friedensdenkmal wandern. Eine Einkehrmöglichkeit ist im Pfälzerwald fast immer nah: In der ▸ **Waldgaststätte Friedensdenkmal** bekommt man laut Einheimischen den besten „Keschdekuchen". Übersetzung: Keschde sind Esskastanien, die sich hier im warmen Klima wohlfühlen. Wer es ruhiger mag, lässt sich bei Wellness und Genuss verwöhnen, beispielsweise im stilvollen Apparthotel ▸ **Julius in der Pfalz** in Hainfeld mit Vinothek, Blick auf die Rietburg und einer modernen Saunalandschaft im historischen Gewölbekeller.

Wer gen Abend noch Lust auf urbanes Flair hat, sollte das studentische Landau besuchen. Die Stadt ist klein und fein, aber macht Nachhaltigkeit ganz groß(artig): Im ▸ **Suppe mag Brot** bekommt man vegetarische und vegane Suppen, Tapas und Bowls serviert, am liebsten im grünen Innenhof. Ab und zu mag Suppe auch Jazz, Kunst oder Wein – Events, die bei den Gästen sehr beliebt sind.

Lebensfreude am Rhein

An der östlichen Seite wird die Pfalz vom Rhein umrandet und nach Baden-Württemberg hin abgegrenzt. Der Fluss hat seit Jahrhunderten Bedeutung als Handelsplatz und ist vielleicht der Grund für die Offenheit, mit der die Pfälzer an der Rheinebene Fremden begegnen. Berühmteste Stadt der Region ist **Speyer.** Kaiser und Konfessionen haben hier eine tragende Rolle gespielt. Sichtbar wird das am ältesten romanischen ▸ **Dom** der Welt mit

imposanter Größe und Kaisergräbern – heute Weltkulturerbe. Wer fit ist, kann auf den 60 Meter hohen Südwestturm hochsteigen.

Wer noch mehr Kultur möchte, geht einige Schritte weiter zum ▸ **Judenbad,** das 2021 ebenfalls Weltkulturerbe geworden ist und Einblicke in die mittelalterliche Lehre und Rituale bereithält. Zur Mittagszeit kann man in zahlreichen Straßencafés, an gläsernen Brezelhäuschen oder im Biergarten der ▸ **Domhof-Brauerei** eine Pause einlegen, in die schon Ex-Kanzler Helmut Kohl seine Staatsgäste einlud.

Am Nachmittag geht es mit dem Fahrrad und auf dem Wasser weiter: Rund um die Festungsstadt Germersheim schlängelt sich der Altrhein durch Auwälder und Naturschutzzonen, die man radelnd gut erkunden kann. Hier starten auch die ▸ **Nachenfahrten** auf „Dieter“ oder „Klaus“ – so die Namen der 5 Kilometer langsamen Kähne, die Gäste an Bord zur Naturkunde mitnehmen. Es kreucht und fleucht, tschilpt und zwitschert. Leicht schaukelnd kehrt innere Ruhe ein. Nur die „Schnooke“ (Mücken) könnten den Frieden unterbrechen.

Apropos Tiere: Ganz exotische kann man auf der ▸ **Straußenfarm Mhou** in Rülzheim besuchen. Neben Führungen durch das 12 Hektar große Weideland der aus Simbabwe stammenden Tiere kann man im Grill-Restaurant Straußenfilet essen oder im Farmladen Kunsthandwerk aus Afrika bekommen. Wer noch mehr Action braucht, geht zur ▸ **Alla-hopp!-Anlage** gegenüber. Der Mehrgenerationen-Spiel- und Sportparcours bietet alles, womit der Mäzen Dietmar Hopp Menschen in der Rhein-Neckar-Region bewegt. Alla gut, alla hopp! Von den Anlagen gibt es von Grünstadt bis Ilbesheim einige.

Felsen-Hopping und Fußbälle

Am dritten Tag lädt die Pfalz noch einmal zu Naturschauspielen ein, die überraschen: Im ▸ **Dahner Felsenland** im Südwesten der Pfalz türmen sich bizarre Felsformationen, Türme, Tunnel, Spalten und Schlitze aus rot schillernden Buntsandsteinen auf. Hier ist Platz für Abenteurer, Kletterer und Geschichtenliebhaber. Nahe der französischen Grenze im Wasgau stechen über 20 Gesteine aus dem dunkelgrünen Pfälzerwald. Hier heißen die Felsen Jungfernsprung, Sängerfelsen oder Braut und Bräutigam und hinter so manchem verbirgt sich eine Sage. Auf dem 19 Kilometer langen Felsenland-Weg lässt sich wunderbar entlangwandern und beim Sonnenuntergang ein Naturschauspiel am Altschlossfelsen genießen.

Bei schlechtem Wetter gibt es Indoor-Abenteuer im ▸ **Dynamikum Science Center** im nahe gelegenen **Pirmasens.** Einst war die Stadt die europäische Metropole der „Schlabbeflicker“, der Schuhmacher, wie die Pirmasenser heute noch genannt werden. Das Mitmach-Museum ist in einer der größten ehemaligen Schuhfabriken untergebracht.
Es bringt Kinder, Schüler, Berufstätige und Rentnerinnen in Schwung, selbst wenn man für Physik keinen Sinn hat. Erklärungen sind für Ausprobierer auf Deutsch, Englisch und Französisch vorbereitet, denn das Nachbarland ist nur wenige Kilometer entfernt. Bewegungs- statt Produktionsmaschinen wollen gepumpt, gehoben, balanciert, gekurbelt oder gestrampelt werden. Es geht immer wieder um Schuhe und den Ballsport: Denn der Adidas-Begründer Adi Dassler besuchte in den 1930er-Jahren die Schuhfachschule hier. Und ein Forschungsinstitut überprüft für die FIFA Form und Funktion von Fußbällen. Wer hätte das in der Pfalz vermutet? Hier ist für alle Platz, es menschelt überall. Großes Weinglas – großes Herz: zum Wohl!

Da will ich hin!

▶ **Sessellift Rietburgbahn**
Villastraße 67, 67480 Edenkoben, www.rietburgbahn-edenkoben.de

▶ **Schloss Villa Ludwigshöhe**
Villastraße 64, 67480 Edenkoben, www.schloss-villa-ludwigshoehe.de

▶ **Alter Kastanienhof**
Theresienstraße 79, 76835 Rhodt unter Rietburg, www.alter-kastanienhof.de

▶ **Burrweiler Mühle**
Mühle 202, 76835 Burrweiler, www.burrweilermuehle.de

▶ **Waldgaststätte Friedensdenkmal**
Auf dem Werderberg 1, 67480 Edenkoben

▶ **Julius in der Pfalz**
Weyherer Straße 6, 76835 Hainfeld, www.julius-pfalz.de

▶ **Suppe mag Brot**
Friedrich-Ebert-Straße 15, 76829 Landau, www.suppemagbrot.de

▶ **Speyerer Dom**
Domplatz, 67346 Speyer, www.dom-zu-speyer.de

▶ **Judenbad**
Kleine Pfaffengasse 22, 67346 Speyer

▶ **Domhof-Brauerei**
Große Himmelsgasse 6, 67346 Speyer, www.domhof.de

▶ **Nachenfahrten auf dem Lingenfelder Altrhein**
Mercedes-Benz-Straße, 76726 Germersheim, www.germersheim-erleben.eu

▶ **Straußenfarm Mhou**
Am See, 76761 Rülzheim, www.mhoufarm.de

▶ **Alla-hopp!-Anlage Rülzheim**
Am See, 76761 Rülzheim, www.alla-hopp.de

▶ **Dahner Felsenland**
66994 Dahn, www.dahner-felsenland.de

▶ **Dynamikum Science Center**
Im Rheinberger, Fröhnstraße 8, 66954 Pirmasens, https://dynamikum.de

RHEIN GAU

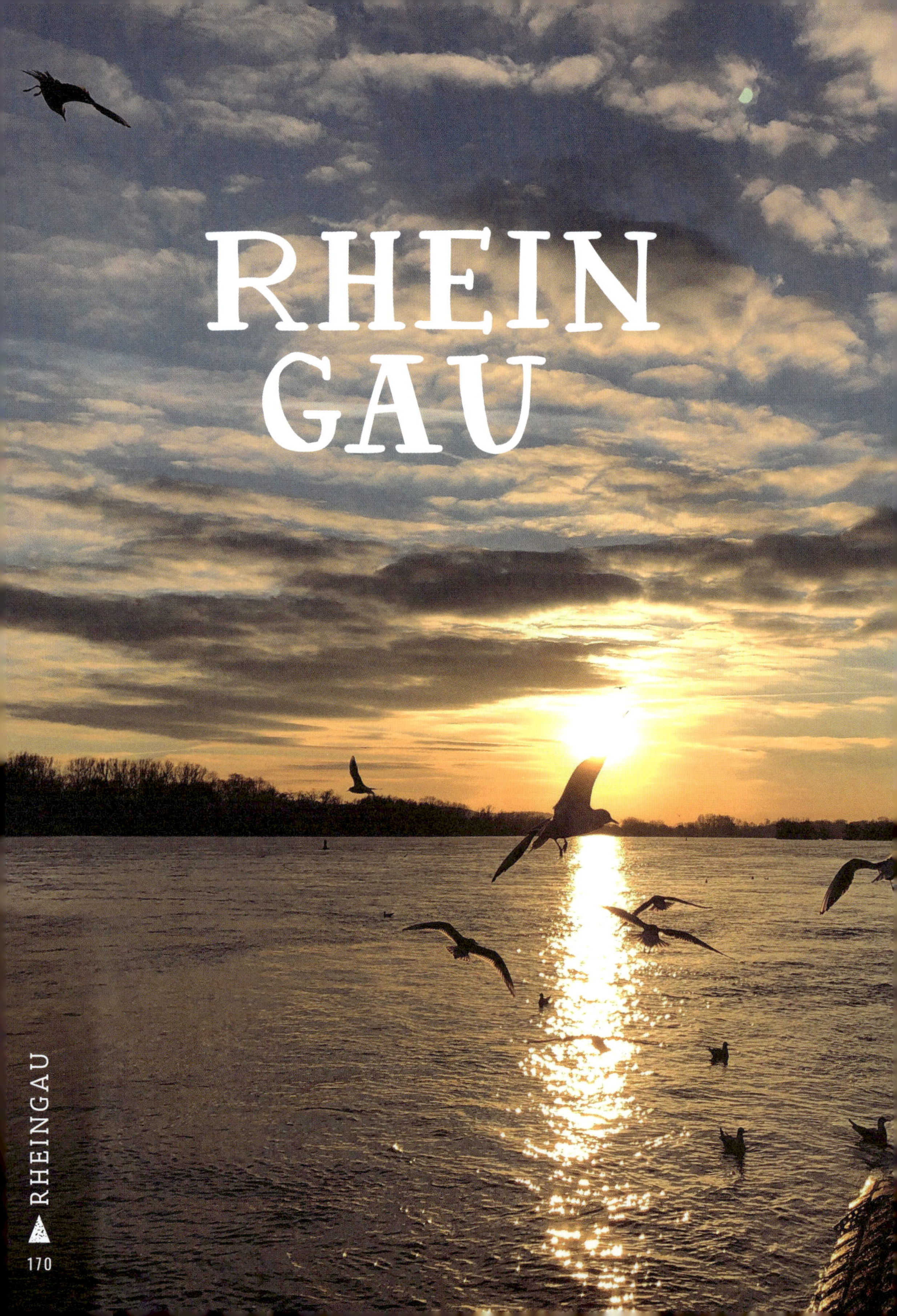

Wasser und Wein in Eltville

Der Rheingauer Riesling ist berühmt in der ganzen Welt. Nicht weniger bekannt ist das Städtchen Rüdesheim und natürlich der Rhein, als bekanntester deutscher Fluss. Doch der Rheingau hat neben Wein, Rhein und bezaubernden Schlössern noch so viel mehr zu bieten. Und wer einmal hier war, möchte immer wiederkommen, denn es gibt so viel zu entdecken und zu erschmecken.

Größte, und für viele auch schönste, Stadt ist **Eltville.** Ruhm besitzt sie als Sekt- und Rosenstadt. Der Name Eltville stammt nicht etwa aus dem Französischen, sondern lässt sich von dem lateinischen *Alta Villa* ableiten, der hohen Stadt. Bezogen ist das auf den Rhein: Bei Hochwasser bleibt Eltville aufgrund seiner höheren Lage meist verschont.

Zu einem Besuch in Eltville gehört unbedingt ein Abstecher zur am Rhein gelegenen ▸ **Kurfürstlichen Burg.** 1330 begann ihr Bau, heute ist der 24 Meter hohe Turm weithin beliebter Blickfang der Stadt. Hier sind eine Gutenberg-Gedenkstätte sowie die Tourist-Information untergebracht. Ein anschließender Spaziergang durch den Rosengarten ist ein Muss. Schönste Jahreszeit dafür ist der Juni, wenn die Rosen in voller Blüte stehen. Weitere Rosen sind entlang des Rheinufers zu bewundern, gerne mit einem Erfrischungsstopp im ▸ **Anleger 511,** früher einmal die Warte- und Schalterhalle für die Schiffsreisenden, heute eine beliebte Lokalität, um den Rheinblick zu genießen. Die an eine Bootsreling erinnernde Außenterrasse verleiht dem Ausflugslokal eine Atmosphäre, als sei man selbst auf einem Schiff. Nur einen Steinwurf entfernt steht der Eltviller Weinprobierstand, in dem jede Woche ein anderer Winzer seine Weine ausschenkt.

Mit einem Glas Wein oder Sekt in der Hand auf den Rhein blickend, lässt sich das Leben genießen.

Vom Rheinufer aus bummelt es sich ganz bequem durch die kleine Altstadt und direkt in die Fußgängerzone, in der es viele hübsche Läden und kleine gastronomische Betriebe zu besuchen gibt. So zum Beispiel die ▸ **Kostbar,** ein Delikatessengeschäft mit zahlreichen Eigenkreationen wie der schmackhaften Rheingauer Salatsauce. Kleine Tische im Inneren wie vor der Tür laden die Gäste ein, bei einem leckeren Kaffee oder einem Wein sowie bei einer Kleinigkeit zu essen das Treiben im Städtchen zu beobachten.

Wer größeren Hunger verspürt, dem sei ein Besuch der ▸ **Weinstube Gelbes Haus** ans Herz gelegt. Hier kommen sowohl Augen als auch Gaumen in Genuss. Die Terrasse des Restaurants bietet einen schrägen und damit einzigartigen Blick auf den Rhein. Das Auge schweift über Weinreben aufs Wasser und bleibt mit neugierigem Blick an der ▸ **Burg Crass** hängen, dem wahrscheinlich ältesten Gebäude der Stadt Eltville. Das rot strahlende Gebäude stammt aus dem 11. Jahrhundert und diente einer Mainzer Familie als Residenz. Früher ein Freihof, ist sie heute eine Eventlocation mit einer der schönsten Terrassen des Rheingaus.

Leben und Trubel gehören zum Eltviller Rheinufer wie die Schiffe auf dem Rhein. Allein ist man hier selten, nur an windigen Regentagen, sehr früh morgens oder auch zu später Stunde, wenn die Lichter in der Stadt schon lange ausgegangen sind. Dann ist es hier geradezu magisch.

Ganz viel Liebe in Kiedrich

Mag Eltville das romantische Städtchen sein, so ist **Kiedrich** der Ort der Liebe. Bester Beweis dafür ist, dass hier seit einigen Jahren der Valentinstag groß gefeiert wird. Namensgeber und Mittelpunkt ist die wunderschöne

gotische Kirche ▸ **St. Valentin** im Herzen von Kiedrich. Berühmt ist sie nicht nur für ihre Schönheit, sondern auch für die herrlichen Gesänge, die hier erklingen. Die Kiedricher Choraltradition lässt sich urkundlich bis auf 1333 zurückführen. Heute sind die Kiedricher Chorknaben fast jeden Sonntag und Feiertag beim lateinischen Choralhochamt zu hören, darüber hinaus finden größere Konzerte statt. Einer dieser Chorknaben und ein echter Kiedricher Bub ist Andreas Scholl, einer der meistgefeierten Countertenöre der Welt. Wer ganz viel Glück hat, bekommt auch ihn in der Kirche zu sehen und zu hören.

Ganz gleich, ob man eine herzhafte Stärkung braucht oder ein Stück Kuchen, ob man frühstücken möchte oder nach einer kleinen Auszeit vom Alltag lechzt – das ▸ **Café Ginkgogarten** in Kiedrich empfängt jeden Besucher mit offenen Armen und erlesenen Speisen, die mit Liebe zubereitet sind und wie bei der Lieblingsoma schmecken. Wer bei schönem Wetter einen Platz auf der Terrasse unter dem Ginkgobaum ergattert, dem steht zum persönlichen Glück so gut wie nichts mehr im Wege.

Nach einer ausgiebigen Ortsbesichtigung und Stärkung laden die Weinberge zum Spazieren ein. Nicht nur Verliebte finden den Weg in den Weinberg der Ehe. Hier stehen die Rebstöcke, die alle Paare bei ihrer Eheschließung in Kiedrich geschenkt bekommen. In unmittelbarer und schön romantischer Nähe steht die Ruine der Burg Scharfenstein, das Wahrzeichen Kiedrichs, von wo aus es sich herrlich weit blicken lässt.

Zurück aus den Weinbergen darf ein Schluck Wein nicht fehlen. Der lässt sich bestens im ▸ **Keller und Kunst Kontor** genießen. Das kleine, direkt am Rheinsteig gelegene Kontor befindet sich in einer ehemaligen Bäckerei und bietet heute statt Brötchen und Kuchen ein feines Sortiment an Weinen, Weinbränden, Gins und auch ein paar wenigen alkoholfreien Getränken an. Besucher können hier vorbeischauen, ein bisschen stöbern und einkaufen oder ein wenig verweilen, sich vom Hausherrn beraten lassen und die entspannte Atmosphäre genießen. Die Kiedricher schätzen ihr kleines Kontor. Gerne kommen sie vorbei, um andere Kiedricher zu treffen, mit Fremden zu plau-

dern, sich an einem Schoppen zu erfreuen, entspannt an der Theke zu stehen oder auf der Fensterbank vorm Haus in der Sonne zu sitzen.

Schlemmen und schlafen

Das Genusserlebnis lässt sich in **Geisenheim** fortsetzen, das als Wein-, Schul-, Dom- und Lindenstadt im Rheingau bekannt ist. Eine Besichtigung startet daher am besten am zentral gelegenen Lindenplatz, um den sich viele Restaurants und eine Eisdiele tummeln. Besonders hervorzuheben ist das ▸ **Zwei und Zwanzig**, ein auf veganes Essen spezialisiertes Restaurant, das auch bei eingefleischten Gourmets über die Region hinaus für Begeisterung sorgt.

Von hier aus ist es ein Katzensprung zum Bischof-Blum-Platz, über dem die Pfarrkirche Heilig Kreuz wacht. Von den Rheingauern wird sie schlicht ▸ **Rheingauer Dom** genannt. Im Inneren laden Gottesdienste, Konzerte und Kunstausstellungen zum Innehalten und Bewundern des reichlich ausgestatteten Hauses ein. Vor den Toren dagegen lockt das bunte Treiben, seien es der freitags stattfindende Wochenmarkt oder die vielen leiblichen Genüsse in den umliegenden Weingütern und vor allem im ▸ **Café am Dom**, wo es sehr leckere Torten und Kuchen gibt.

Nach einer Stärkung geht es weiter Richtung Rheinufer. Und wer einen ausgefallenen Schlafplatz in Geisenheim sucht, findet diesen am Rheinkilometer 524. Hier, direkt am idyllischen Geisenheimer Rheinufer, befindet sich das neue Campingparadies ▸ **Rheingau 524**. Statt Zelten und Campingwagen laden besondere Unterkünfte aus Holz zum Schlafen, Ausruhen und Erleben ein. Ob Weinschlaffass, Campingfass, Campingpod, Trekking- oder Schäferhütte – der frische Holzduft ist allgegenwärtig ebenso wie der romantische Blick auf den Rhein. Hier lässt es sich herrlich träumen, zum Beispiel vom nächsten Kurzurlaub in den Rheingau.

Da will ich hin!

▶ **Kürfürstliche Burg**
Burgstraße 1, 65343 Eltville

▶ **Anleger 511**
Platz von Montrichard 2, 65343 Eltville, www.anleger511.de

▶ **Kostbar**
Schwalbacher Straße 6, 65343 Eltville, www.kostbar-eltville.de

▶ **Weinstube Gelbes Haus**
Burgstraße 3, 65343 Eltville, www.weinstube-gelbeshaus.de

▶ **Burg Crass**
Freygäßchen 1, 65343 Eltville, www.burgcrass.com

▶ **St. Valentin**
Suttonstraße 1, 65399 Kiedrich

▶ **Cafe Ginkgogarten**
Marktstraße 28, 65399 Kiedrich, www.cafe-ginkgogarten.de

▶ **Keller und Kunst Kontor**
Oberstraße 14, 65399 Kiedrich, www.kellerundkunst.de

▶ **Zwei und Zwanzig**
Lindenplatz 1, 65366 Geisenheim, www.zwei-und-zwanzig.de

▶ **Rheingauer Dom**
Bischof-Blum-Platz 1, 65366 Geisenheim

▶ **Café am Dom**
Bischof-Blum-Platz 8, 65366 Geisenheim, www.patisserie-pretzel.com

▶ **Rheingau 524**
Campingplatz 1, 65366 Geisenheim, www.rheingau524.de

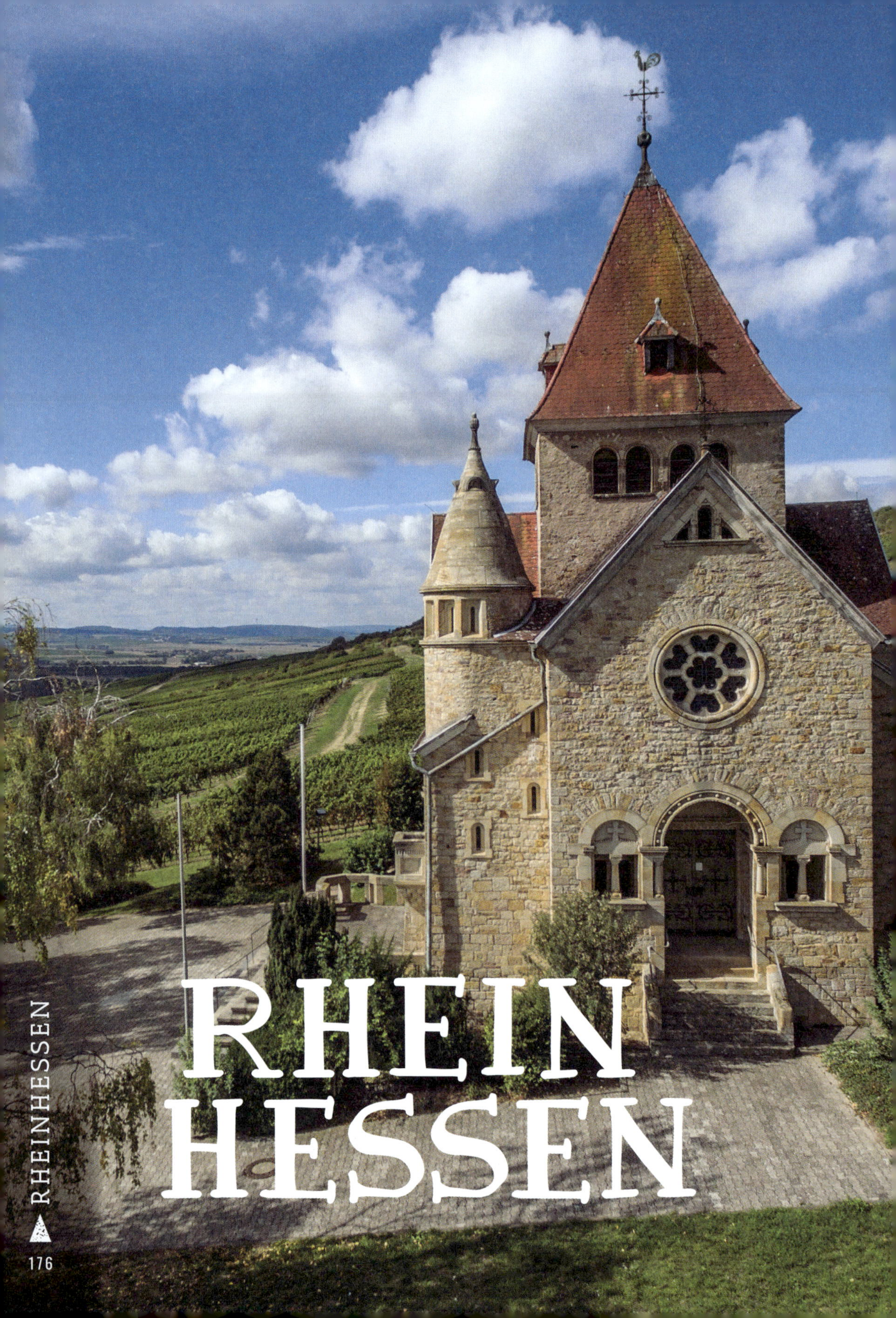

RHEIN HESSEN

Ein Fest für die Sinne

Zwischen Weinbergen und Rhein, zwischen Bingen, Mainz und Worms lassen sich herrlich erholsame Urlaubstage verbringen. Wozu in den Süden reisen, wenn Entspannung, gutes Essen und beste Weine quasi ums Eck auf uns warten?

Ein Besuch der ▸ **Augenwaide** in Flörsheim-Dalsheim darf auf keiner Reise durch Rheinhessen fehlen: In einem ehemaligen Winzerhof bietet Familie Fehrenbach ihren Besuchern eine große Auswahl an prächtigen Blumen sowie hochwertiger Dekoration. Die Verkaufsräume sind allesamt äußerst liebevoll eingerichtet und farblich passend dekoriert. Doch die Augenwaide hat nicht nur Florales und Dekoratives in petto: Ein kulinarisches Vergnügen präsentiert die Familie im hauseigenen Café. Dort warten himmlische Kuchen und Torten auf genussfreudige Gäste. Auch zum Frühstücken kann man sich in dem verträumten Café verabreden. Herzstück der Augenwaide ist der traumhaft schöne Garten, der von Mai bis Oktober für Besucher geöffnet ist: Zwischen Fuchsien, Hortensien und Rosensträuchern kann man in aller Ruhe seinen Kaffee genießen und dabei den Blick über geschmackvolle Dekoration schweifen lassen, mit der das Grundstück gespickt ist. Der malerische Garten ist ein herrlicher Platz, um die Seele baumeln zu lassen.

Rheinhessen hat so manche Kuriosität zu bieten; das ▸ **Ochsenklavier** gehört auf jeden Fall dazu. Zu sehen ist es im verträumten Karl-Bittel-Park, einer grünen Oase, die sich in den Wormser Stadtteilen Hochheim und Pfiffligheim befindet. Die idyllische Anlage, im Volksmund auch liebevoll Pfrimmpark genannt, wurde 1898 von Karl Bittel angelegt.

Zurück aber zum Ochsenklavier: Hierbei handelt es sich um mehrere große Steine, die zusammen eine Steinquader-Furt durch die Pfrimm bilden. Mittlerweile hat man dank der benachbarten Brücke eine weitere Möglichkeit, den kleinen Fluss zu überqueren (nach Regen und bei Hochwasser in jedem Fall zu empfehlen). Größeren Spaß macht es allerdings auf dem Ochsenklavier. Der Name mag zunächst ein wenig in die Irre führen, denn man kann ihm keine Töne entlocken – die Pfrimm selbst sorgt aber für reichlich Musik: Ihr lautes Rauschen ist wohltuend für die Ohren und hält das Gedankenkarussell im Kopf hervorragend in Schach. An diesem kleinen, aber feinen Glücksort kann man sich für eine kurze Pause auf die Steintreppen setzen, die sich an beiden Ufern befinden, und zusehen, wie sich der Fluss seinen Weg bahnt.

Nach dieser erholsamen Auszeit bietet sich nun ein Besuch des ▸ **Wormser Tiergartens** an. Über 80 Arten aus aller Herren Länder können in den weitläufigen Anlagen bestaunt werden. Der Tiergarten Worms ist ein kleines Paradies – das merkt man schnell. Hier kann man ganz locker viele Stunden verbringen, ohne dass es langweilig wird. Ein wichtiges Element ist der gepflegte Bauernhof mit vielen seltenen Haustierrassen: Ob Thüringer Waldziege, Bergschaf oder imposantes Glanrind – sie freuen sich allesamt auf Besuch. Auch Exotisches wie Zwergseidenäffchen, Gürteltiere und Kuhreiher hat der Tiergarten zu bieten. Es macht großen Spaß, bisher unbekannte Tierarten kennenzulernen und mehr über sie zu erfahren. Mit großem Engagement und reichlich Idealismus wurde der Wormser Tiergarten im Laufe der Jahre zu einem lohnenden Ausflugsziel, das seinen Gästen viel Abwechslung und gleichzeitig reichlich Erholung bietet.

Kultur, Genuss und Schwungvolles

Kunstfreunde, aufgepasst: Um großartige Werke zu sehen, lohnt sich ein Abstecher nach Rheinhessen allemal! Die Region hat einige Museen auf höchstem Niveau zu bieten. Ein

besonderes Ausstellungshaus ist das ▸ **Kunstforum Ingelheim – Altes Rathaus**. Im Rahmen der Internationalen Tage Ingelheim finden jedes Jahr spannende Ausstellungen namhafter Künstler statt. Auf die Besucher des ehemaligen Rathauses in Nieder-Ingelheim warten insgesamt fünf Ausstellungssäle auf drei Etagen. Die Exposition findet bereits seit 1959 statt: Frankreich war damals das erste Thema, mit dem sich die Ausstellung befasste. Seitdem werden jedes Jahr Werke berühmter Künstler wie Pablo Picasso, Emil Nolde oder Marc Chagall im Kunstforum Ingelheim – Altes Rathaus präsentiert.

Sich selbst etwas Gutes zu tun, ist gar nicht so schwer: Das Restaurant im ▸ **Hildegard Forum der Kreuzschwestern** auf dem Binger Rochusberg hat sich ganz der gesunden und nachhaltigen Ernährung verschrieben. Die Zutaten für ihre köstlichen Speisen beziehen Marianne Jagla und ihr Team überwiegend von regionalen Anbietern, oft sind diese sogar in Bioqualität. Der Integrationsbetrieb bietet seinen Gästen ein üppiges Mittagsbüfett, an dem sie sich nach Herzenslust bedienen können: Salate, Suppen, Hauptspeisen (auch Vegetarisches) und feine Desserts stehen liebevoll angerichtet zum Verzehr bereit. Leckeres wie Saltimbocca, bunte Gnocchi oder Hähnchencurry machen satt und glücklich. Inspiriert sind die Gerichte nach der Lehre der Hildegard von Bingen. Besonders gut schmecken Speis und Trank auf der gemütlichen Terrasse mit Blick auf einen wunderschön angelegten Obstgarten.

Nun tut etwas Bewegung gut: Wandert man auf dem Napoleonsweg bei Welgesheim, so gelangt man zu einer wunderbaren Kuriosität, die pures Glück verspricht: Die hölzerne ▸ **Wingertsschaukel** in den Weinbergen muss man gesehen – und ausprobiert! – haben. Ganz im Stil einer Hollywoodschaukel lädt sie ihre Besucher zu einer schwungvollen Partie ein. Zwei Personen finden locker auf der Wingertsschaukel Platz, ideal also für ein kuscheliges Beisammensein. Gemeinsam schaukelnd den Sonnenuntergang anschauen – romantischer geht es nun wirklich nicht.

Glückliche Landpartie

Vor etwa 30 Millionen Jahren gab es in Rheinhessen ein richtiges Meer! Sogar Haie und Seekühe tummelten sich zu dieser Zeit fröhlich im von Wasser gefluteten Mainzer Becken. Wo früher tosende Wellen auf hohe Felsen krachten, befinden sich heute malerische Weinberge, Felder und grüne Wiesen. Auf dem ▸ **Strandpfad der Sinne** in Eckelsheim kann diese Erdgeschichte an zehn Stationen eindrucksvoll erkundet werden. Der 1,6 Kilometer lange Weg startet an der sagenumwobenen Beller Kirche und führt durch eine abwechslungsreiche Landschaft.

Eine Auszeit für die Seele bietet der Ausflug auf den Flonheimer Adelberg. Oben angekommen werden die Wanderer mit einer traumhaften Aussicht auf das Aulheimer Tal belohnt. Auf dem Adelberg befindet sich auch das Flonheimer Wahrzeichen – einer der wohl schönsten Trulli der Region! Trulli sind kleine Rundhäuser, die vor allem in Apulien zu finden sind. Der ▸ **Trullo** auf dem Flonheimer Adelberg wurde 1756 errichtet und diente als Schutzhütte.

Und wieder geht es für rheinhessische Verhältnisse hoch hinauf: zum Framersheimer ▸ **Labyrinth-Platz auf dem Hornberg**. Inmitten der Natur kann man sich fantasievolle Kunstwerke, wie etwa die Sinnenhocker aus Kalkstein, ansehen, die zum Verweilen und Innehalten einladen. Höhepunkt ist aber unbestritten das kreisförmig angeordnete Labyrinth aus Kalksteinen, die auf den Boden gelegt wurden. Schritt für Schritt, im eigenen Tempo, kommt man im Labyrinth voran und vielleicht auch bei sich selbst: Sorgen treten in den Hintergrund, neue Ideen und Impulse können entstehen.

Ein abwechslungsreicher Streifzug durch Rheinhessen geht zu Ende: Ob handverlesener Kunstgenuss, spannende Auszeiten in der Natur oder kulinarische Gaumenfreuden – an diese Reise denkt man gerne zurück.

Da will ich hin!

▶ **Augenwaide**
Alzeyer Straße 36, 67592 Flörsheim-Dalsheim, www.augenwaide-floersheim-dalsheim.de

▶ **Ochsenklavier**
Nievergoltstraße 27, 67549 Worms

▶ **Tiergarten Worms**
Hammelsdamm 101, 67547 Worms, www.tiergarten-worms.de

▶ **Kunstforum Ingelheim – Altes Rathaus**
François-Lachenal-Platz 1, 55218 Ingelheim, www.internationale-tage.de

▶ **Hildegard Forum der Kreuzschwestern**
Rochusberg 1, 55411 Bingen, www.hildegard-forum.de

▶ **Wingertsschaukel**
55576 Welgesheim

▶ **Der Strandpfad der Sinne**
Bellerkirchstraße, 55599 Eckelsheim, www.der-strandpfad-der-sinne.de

▶ **Trullo**
55237 Flonheim

▶ **Labyrinth-Platz auf dem Hornberg**
55234 Framersheim, www.labyrinthplatz.com

RÜGEN

Genuss für alle Sinne

Wer einmal auf Rügen war, der kommt immer wieder. Diese Insel ist einfach magisch. Wenn der Tag erwacht, ist es am ▸ **Nordstrand** in Sellin am schönsten. Denn bei Sonnenaufgang vermischen sich die Farben zwischen Himmel und Meer. Jetzt auf einen Stein setzen und genießen. Dieser Moment, die Wärme und das Licht auf der Haut zu spüren, bewusst dem Wellenklang zu lauschen, die Seeluft einzuatmen, den vorüberziehenden Schiffen zuzuschauen, tut der Seele gut und gibt Kraft für den Tag. Um die Mittagszeit öffnet sich die hohe gläserne Tür vom Brückenhaus, das mit seinen Türmchen durchaus mit einem Schloss über dem Meer verglichen werden darf.

Mit einem wunderbaren Frühstück verwöhnt werden: Wer mag das nicht? Andreas Lüdke und Mario Böhm vom ▸ **Kolonial-Stübchen** in **Sellin** servieren es zwar nicht ans Bett, doch wenn man einmal in ihrem „Wohnzimmer" war, möchte man das nicht einmal. Die Atmosphäre in ihrem Genießerstübchen abseits der belebten Wilhelmstraße ist warm und herzlich. Man lauscht meditativer Musik und wartet mit größter Spannung auf das, was Mario mit Liebe und Leidenschaft für den Beruf zubereitet. Wenn er dann mit dem Olivenholzbrett, auf dem er äußerst dekorativ feinste Käse- und Wurstspezialitäten aus Frankreich, Italien und Spanien angerichtet hat, um die Ecke kommt, freut sich nicht nur das Auge.

Nach Strand und Frühstück geht es „zum Wandern und Bergsteigen" in Rügens Alpen. So wird das Hügelland ▸ **Zickersche Berge** auf Mönchgut genannt. Statt Kuhglocken ist hier das Blöken der Pommerschen Rauhwoller zu hören, die sich auf den duftenden Kräuterwiesen schafswohl fühlen. Sandwege schlän-

geln sich durch das Wandergebiet. Höchste Erhebung ist mit 66 Metern der Bakenberg. Gipfelstürmer entdecken den schönsten Panoramablick bis zum Festland und idyllische Dörfer entlang der Hagenschen Wiek, dem Zicker See und dem Greifswalder Bodden. Die Halbinsel Mönchgut mit ihren feinsandigen Stränden auf der Seeseite und ihren unzähligen Buchten auf der Boddenseite steht unter besonderem Schutz. Von den Ausblicken auf den Bodden und die Wiesen waren schon die Romantiker fasziniert. „Zum Niederknien", schwärmte schon Caspar David Friedrich.

Das ▸ **Café Klatsch** hinter der Düne vom Ostseestrand in **Baabe** ist bekannt für seine ausgezeichnete Qualität der Süßspeisen und besten Service. Um die fünf bis sieben Kuchen und Torten stehen zur Auswahl: von Sanddornschnitte über Zupfkuchen und Butterkuchen (besonders warm ein Traum) bis zur Bernsteintorte, übrigens die Sahneschnitte unter den Torten. Serviert werden Getränke und Kuchen auf handgetöpfertem Geschirr in Himmelblau. Wie passend – steht doch die Farbe für Harmonie und Zufriedenheit.

Das ▸ **Seaside im Strandhaus 1** ist am Abend der Treffpunkt für Künstler und Überlebenskünstler, Genießer und Feinschmecker, Sofaabtaucher und Muschelsucher, Kaltbader und Langschläfer in Göhren. Es wird gebraten, gebacken, geräuchert und gekocht: Gulasch vom Hirsch, Roulade vom Landschwein, süßsauer eingelegter Brathering aus dem Greifswalder Bodden, Stremellachs aus dem Räucherofen und warmer Schokoladenkuchen. Gegessen wird draußen auf der überdachten Terrasse mit Blick ins Abendrot oder in der gemütlichen Kneipe im Haus. Schöner kann der erste Tag kaum ausklingen.

Natur und Handwerk

Wer auf der Liebesinsel im ▸ **Schlosspark Pansevitz** unter dem schützenden Blätterdach hochgewachsener Buchen den Tag mit einem Frühstück auf der Picknickdecke beginnt, fühlt Geborgenheit und Frieden. Der

Blick schweift über Herzteich und Wundersee, über Wiesen und zu Baumriesen. Auf der Liebesinsel – erreichbar über eine hölzerne Brücke – lässt es sich ganz wunderbar verweilen, träumen, staunen. Über die Wunder des Lebens zum Beispiel. Seerosen blühen auf dem Teich ringsum. Libellen tanzen. Bis ins 19. Jahrhundert veränderte sich nicht nur der barocke Park zum englischen Landschaftsgarten, sondern auch das Aussehen des im 16. Jahrhundert errichteten Herrenhauses. Die Stiftung Schlosspark Pansevitz kümmert sich um die heutige Ruine und den Park. Der Turm des Südflügels ist dank einer Stahltreppe wieder begehbar, das Gebäude gesichert.

Wer auf der Suche nach einem Geschenk für seine Lieben ist, sollte in das Töpferreich von Anne Burwitz eintauchen. Zusammen mit ihrem Mann Matthias Rohde bewohnt die immerfrohe und äußerst liebenswerte Rüganerin ein schwedengraues Holzhäuschen in der kleinen Ortschaft **Parchtitz**, wenige Autominuten von Pansevitz entfernt. Aus Liebe, Mut und Träumen hat sie sich im Haus ein eigenes Töpferreich geschaffen. Ihr ▸ **Keramikatelier Söt Pottery** ist eine Werkstatt mit schönen und alten Dingen, mit Brennofen und Töpferscheibe. Hier trifft man Anne beim Formen und Malen an, beim Tüddeln von Segeln aus Keramik und Strandgut.

Nun aber raus ins Grüne. Ein atemberaubendes Naturspektakel können Inselbewohner und Gäste allabendlich im Frühjahr und im Herbst erleben. Und zwar dann, wenn die Vögel des Glücks laut trompetend über ihre Köpfe hinwegziehen. Vögel des Glücks – so werden Kraniche genannt, die majestätischen Großvögel, die im Frühjahr auf ihrem Weg nach Skandinavien im Inselwesten rasten und den Frühling verkünden. Im Herbst fliegen sie dann nach Spanien und Frankreich. Der Landstrich gilt als einer der wichtigsten Kranichrastplätze Europas. In ▸ **Tankow** auf Rügens Schwesterinsel Ummanz gibt es eine hölzerne Beobachtungsplattform. Hier kann man beim Blick in den Himmel schon mal die Zeit vergessen.

Kreide und Hering

Weiße Felswände, kilometerlange Feuersteinstrände, Schatten spendende Baumriesen und die türkisfarbene Ostsee. In den frühen Morgenstunden ist es im ▸ **Nationalpark Jasmund** am schönsten. Der Ausblick von der schwebenden Aussichtsplattform über dem ▸ **Königsstuhl** und der ▸ **Victoriasicht**, die sich nicht nur im kleinsten Nationalpark Deutschlands, sondern auch mitten im UNESCO-Welterbe Alte Buchenwälder befinden, ist spektakulär. Mit 118 Metern ist der Königsstuhl die höchste Erhebung an der Kreideküste. Der Sage nach soll der zum König ernannt worden sein, der ihn von Seeseite aus erklimmen konnte. Die Victoriasicht ist nach Preußens Kronprinzessin Victoria benannt, die mit dem Preußenkönig Wilhelm I. im Jahr 1865 hier weilte.

Schon vor 1000 Jahren soll das ▸ **Fischerdorf Vitt** existiert haben. Auf der Halbinsel Wittow gelegen, war dort einer der wichtigen Handelsplätze für den Heringsfang. Wer heute den Weg dorthin findet, kann den Gedanken nicht verdrängen, dass sich seit damals nicht viel verändert hat. Tatsächlich wurde Vitt erst 1946 an die Stromversorgung angeschlossen und erst 1980 gab es eine zentrale Wasserleitung, die den Brunnen im Zentrum als einzige Wasserversorgung ersetzte. Staubig sind die unbefestigten Straßen zwischen den wenigen reetgedeckten Häusern, dicht und hoch die Bäume und Sträucher, die sie umschließen. Der Blick geht über das weite Meer, am Abend streift das Licht des nahen Leuchtturmes von Kap Arkona über die Dächer. Den besten Blick dorthin hat man oberhalb des Dorfes bei der achteckigen Kapelle, die vor 200 Jahren dort für die Fischer errichtet wurde, weil sie in der Heringsfangsaison keine Zeit hatten, ihren Ort zu verlassen. Heute kommt man nach Vitt und alles duftet nach Geschichte und Geschichten. Davon hat Rügen natürlich noch jede Menge mehr.

Da will ich hin!

- **Nordstrand Ostseebad Sellin**
  www.ostseebad-sellin.de
- **Kolonial-Stübchen**
  August-Bebel-Straße 5, 18586 Sellin, www.kolonialstuebchen.de
- **Zickersche Berge**
  18586 Gager, www.biosphärenreservat-suedostruegen.de
- **Café Klatsch**
  Am Kurpark 2, 18586 Ostseebad Baabe, www.baabe-cafeklatsch.de
- **Seaside im Strandhaus 1**
  Nordstrand 1, 18586 Göhren, www.seaside-strandhaus1.de
- **Schlosspark Pansevitz**
  18569 Gingst, www.stiftung schlosspark pansevitz.de
- **Söt Pottery**
  Dorfstraße 9 c, 18528 Parchtitz, www.soet-pottery.de
- **Beobachtungsplattform Tankow**
  18569 Ummanz, www.ruegeninsel-ummanz.de
- **Nationalpark Jasmund mit Königsstuhl und Victoriasicht**
  18546 Sassnitz, www.nationalpark-jasmund.de, www.koenigsstuhl.com
- **Fischerdorf Vitt**
  18556 Putgarten, www.fischerdorf-vitt.de

RUHR GEBIET

Fließender Übergang

Die Luft ist rein im Ruhrgebiet. Nun ist Zeit zum Durchatmen, und das bei einem kleinen, aber feinen Kurzurlaub im Revier. Aus ehemaligen Zechen in der Region wurden prachtvolle Industriedenkmäler und es grünt und blüht entlang von Rhein und Ruhr sowie den unzähligen Seen und Kanälen. Da, wo früher Stahl kochte, wird heute in oft glasklaren Gewässern geschwommen. Oder es heißt „Leinen los", und das mit viel Sonne auf dem Oberdeck eines Ausflugsdampfers. Die Hochöfen sind längst abgekühlt, doch die Liebe zu diesem bodenständigen Flecken Erde ist bei Einheimischen und Besuchern neu entflammt. Strukturwandel heißt das Zauberwort und davon kann man sich bestens vor Ort überzeugen.

Es geht zuerst nach **Essen** und wer ein Souvenir sucht, der ist in der Innenstadt goldrichtig. Nicht umsonst trägt Essen den Beinamen „die Einkaufsstadt" und Shoppen geht ganz wunderbar auf der ▸ **Kettwiger Straße**. Sollte die Sonne einmal Pause haben, dann bitte zum Bummeln in das ▸ **Rhein-Ruhr-Zentrum** überwechseln, welches im benachbarten **Mülheim** an der Ruhr nur ein paar Haltestellen entfernt liegt. Dort entstand 1973 eines der ersten überdachten Einkaufszentren in Deutschland und an jedem ersten Sonntag im Monat findet ein legendärer Trödelmarkt statt. Mülheim/Ruhr wird auch als „die sympathische Stadt" an der Ruhr bezeichnet. Wer mag, der bleibt einfach noch etwas in MH. Schließlich ist Urlaub und der Terminkalender schreibt ausschließlich Wohlfühlen vor. Dass die Mülheimer auch Genießer sind, zeigt sich beim italienischen ▸ **Café Plati** direkt an der Schleuseninsel. Dort gibt es Frühstück und warme Speisen plus Blick auf das maritime Treiben an der denkmalgeschützten Schleuse.

Besonders perfekt ist das Glück, wenn man anschließend am Wasserbahnhof ein Schiff der Weißen Flotte besteigt. Ab da geht es flussaufwärts wieder nach Essen, und zwar in den bildschönen Ortsteil Kettwig. Bitte nicht wundern, die raschen Ortswechsel gehören im Ruhrgebiet einfach dazu und die Orte verschmelzen förmlich ineinander. Dass dabei Blau und Grün perfekt zusammenpassen, zeigt sich bei der Bootstour durch das idyllische Ruhrtal. Feriengäste können oft gar nicht glauben, dass sie mitten im tiefsten Ruhrgebiet sind. Der Raps blüht üppig auf den Feldern und die mächtige Ruhrtalbrücke wirft ihre Schatten auf die Felder und Wiesen. Direkt beim Anleger in **Kettwig** gibt es die Fachwerkhäuser der Altstadt zu bestaunen. Dorthin wehen köstliche Essensdüfte aus dem familiengeführten Lokal ▸ **Zur Alten Fähre**. Küchenchef und Inhaber Marcel Ernst hat im Sterne-Lokal und ▸ **Hotel Schloss Hugenpoet** gelernt. Das Traditionshaus kann man bei einem entspannten Spaziergang durch die Kettwiger Ruhrauen gut zu Fuß erreichen. Das Wandern ist ja bekanntlich der Seele Lust und wer mag, der wandert einfach weiter bis in das malerische Essen Werden und von dort aus bis zum Baldeneysee. Den kann man hoch auf dem Baldeneysteig umrunden, doch sollte man auch Zeit für einen Besuch in der ▸ **Villa Hügel** einplanen. Das prunkvolle Anwesen mit schlossähnlichem Park wurde ab dem Jahr 1870 von Stahlbaron Alfred Krupp erbaut und zählt insgesamt 269 Räume. Doch leider ist nichts von Zimmern für Urlaubsgäste bekannt. Aber was nicht ist, ...

Es geht in die Tiefe

Nachdem es gestern darum ging, in Ruhe im Ruhrgebiet 2.0 anzukommen, steht nun die Kohlenpott-Entdeckungsreise an. Dabei fahren die Besucher im ▸ **Bergbaumuseum Bochum** sogar unter Tage. Regen und Kälte stören bei dem Ausflug gar nicht, denn es geht per Fahrstuhl runter in den Schacht und dort herrschen sehr hohe Temperaturen. Das ist Ruhrgebiet zum Anfassen und diese Stimmung wird gleich mitgenommen in die Nachbarstadt **Dortmund**. Die wurde schon als viertgrünste

Stadt der Welt ausgezeichnet wegen stolzer 63 Prozent Grünfläche. Die lassen sich im ▸ **Westfalenpark** hervorragend genießen. Dazu gehört natürlich ein Erinnerungsfoto vor der Westfalenhalle mit dem berühmten gelben U auf dem Dach. Wer jetzt noch tiefer eintauchen möchte in die rauere Seite vom Ruhrgebiet, der besucht den größten Kanalhafen in Europa am Dortmund-Ems-Kanal. Dort wartet schon ▸ **Herr Walter,** ein Schüttgüterschiff von 1901 mit 60 Metern Länge, das liebevoll zum Restaurantschiff umgebaut wurde. Dort geht keiner freiwillig von Bord und schon gar nicht, wenn man einen Platz im Strandkorb unter Palmen hat. Dazu gibt es Ruhrpott-Köstlichkeiten aus der Schiffskombüse – und das Südseefeeling ist perfekt. Mit Wellenrauschen vom Kanal als Hintergrundmusik. Die Leute im Pott machen eben immer aus allem das Beste.

Von Dortmund aus geht es dann in bester Ferienstimmung nach **Oberhausen** und weiter auf der Route der Industriekultur. Dort stand einst die ▸ **St.-Antony-Hütte** und die gilt als die Geburtsstädte der Ruhrindustrie. 1758 ging es los mit der Eisen- und Stahlproduktion, im LVR-Industriemuseum wird davon hautnah berichtet. Auch die nahe gelegene und denkmalgeschützte Arbeitersiedlung Eisenheim in Oberhausen Osterfeld von 1846 kann besucht werden. Die ist mit ihren Häuschen aus rotem Backstein ein wahres Schmuckkästchen. Deutlich nobler ging es einst in der Siedlung Grafenbusch in Oberhausen zu, denn die wurde ab 1910 für leitende Angestellte der nahe gelegenen Gutehoffnungshütte erbaut. Bei einem gemütlichen Spaziergang beeindrucken die Villen noch immer durch ihre stattliche Größe. Ein bisschen Tagträumen ist dabei sehr erwünscht und so geht es weiter zum berühmtesten Einwohner der ganzen Stadt. Der kreisrunde ▸ **Gasometer** überragt mit 117 Höhenmetern alles und jeden, liegt am Rhein-Herne-Kanal und in Laufweite zum Einkaufszentrum Centro. Von seinem Dach aus gibt es einen Rundum-Sehnsuchtsblick über das Ruhrgebiet. Der Abschied fällt schwer, doch unsere Reise ist ja noch lange nicht zu Ende.

Schöner, schneller, weiter

Ein freier Tag kann nicht besser starten als in **Duisburg**, denn dort kommen die Besucher aus dem Staunen gar nicht mehr heraus. In der Stadt an Rhein und Ruhr wurde noch nie in kleinen Dimensionen gedacht, sondern es ging vom größten Binnenhafen in Europa aus schon früh in die weite Welt. Hier sind die richtig dicken Pötte unterwegs, und das umgeben von rund 21 Hafenbecken und 40 Kilometern Uferlänge. Diese Kulisse erzeugt beim Anblick wahre Gänsehautmomente. Und so entdeckte auch die Filmwelt bereits im Jahr 1981 die Ruhr-Metropole, denn Tatort-Kommissar Horst Schimanski hatte im Stadtteil Ruhrort sein Zuhause und Revier. Inzwischen gibt es dort sogar die Horst-Schimanski-Gasse.
In Duisburg Ruhrort befindet sich auch das ▸ **Binnenschifffahrtsmuseum** mit eigenem Hafen für antike Schiffe. Das Museum selbst ist ganz stilecht und prunkvoll in einem ehemaligen Jugendstilschwimmbad angesiedelt. Wer allerdings eine Bootstour „in echt" unternehmen möchte, der schippert mit der ▸ **MS Rheinfels** und Kapitän Walter Moser durch den Duisburger Hafen und lernt auch die eine oder andere verborgene Seite kennen.

Zum Ende der Reise geht es noch einmal richtig hoch hinaus, und zwar im nahe gelegenen **Moers**. Dort leuchtet hoch oben auf einer ehemaligen Halde eine feuerrote und riesige Grubenlampe auf einem Podest. ▸ **Das Geleucht** gilt mit 112 Metern Gesamthöhe, zusammen mit der Aufschüttung der Halde, als größtes Montankunstwerk der Welt. Der Blick von hier ist atemberaubend und lässt einen noch einmal tief in die Seele vom Ruhrgebiet schauen. Das präsentiert sich hier zum Abschluss dieser Auszeit noch einmal in voller Schönheit. Es sei versichert, dass das strahlend helle Licht der Grubenlampe ausreicht, damit jeder wohlbehalten den Weg nach Hause findet. Glück Auf!

Da will ich hin!

► **Kettwiger Straße**
45127 Essen

► **Rhein-Ruhr-Zentrum**
Humboldtring 13, 45472 Mülheim/Ruhr, www.rrz.de

► **Café Plati**
Auf dem Dudel 24, 45468 Mülheim/Ruhr, www.cafeplati.de

► **Zur Alten Fähre**
Zur Alten Fähre 45, 45219 Essen-Kettwig, www.alte-faehre.de

► **Hotel Schloss Hugenpoet**
August-Thyssen-Straße 51, 45219 Essen-Kettwig, www.hugenpoet.de

► **Villa Hügel**
Hügel 15, 45133 Essen-Bredeney, www.villahuegel.de

► **Bergbaumuseum Bochum**
Am Bergbaummuseum 28, 44791 Bochum, www.bergbaumuseum.de

► **Westfalenpark**
An d. Buschmühle 3, 44139 Dortmund

► **Restaurantschiff Herr Walter**
Speicherstraße 90, 44147 Dortmund, www.herr-walter.de

► **LVR-Industriemuseum St. Antony-Hütte**
Antonierstraße 32–34, 46119 Oberhausen, www.industriemuseum.lvr.de

► **Gasometer Oberhausen**
Arenastraße 11, 46047 Oberhausen, www.gasometer.de

► **Binnenschifffahrtsmuseum**
Apostelstraße 84, 47119 Duisburg, www.binnenschifffahrtsmuseum.de

► **MS Rheinfels**
Anleger Schifferbörse Ruhrort, Gustav-Sander-Platz 1, 47119 Duisburg, www.hafenrundfahrt-duisburg.de

► **Das Geleucht**
Gutenbergstraße, 47443 Moers, www.dasgeleucht.de

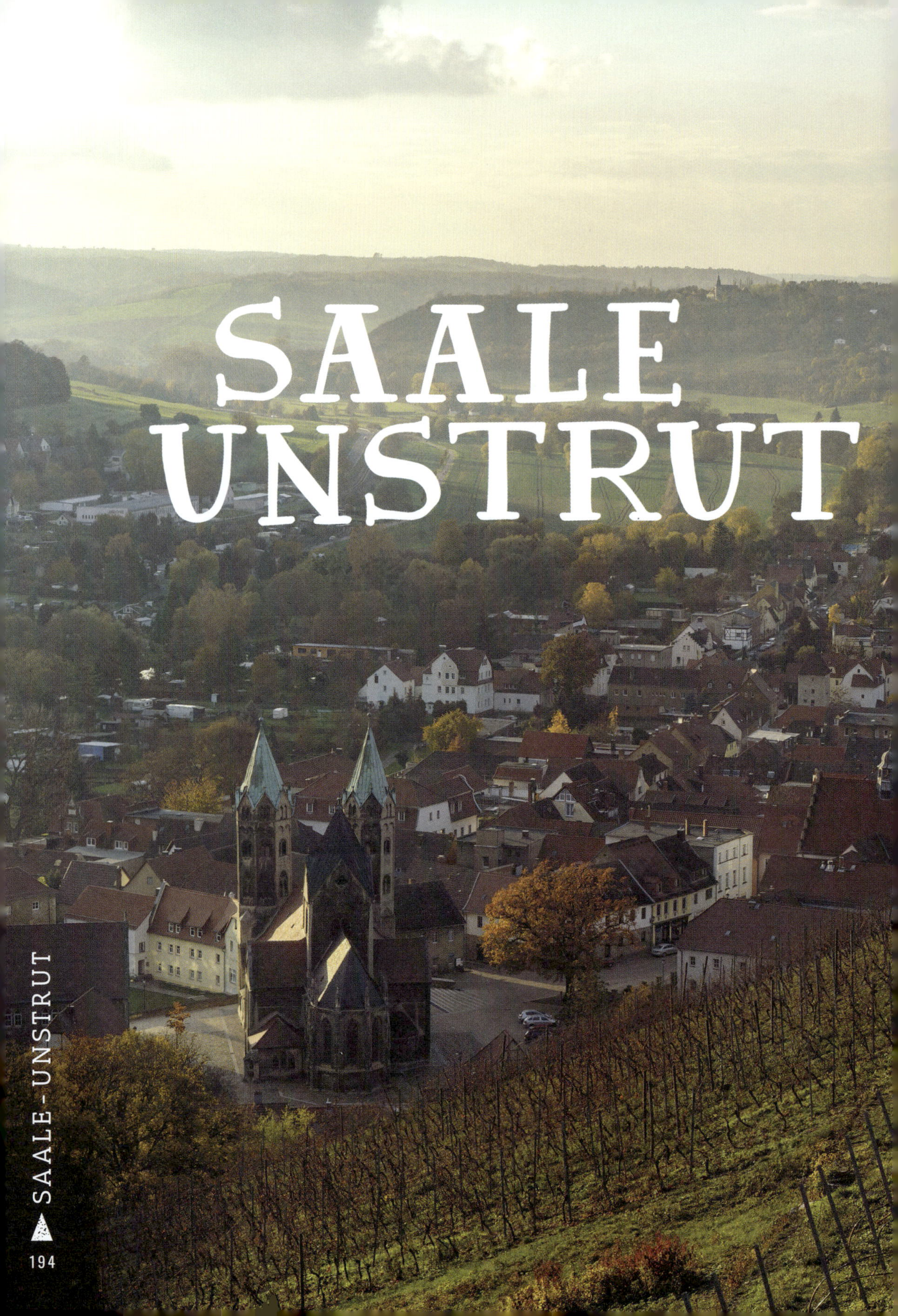
SAALE
UNSTRUT

Naumburger Schätze

Die Saale-Unstrut-Region ist Land der Burgen und des Weins. Auf Felsen und Hügeln thronen trutzige Gemäuer und prächtige Schlösser. Mittelalterliche Fürstensitze und beeindruckende Kirchen liegen hier oft nur einen Steinwurf entfernt. Und wie an einer Perlenkette reihen sich pittoreske Dörfer und stolze alte Städte aneinander. Alles wird umrahmt von den farbenprächtigen Weinbergen. Schon im Jahr 998 wird Weinanbau urkundlich erwähnt. Die Saale-Unstrut-Weinregion umfasst auch die Region am Fluss Weiße Elster und reicht nach Norden bis ins Mansfelder Land. Damit ist es das nördlichste Weinanbaugebiet Deutschlands.

Naumburg mit seinem prächtigen ▸ **Dom** eignet sich wunderbar als Ausgangspunkt für eine Landpartie an einem verlängerten Wochenende. Schon von Weitem sieht man die Türme des altehrwürdigen Domes, die das Bild der Stadt prägen. Der Bau ist so besonders, dass er in die Liste des Weltkulturerbes aufgenommen wurde. Wer den Dom betritt, ist sofort gefangen von seiner Einzigartigkeit und der besonderen Atmosphäre, die ihn durchströmt. Nur im Naumburger Dom trennen zwei Lettner das Langschiff vom Ost- und Westchor ab. Aber nicht nur die Architektur ist beeindruckend. Vielmehr ist es das Zusammenspiel mit der Kunst, die den Dom überall durchzieht. Im Westchor strahlen zwölf Stifterfiguren des unbekannten Naumburger Meisters, die jeden in ihren Bann ziehen. Die ausdrucksstarken Gesichter und der plastische Faltenwurf suchen ihresgleichen. Wer kann schon dem verschmitzten Lächeln von Reglindis widerstehen oder Uta, die für viele als schönste Frau des Mittelalters gilt? Vom selben Meister stammt der Westlettner. Auch er überzeugt durch die

Lebendigkeit der Figuren, die das Passionsgeschehen darstellen. Unbedingt ansehen sollte man sich auch die kleine, fast privat wirkende Elisabethkapelle und den idyllischen Garten.

Von hier aus geht es weiter durch die Straßen der Stadt. Kleine Geschäfte lohnen einen Blick hinein. Auf keinen Fall sollte man die ▸ **Bürstenmacherei Steinbrück** im Steinweg verpassen. Original erhaltene Ausstattung zeugt von der langen Familientradition, die bis ins Jahr 1876 zurückreicht. Hier kann man direkt zuschauen, wie die Bürsten entstehen.

Und wer es eher hyggelig mag, ist im ▸ **Blauen Haus** am Reußenplatz richtig. Nordisches Design wird in dem einladenden Laden mit ganz viel Liebe angeboten. Aber nun ist Zeit für eine kleine Pause: Gemütlich kann man auf den roten Polstern im altehrwürdigen Gemäuer des ▸ **Café Kanzlei** bei einem leckeren Essen und einem Wein aus der Region verweilen.

Von hier aus sind es nur wenige Meter zur Straßenbahn von Naumburg. Eine Fahrt ist ein großes Erlebnis und versetzt einen direkt in eine andere Zeit, auch wenn es nur eine kurze Strecke bis zum Bahnhof ist. Die ▸ **Wilde Zicke,** wie sie liebevoll genannt wird, fährt mit Fahrzeugen aus den 1950er- bis 70er-Jahren. Die restaurierten Wagen verströmen das Flair der alten Zeit und jeder Wagen hat seinen eigenen Charme. Was für ein Vergnügen! Während die Bahn durch die Straßen ruckelt, sitzt man gemütlich auf grün gepolsterten Kunstledersitzen oder auf den Holzbänken und lässt den Tag in Naumburg Revue passieren.

Bad Kösen und Schulpforta

Der zweite Tag der Landpartie startet in **Bad Kösen.** Hier verkehren kleine ▸ **Motorboote** auf der Saale zwischen der Anlegestation am Kurpark und dem Ortsteil Saaleck. Vom Boot aus hat man die sagenumwobenen Burgen Saaleck und Rudelsburg schon in Blick und man versteht, was Franz Kugler zu dem Lied *An der Saale hellen Strande stehen Burgen*

stolz und kühn veranlasst hat. Ein Weg führt von der Anlegestelle hinauf zu den romantischen Burgen, die nur wenige Meter voneinander entfernt stehen. Anschließend spaziert man oberhalb der Saale zurück nach Bad Kösen.

1725 entdeckte man hier eine Solequelle. Und auch heute noch sind die beeindruckenden Salineanlagen in Betrieb. Bei einem Gang entlang des ▸ **Gradierwerkes** kann man wunderbar Kraft tanken für eine anschließende Stadterkundung. Nicht nur die Salzgewinnung machte Bad Kösen bekannt, auch die hier gefertigten Plüschtiere sind eng mit der Stadt verbunden. Den Grundstein legte einst Käthe Kruse mit ihrer Puppenherstellung. Heute werden in der ▸ **Kösener Spielzeugmanufaktur** Plüschtiere produziert, die durch ihr naturnahes Aussehen einfach jeden begeistern. Mehr über die Geschichte der Firma erfährt man im kleinen Museum über dem Laden des Werksverkaufs oder bei einer Führung durch die Gläserne Manufaktur. Ein besonderes Highlight wartet im Werksverkauf, denn hier kann man sich ein eigenes Plüschtier basteln.

Jetzt ist es Zeit für einen Kuchenstopp in der beliebten ▸ **Konditorei Schoppe**. Die leckeren Torten muss man probieren!

Ein wahres Kleinod wartet dann in **Schulpforta**. Schon von Weitem sieht man das lang getreckte Kirchenschiff und den Turm, die den Weg weisen. Hier gründeten 1137 die Zisterzienser ein ▸ **Kloster**. Auch wenn die Mönche schon seit Jahrhunderten nicht mehr hier leben, ist der Klostercharakter noch unverkennbar. Im Zuge der Reformation wurde das Kloster geschlossen. Seit 1543 ist das Gelände eine Landesschule und damit eine der ältesten staatlichen Schulen Deutschlands. Umgeben von den historischen Klostermauern kann man den prächtigen gotischen Kirchenbau, eine spätromanische Kapelle und den ruhigen Garten besichtigen.
Zum Abschluss begegnet dem Besucher noch einmal der Wein: Die Vinothek des Landesweinguts Pforta befindet sich im ehemaligen Torhaus. Hier können wir ein leckeres Reise-Souvenir erwerben.

Zum Wohl in Freyburg

Am letzten Tag führt der Weg in die Weinhauptstadt **Freyburg.** Auf dem Weg lädt der malerische Blütengrund zu einem Abstecher ein. Unweit der Stelle, an der die Unstrut in die Saale mündet, gibt es einiges zu entdecken. Besonders das ▸ **Steinerne Album** mit dem in den Sandstein gehauenen 200 Meter langem Relief ist sehr beeindruckend. Es zeigt Szenen aus dem Alten Testament, die mit dem Weinbau zusammenhängen, und huldigen dem damaligen Herzog Christian von Sachsen-Weißenfels. Ein wirkliches Erlebnis!
Auch der direkt anschließende Klingerweinberg mit dem Klinger-Museum ist einen Stopp wert.

In Freyburg angekommen, beginnt man den Rundgang am besten am ▸ **Herzoglichen Weinberg.** Von April bis Oktober werden hier täglich um 11 Uhr Führungen durch den historischen Terrassenweinberg angeboten – und natürlich kann der Wein auch direkt verkostet werden. Frisch gestärkt geht es nun zur ▸ **Neuenburg.** Sie war einst die größte Burg der Thüringer Landgrafen. Eine prachtvolle romanische Doppelkapelle und die Wohnbereiche lassen das Leben auf der mittelalterlichen Burg lebendig erscheinen.

Untrennbar mit Freyburg verbunden ist die ▸ **Sektkellerei Rotkäppchen**. Den Weinkeller mit seinem Prunkstück, dem größten geschnitzten Fass Deutschlands, kann man bei einer Führung erkunden. Zuletzt bietet sich ein Abstecher ins nahe Zscheiplitz an. Der Weg führt vorbei am Schweigenberg, wo sich unzählige Weinberghäuschen direkt an den Hang schmiegen. In Zscheiplitz wartet nicht nur die sehenswerte Klosterkirche, sondern auch das ▸ **Weingut Pawis.** Hier kann man in mediterraner Umgebung den überaus leckeren hauseigenen Wein zu kulinarischen Kleinigkeiten genießen. Welch ein schöner Ort, unser Wochenende ausklingen zu lassen!

Da will ich hin!

▶ **Naumburger Dom**
Domplatz 16, 06618 Naumburg (Saale), www.nauemburger-dom.de

▶ **Bürstenmacherei Steinbrück**
Steinweg 29, 06618 Naumburg (Saale), www.buerstensteinbrueck.de

▶ **Blaues Haus**
Reußenplatz 21, 06618 Naumburg (Saale), www.blaues-haus-naumburg.de

▶ **Café Kanzlei**
Markt 9/10, 06618 Naumburg, www.cafe-kanzlei.de

▶ **Wilde Zicke**
Verkehrt zwischen Hauptbahnhof und Salztor, www.naumburger-strassenbahn.de

▶ **Saaleschifffahrt Bad Kösen**
Parkstraße 7, 06628 Bad Kösen, www.saaleschifffahrt.de

▶ **Gradierwerk Bad Kösen**
Rudolf-Breitscheid-Straße, 06628 Bad Kösen

▶ **Kösener Spielzeugmanufaktur**
Rudolf-Breitscheid-Straße 2, 06628 Bad Kösen, www.koesener.de

▶ **Konditorei Schoppe**
Naumburger Straße 1, 06628 Bad Kösen, www.cafe-schoppe.de

▶ **Kloster Schulpforta mit Vinothek**
Schulstraße 8, 06628 Naumburg-Schulpforte, www.kloster-pforta.de

▶ **Steinernes Album**
Blütengrund, 06618 Naumburg (Saale)

▶ **Herzoglicher Weinberg**
Mühlstraße 23, 06632 Freyburg (Unstrut), www.herzoglicher-weinberg.de

▶ **Neuenburg**
Schloss 1, 06632 Freyburg (Unstrut), www.schloss-neuenburg.de

▶ **Sektkellerei Rotkäppchen**
Sektkellereistraße 5, 06632 Freyburg (Unstrut)

▶ **Weingut Pawis**
Auf dem Gut 2, 06632 Freyburg (Unstrut), www.weingut-pawis.de

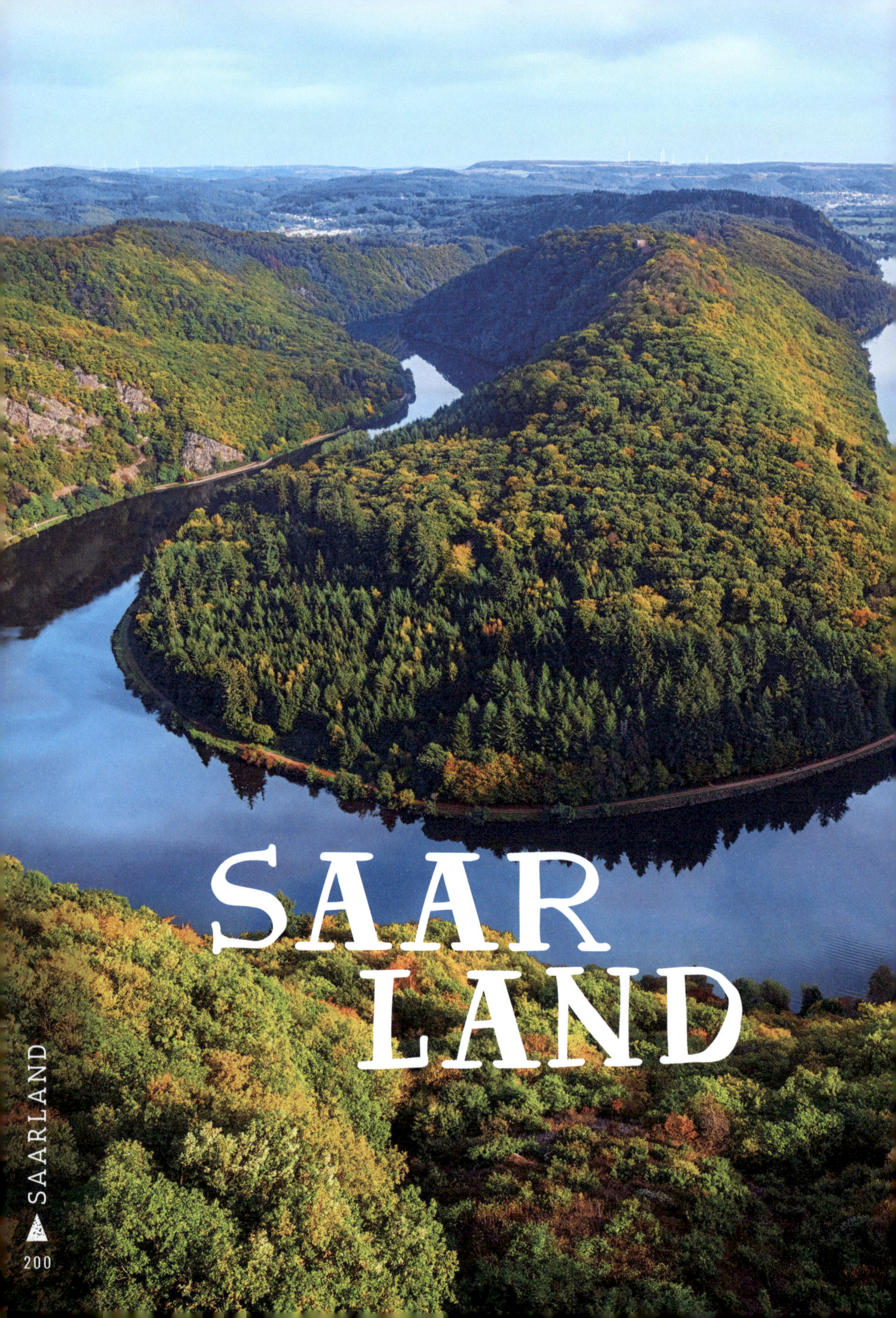

SAAR LAND

Stadt, Land, Fluss

Ein schöner Urlaub nimmt am besten mit einem guten Frühstück seinen Anfang. Was das Schlemmen betrifft ist das kleinste Flächenland Deutschlands schließlich mit elf Michelin-Sternen auf dichtem Raum eine feste Größe. Kein Wunder also, dass „Hautpsach gudd Gess" das Motto schlechthin im Saarland ist.

Gleich zwei Handvoll Sterne hätte sich das ▸ **Maison Créative** in **Altforweiler** für seinen selbst gemachten Kuchen verdient. Das alte Lothringer Haus, in dem ein Café mit Kreativlädchen sein Zuhause hat, verzaubert bereits beim Eintreten: Ein kuscheliger Kachelofen empfängt die Gäste. In einer anderen Ecke steht eine Couch und überall sind freundliche Lämpchen und liebenswerte Kleinigkeiten. Es fühlt sich an, als sei man bei Freunden zu Besuch. Die Idee, ein Café und ein Woll- und Stoffgeschäft miteinander zu kombinieren, ist genial. Am allergenialsten – falls es dieses Wort gibt – ist jedoch der Kuchen. Handgemacht, mit weitgehend frischen und regionalen Zutaten. Einzig sich bei dem fabelhaften Kuchenangebot zu entscheiden, fällt schwer. In dem Fall nimmt man zwei halbe Stücke Kuchen. Das ist im Maison Créative, wo alles so herrlich unkompliziert ist, möglich. Es ist der perfekte Ort, um seine Zeit mit Glücklichsein zu verplempern.

Um das Saarland besser kennenzulernen, heißt es trotzdem irgendwann aufbrechen. Am besten in Richtung ▸ **Saarschleife**, denn die steht bei Saarlandbesuchern stets ganz weit oben auf der Wunschliste. Meist führt der Weg zum Aussichtspunkt Cloef. Eine Alternativperspektive auf das kurvige Naturwunder bietet die kleine ▸ **Fähre** Welles in Dreisbach. Dort erleben Saarlandgäste das Schleifenwunder

aus der Fisch- oder Entenperspektive. Eine Glocke am Ufer ruft den einzigen Fährmann des Saarlandes herbei. Die Überfahrt mit der 9 Meter langen und gerade einmal 2 Meter 30 breiten Welles ist ein charmantes, ungewöhnliches Abenteuer. „Zehn Minuten braucht es hin und zurück", erklärt der Fährmann, als er den Motor startet. Es tuckert und das Fährschiff wankt dezent, während es Kurs aufnimmt. Die Zeit reicht beileibe nicht aus, um seekrank zu werden, zumal es derart viel zu entdecken gibt. Es ist wirklich ein großes Glück, dass an dieser traumhaften Stelle niemand so verrückt war, eine Brücke zu bauen – das Erlebnis Fährfahrt ist weitaus entzückender.

Wieder festen Boden unter den Füßen lädt ein Paradies für Blumenliebhaber im nahen **Merzig** zu einem Besuch. Der ▸ **Garten der Sinne** auf dem Merziger Kreuzberg verzaubert mit elf unterschiedlichen „Gartenzimmern". Fühlen, Hören, Sehen, Schmecken oder Riechen – das ist „Garten-Erleben" für alle Sinne. Im Duft- und Rosengarten empfängt ein hauchfeines Aroma die Gäste. Die Nähe des Klanggartens ist bereits zu erahnen, wenn hallende Töne in die anderen Räume vordringen. In dem Fall erprobt sich gerade jemand an den Klangobjekten. Im Kiesgarten legen sich Pflanzen wie bunte Teppiche über die Steine und die Farbgärten locken in Rot, Gelb und Weiß zu üppig vollen Beeten. An den vielen Farbnuancen mag man sich gar nicht sattsehen. Der Garten der Sinne ist wunderbar und wie eine Einladung zum Eintreten in eine ruhigere Welt, während der Alltag eine Pause einlegt.

Entzückend und voller Wunder!

Warum nicht den kommenden Tag mit etwas Wundersamem beginnen? Die ▸ **Odilienkapelle im Großen Lückner** zwischen Oppen und Wahlen erstrahlt an sonnigen Tagen inmitten hoher Buchen besonders königlich. Um die kleine Kapelle und ihre Quelle direkt daneben ranken zahlreiche mystische Geschichten. Die bekannteste unter ihnen ist wohl das Wunder um die blinde

Odilia, die – nachdem sie ihre Augen mit dem Quellwasser des Heiligenborns gewaschen hatte – ihr Augenlicht wiedererlangte. Wer um die Kapelle wandert, findet Hunderte handgeflochtene Kreuze vor, die sich an die Mauern lehnen. Viele davon sind mit handschriftlichen Zetteln versehen, oft mit Fürbitten. Das ist eindrucksvoll und wenn Wunder tatsächlich geschehen, so scheint die Odilienkapelle im Lücknerwald der richtige Ort dafür zu sein.

Bezaubernd und kunstvoll geht es in der Kapelle von ▸ **Schloss Dagstuhl** weiter. Mehr als 40 Jahre lang erschuf dort die fromme „Malergräfin" Octavie de Lasalle von Louisenthal mit Hingabe großflächige Gemälde. Obwohl Jahre zwischen der Erstellung der einzelnen Bilder gelegen haben müssen, erscheint alles wie ein großes Ganzes. Obwohl die Werke eine solche Harmonie ausströmen, war es für Octavie in jenen Tagen nicht leicht. Vermutlich gab die Geburt eines unehelichen Kindes – man munkelte, es sei ein Abkömmling des späteren Kaisers Wilhelm I. gewesen – den Anstoß zu den Malereien. Octavie musste das Neugeborene 1840, wie es die damaligen Anstandsregeln erwarteten, in fremde Hände geben. Von da an widmete sie ihre Zeit fast nur noch der Malerei und ihren karitativen Bestrebungen. Auch wenn die Geschichte um die Entstehung der Gemälde betrüblich ist, das Ergebnis dieser besonderen Umstände ist höchst erfreulich.

Wer nach all dem wundersam Schönen Lust auf ein kulinarisches Erlebnis verspürt, sollte sich ein gemütliches Plätzchen im ▸ **School Kättchen** in nahen **Weierweiler** reservieren. Das 160 Jahre alte ehemalige Schulhaus hat Atmosphäre. Elektrisches Licht gibt es einzig an der Theke. Die Gäste dinieren bei Kerzenlicht, was das Gefühl, in einer anderen Zeit zu sein, noch befördert. Auch das Angebot an Wein und Speisen ist außergewöhnlich. Das School Kättchen ist bekannt für die Qualität ihrer Steaks sowie für regionale Gerichte wie Hoorische (längliche Klöße aus rohen Kartoffeln) oder Kartoffelpuffer mit Apfelmus, Dieses Gasthaus im Schwarzwälder Hochwald ist eine Ausnahmeerscheinung, die man sich gönnen sollte.

Grün, grüner, am grünsten

Das Saarland ist ein Naturparadies. 113 Naturschutzgebiete, die 9 Prozent der Gesamtfläche ausmachen, bieten dem Glück ein Zuhause. Fast wie gemalt ist das ▸ **Beedener Biotop** im Biosphärenreservat Bliesgau. Das eindrucksvolle Areal ist durchsetzt von Wasserflächen. Über 100 Vogelarten wie Fischadler, Kraniche und Störche tummeln sich das Jahr über hier. Der richtige Mix aus Auwäldern, Weidenbüschen, Schilf und Tümpeln lockt sie an. Heckrinder, Konik-Ponys und Wasserbüffel halten den Bewuchs niedrig. In Beeden geht man das Leben besonnen an und das scheint auch für Besucher ansteckend zu sein.

Im nahen **Gersheim** jagen Saargäste auf moderne Weise „ein Schnitzel" – und zwar mit dem Smartphone. Der ▸ **Bliesgau Actionbound** lädt zu einer 4,5 Kilometer langen interaktiven Schnitzeljagd durch das Biosphärenreservat. Die Aufgabenstellungen sorgen dabei für Abwechslung. Fotografieren, zählen, schätzen und denkmalgeschützte Orte erkunden, sogar zu Orchideenwiesen führt der Weg. Manches kostet Überwindung wie die Aufforderung zum Dichten oder Leuteansprechen, doch der Spaß ist garantiert. Der Bliesgau Actionbound ist genau das richtige Ziel für Glücksjäger.

Die letzte Station der Saarlandtour führt ins Paradies der ▸ **Völklinger Hütte.** Exakt an die Stellen, wo früher Kohle zu Koks verarbeitet wurde und Temperaturen bis zu 1200 Grad herrschten. Heute hat sich die Natur das Areal zurückerobert. Die Landschaftsarchitektin Catherina Gräfin Bernadotte von der Insel Mainau hat die Pläne zu diesem eigenwilligen Projekt entwickelt. Auf 33.000 Quadratmetern überwuchern Schmetterlingsflieder, Stockrosen und Birken die alten Gerüste und Becken. Das zu erleben, ist aufregend, ja fast abenteuerlich.

Da will ich hin!

▶ **Maison Créative**
Saarlouiser Straße 28, 66802 Überherrn-Altforweiler, www.maison-creative.de

▶ **Saarschleife mit Fähre**
Steinbach 4 a, 66693 Mettlach-Dreisbach

▶ **Garten der Sinne**
Ellerweg 11/ Kreuzberg, 66663 Merzig, www.gaerten-ohne-grenzen.de

▶ **Odilienkapelle im Großen Lückner**
66679 Losheim am See-Wahlen (zwischen Oppen und Wahlen auf der L156)

▶ **Schloss Dagstuhl**
Oktavie Allee, 66687 Wadern, www.schlossdagstuhl.de

▶ **School Kättchen**
Dorfstraße 12, 66709 Weiskirchen-Weierweiler, www.schoolkaettchen.de

▶ **Biotop Beeden**
Sandweg, 66424 Homburg-Beeden

▶ **Bliesgau Actionbound**
66453 Gersheim, www. actionbound.com

▶ **Völklinger Hütte**
Rathausstraße 75–79, 66333 Völklingen, www.voelklinger-huette.org

SAUER LAND

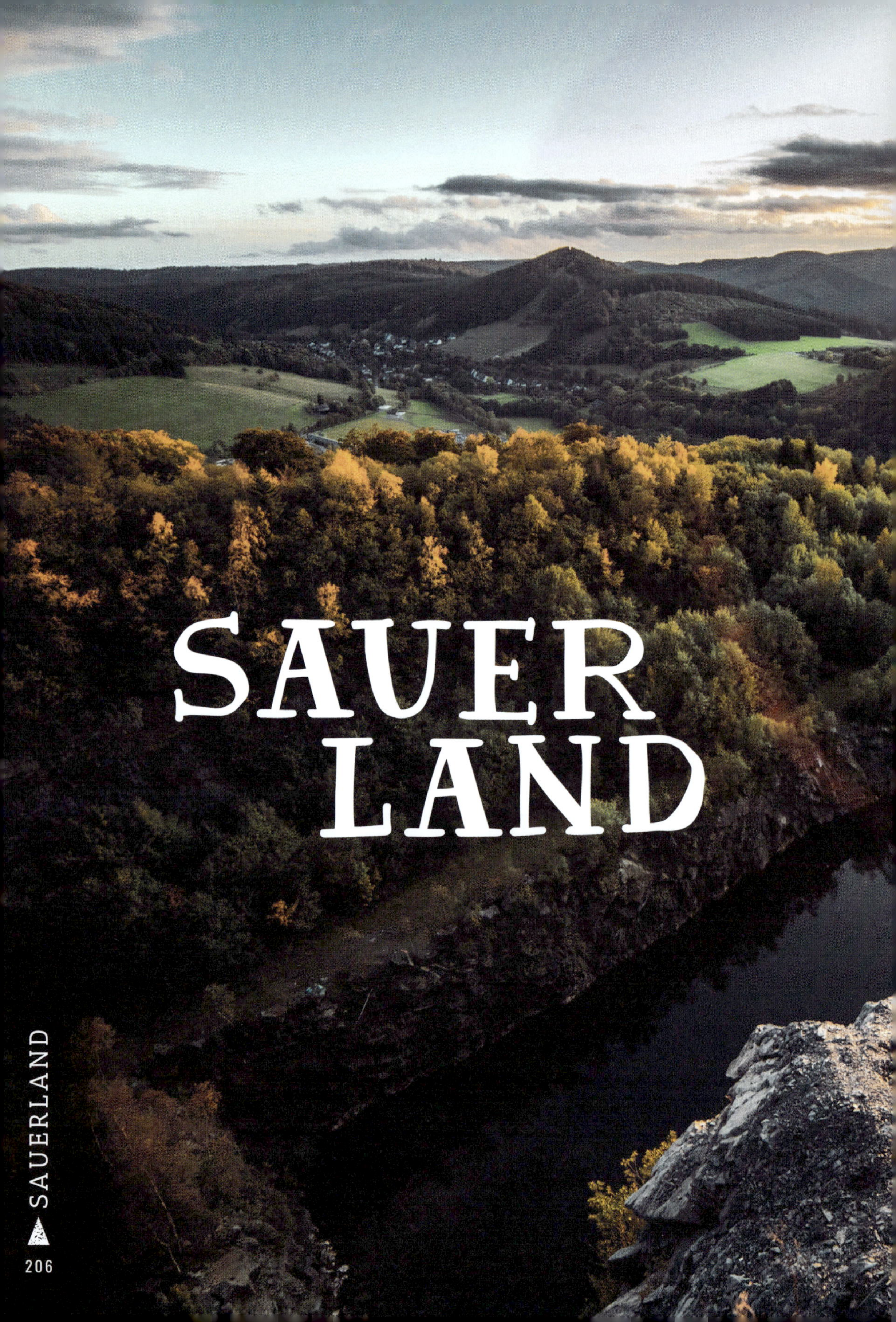

Von Winterberg nach Gevelinghausen

Natur pur, kreative Kunst, hübsche Städtchen, herzliche Gastlichkeit – all das ist das Sauerland.

Der perfekte Ort zum Seele-baumeln-Lassen. Das Gebiet der Hochheide bei Niedersfeld am Fuße des Langenbergs bietet seit einigen Jahren eine besondere Attraktion: den ▸ **Goldenen Pfad.** Erreichbar ist er über eine 3 Kilometer lange Schotterpiste, am besten mit dem Auto. Die Mühe lohnt sich: Auf 5 Kilometern bieten insgesamt zehn Stationen mit je einem besonderen Schwerpunkt den Gästen Möglichkeiten der Entschleunigung. Man verliert sich in der Betrachtung der weiten Landschaft auf dem Landschaftsbalkon (Station 1), lauscht den Vögeln und anderem Getier in der musica natura (Station 4) oder fühlt sich schwerelos bei den schwebenden Klängen der Luftharfe (Station 10). Man lässt beim Wandern die Gedanken schweifen, atmet den Duft der Heide ein, fühlt sich gelöst. „Lassen Sie sich nie wieder vom Kleinkram stressen. … Denken Sie groß.", lautet ein Rat auf einer der Tafeln am Eingang zum Goldenen Pfad.

Derart eingestimmt geht es zum nächsten Ausflugsziel des Tages: den ▸ **Bruchhauser Steinen.** Die vier mächtigen, weit aus der Landschaft ragenden Felsen wurden nach dem nahe gelegenen Ort Bruchhausen benannt. Ihre Entstehung liegt über 100 Millionen Jahre zurück. Das harte Vulkangestein hat der Erosion bis heute widerstanden. Der Feldstein überragt alle anderen Felsen mit seinen 45 Metern Höhe und seinem Gipfelkreuz. Wer ihn erklimmt, wird mit einem spektakulären Ausblick über die Landschaft belohnt.

Der Weg durch die steil aufragenden Steine ist ein Erlebnis. Reste von Wällen belegen, dass hier schon in der Bronzezeit Menschen gelebt haben. Für manche sind die Bruchhauser Steine auch heute noch ein mystischer Ort, an dem man Kraft und Energie tanken kann.

Am Fuß des Naturwunders findet sich ein weiterer Glücksort: der ▸ **Rosenbogen Heidrich.** Das Gutscafé am Blütengarten bietet fair gehandelten Kaffee, Waffeln und „Gewittertorte“ an. Im historischen Gemäuer der Alten Meierei schmeckt es gleich doppelt so gut. Gäste von nah und fern kaufen Lieblingsrosen und insektenfreundliche Pflanzen im dazugehörigen Sauerländer Blütengarten. Dort lässt es sich zwischen Rosen, Stauden, Kräutern und Kneipp lustwandeln. Die Kinder lieben Käthe und Klärchen, Hühner einer alten westfälischen Rasse. Als Erinnerung sei hausgemachter Rosenblütenaufstrich empfohlen.

Wer für den Tag noch eine weitere Herausforderung sucht, sollte den ▸ **Wasserfall Plästerlegge** bei Bestwig nicht versäumen. Aus 20 Metern Höhe stürzen in regenreichen Perioden die Wassermassen über zerklüftetes Schiefergestein brausend in die Tiefe. Selbst in Trockenzeiten wirkt dieses grüne Idyll wie ein Dschungel. Sonnenlicht flirrt durch das dichte Blätterdach der hohen Bäume. Sträucher und Pflanzen überwuchern dicke Gesteinsbrocken und tote Baumstämme einst umgefallener Bäume. Ein verwunschener Ort. Ein Holzschild gegenüber der St.-Antonius-Kapelle weist den Weg hinab in die tiefe Schlucht. Trittsicherheit und festes Schuhwerk sind empfehlenswert.

Rund um den Möhnesee

Der ▸ **Möhnesee** ist immer einen Ausflug wert. An der denkmalgeschützten Sperrmauer beginnt ein perfekter Urlaubstag. Auf 650 Metern Bruchsteinmauer lässt es sich entspannt flanieren und die Aussicht zu beiden Seiten genießen: hier der lang gezogene See, dort der Blick in die Landschaft mit Feldern, Häusern und Bäumen. Ein Mahnmal erinnert an die

Bomben der britischen Alliierten im Zweiten Weltkrieg, die eine große Lücke in die Mauer rissen. Zahlreiche Liebesschlösser an den Gittern der Türme lassen an Schönes denken.

Am Möhnesee gibt es viele Möglichkeiten, um von einem Ort zum anderen zu gelangen. Sportliche umrunden das „Westfälische Meer“ auf insgesamt 40 Kilometern mit dem Rad. Außerdem fahren Busse. Besonders zu empfehlen ist eine Schifffahrt auf dem Katamaran ▸ **MS Möhnesee**. Im Sommer verkehren die Schiffe stündlich. Tasse Kaffee an Deck gefällig? Gerne!

An der Anlegestelle Delecke heißt es: aussteigen! Auf einem etwa 40-minütigen Fußweg gelangt man zum legendären ▸ **Torhaus**. Einst diente es als Pförtnerhaus zum Jagdschloss Meinolf. Heute beherbergt es eine Gaststätte und ist Ausgangspunkt für Wanderungen und Radtouren. Ein ausgedehnter, üppig bestückter Skulpturengarten lädt zum Verweilen ein. Zwischen duftenden Rosen und wiegenden Gräsern finden sich Gartenzwerge, Seiltänzer, eine Opernsängerin und sogar ein Buddha. Die Küche bietet frische, regionale Kost. Auf keinen Fall sollte man sich den legendären Torhauskuchen entgehen lassen!

Zum Verdauungsspaziergang geht es in den Klangwald: In der überlebensgroßen Stehharfe kann man den eigenen Körper vibrieren lassen; Windspiel und Äolsharfe inspirieren mit ihren besonderen Tönen.

Ein spiritueller Ort ist die ▸ **Drüggelter Kapelle**. Zwölf Säulen umschließen zwei gemauerte Pfeiler. Die Kapitelle sind mit floralen Mustern, Gestirnen, Tier- und Menschengesichtern geschmückt; christliche Symbole finden sich hier nicht. Die einzigartige Akustik verdankt die Kapelle ihrer Konstruktion als Rundbau.

Für alle, die lieber einen entspannten Nachmittag am See genießen wollen, empfiehlt sich der ▸ **Seepark Möhnesee**. Die Anlage in Körbecke verfügt über eine Badestelle, eine Skateranlage, Minigolf und eine Spiellandschaft. Essen und Getränke gibt es im Restaurant.

Kunst und Kirche

Ein gemütlicher Urlaubstag darf gerne besinnlich beginnen. Die katholische ▸ **Herz-Jesu-Kirche** in Schmallenberg-Gleidorf bietet sich als „Ladestelle für die Seele" an. Am Sauerlandradweg und am Jakobsweg gelegen, stellt sie sich auf die Stimmung der Besuchenden ein. Am Eingang des modern gestalteten Gotteshauses kann man auf dem Display wählen: Freude, Ruhe, Genuss, Gospel oder sogar Traurigkeit. Die Farbgebung in der Kirche wechselt dann und passende Musik ertönt. Damit sich die Wirkung von Farbe, Licht und Raum entfalten kann, darf erst nach einer Minute neu gewählt werden. Übrigens: Nahebei findet sich die evangelische Auferstehungskirche, eine Radwegekirche.

Von Gleidorf aus geht es weiter nach Oberkirchen, zur ▸ **Kunstschmiede Schütte** an der Lennestraße. Das weiträumige Areal mit einem kleinen Teich mittendrin liegt idyllisch in einer Senke, die Gebäude der ehemaligen Holzkohlefabrik bieten genau den richtigen Rahmen für die kunsthandwerklichen Objekte aus Bronze, Stahl und Kupfer. Wer gerne stöbert, ist hier genau richtig. Filigrane Schmetterlinge, Libellen und andere Lufttiere, verspielte Brunnen für drinnen und draußen und Alltagsgegenstände wie Tische, Lampen und Serviettenhalter ziehen die Blicke der Besuchenden auf sich. Zum Gelände gehört ein Schmiedecafé, das mit XXL-Torten und kleinen Gerichten verwöhnt. Die gemütlichen Räumlichkeiten bieten eine weitere Besonderheit: Im Keller sind die früheren Holzkohleöfen noch im Original erhalten.

Ein Wanderpfad hinter dem Gelände führt in etwa 20 Minuten nach ▸ **Oberkirchen,** einem der schönsten Dörfer des Sauerlands. Von dort fährt der Bus S40 nach Schmallenberg. Hier kann man zum Abschluss in kleinen, individuellen Läden schöne Reisegeschenke erstehen.

Da will ich hin!

▶ **Goldener Pfad**
Auf der Kippe 100, 59955 Winterberg-Niedersfeld

▶ **Bruchhauser Steine**
59939 Olsberg, www.stiftung-bruchhauser-steine.de

▶ **Rosenbogen Heidrich**
Gutshof Schloss Bruchhausen, Gaugreben'scher Weg 1, 59939 Olsberg, www.rosenbogen-heidrich.de

▶ **Wasserfall Plästerlegge**
Aurorastraße, 59909 Bestwig-Wasserfall

▶ **Möhnesee mit MS Möhnesee**
www.moehnesee.de

▶ **Torhaus Möhnesee**
Arnsberger Straße 4, 59519 Möhnsee-Delecke, www.torhaus-moehnesee.de

▶ **Drüggelter Kapelle**
Drüggelter Weg 5, 59519 Möhnesee

▶ **Seepark Möhnesee**
Brückenstraße 21, 59519 Möhnesee

▶ **Herz-Jesu-Kirche**
Kirchstraße 4, 57392 Schmallenberg-Gleidorf

▶ **Kunstschmiede Schütte**
Lennestraße 8, 57392 Schmallenberg-Oberkirchen, www.kunstschmiede-schuette.de

▶ **Oberkirchen**

SCHWARZ WALD

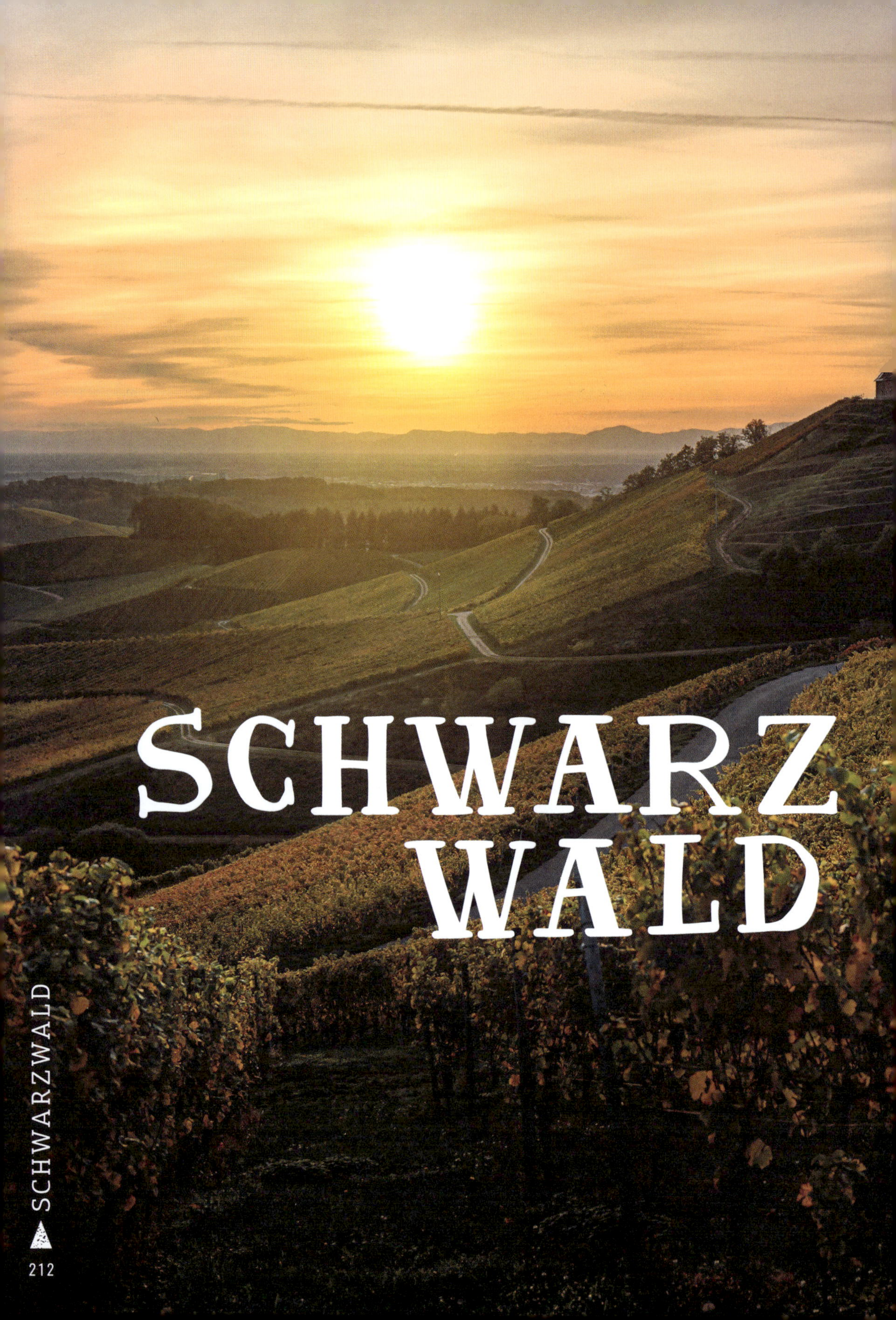

Ein Badhaus und Schwäbischer Urwald

Eine der romantischsten Regionen Deutschlands hält nicht nur jede Menge Natur, sondern auch Wellness und Wissenschaft für seine Gäste bereit. Und natürlich kulinarische Leckereien.

Wer darauf aus ist, sollte unbedingt in Bad **Liebenzell** im ▸ **badhaus 1897** sein Wohlfühl-Wochenende beginnen. Bei Regen sitzt man gut am großzügigen Fenster mit Blick auf die Nagold. Direkt unter dem Café entspringen die Mineral- und Thermalquellen Bad Liebenzell, weshalb das Café einst wirklich ein Badhäuslein war, das 1496 erstmals in der Hirsauer Chronik erwähnt wird. Oskar Koch hieß der Mann, der ihm 1897 die Funktion eines Volksbades mit Kaffee-Restaurant gab. Haessler und Stanger heißen die Familien, die wiederaufleben lassen, was wohltut: Alltagsgeschichten teilen in gemütlicher Atmosphäre bei Kaffee und Kuchen oder Frühstück, das einem perfekten Tag in Bad Liebenzell vorausgeht. Was das Ambiente betrifft, kommt man schnell zu dem Schluss, dass alles perfekt ist: der Holzfußboden, die Holztische, farbige Stühle mit Sitzkissen bestückt, Lesesessel, Wandbilder, die die Geschichte des Hauses zeigen, die Fensterplätze mit Blick auf die Nagold – wenn man nicht bei Sommerwetter direkt am Wasser sitzt.

Gestärkt spaziert man anschließend zum nahe gelegenen ▸ **SOPHI PARK**. Zehn Themenfelder mit philosophischen Weisheiten der vergangenen 2500 Jahre bekommt man hier präsentiert. Angefangen bei der Antike spaziert man durchs Mittelalter, die Renaissance, erfährt etwas über die Denker der Region, schaut in der Moderne vorbei und landet am Ende bei den Lebensweisheiten. Der Künstler Lothar

Hudy zum Beispiel gestaltete das begehbare Diogenes-Fass. Beschränkt man sich aufs Wesentliche im Leben, wenn der Raum beschränkt ist? Dass das Gehen das Denken befördert, ist kein Geheimnis und so nimmt man das philosophische Wissen spazierend zum Klang der Nagold fast unbemerkt auf. Die Idee zu diesem Denk- und Freizeitpark geht auf die Bad Liebenzeller Schriftstellerin Ines Veith zurück. Denn nach ihrem gleichnamigen Roman, in dem es das Sinnhafte zu entdecken gilt, wurde dieser Ort konzipiert und benannt.

Um das Wohltuende des Draußen-Erlebens in die Länge zu ziehen, bestaunt man zu guter Letzt die ▸ **Monbachschlucht.** Das Monbachtal entstand in der Eiszeit vor etwa 10.000 bis 12.000 Jahren. 1901 wurde die Monbachschlucht erschlossen. Die mit Moos überzogenen Steinbrocken und umgefallenen Baumstämme prägen die Schlucht, was zum Namen „Schwäbischer Urwald" führte. Beim Wandern durch diesen, für den sich festes Schuhwerk empfiehlt, bestaunt man bewachsene Steine, die im Wasser liegen, als seien sie dorthin gemalt worden. Baumstämme liegen quer auf dem Weg, als hätte der Wind Mikado gespielt. Entwurzelte Bäume beeindrucken das Auge, das nicht aufhören kann, hoffnungsvolles Grün zu tanken. Und so sind wir bereits nach einem Tag im Schwarzwald innerlich gestärkt und erholt.

Verwöhntag im Welterbe

Den heutigen Tag verbringen wir in **Baden-Baden**. Das Angebot in der ▸ **Geroldsauer Mühle** ist groß, es gibt ein Wirtshaus, den Mühlenmarkt, eine Bäckerei, eine Metzgerei, natürlich die Weinecke, außerdem eine Dauerausstellung. Da fehlt wirklich nichts – nur der Ruhetag, den leistet man sich nicht. Das Team hat sich je nach Jahreszeit Events ausgedacht wie Sommer Open Air im Biergarten, winterliche Fondueabende im Jagdzimmer, Weißwurstpartys, Pfingst-, Erntedank- oder Adventsbrunch, Maibaumstellen und mehr. Man kann munter das ganze Jahr über schlemmen. Guten Gewissens, denn die

angebotenen Produkte sind aus nachhaltiger Landwirtschaft. Den Vegetariern seien die Holzofenbrote aus der Mühlenbäckerei sowie die Kuchen und Torten aus der hauseigenen Bäckerei empfohlen. „Iss dich glücklich" könnte ein passender Slogan sein. Vielleicht hat man gar hier übernachtet, um am nächsten Tag Highlights der Gegend zu besichtigen.

Da wäre der ▸ **Merkur**, der Hausberg von Baden-Baden. Man kann ihn zu Fuß erreichen oder die ▸ **Bergbahn** nutzen. Sie bringt einen hinauf zu dieser Traumwohnung unter freiem Himmel. Mercurius, der römische Gott des Handels, des Gewerbes und der Diebe, gab dem Berg seinen Namen. Er hat aber auch Ähnlichkeit mit einem umgedrehten Trinkbecher, weshalb er zuvor Großer Staufen hieß. Ist man oben angelangt, lädt der Merkurturm, der seit den 1950er-Jahren auch als Rundfunksender dient, dazu ein, noch höher zu steigen. Wer erkennt die Ruine des Alten Schlosses Hohenbaden, die Battertfelsen, die Hornisgrinde oder kann sogar Karlsruhe oder Straßburg sehen? Aber ach was, hier liegt ja das Gute nah, sehr nah. Im ▸ **Merkurstüble** sitzt man wunderbar – mit Panoramablick! Die Speisekarte bietet zur Gegend passend den Straßburger oder Badischen Wurstsalat und vieles mehr.

Abrunden kann man so einen Tag in der Stadt, die seit 2021 UNESCO-Welterbe ist, mit einem Besuch im ▸ **Friedrichsbad**. Mit leichtem Gepäck anreisen und rundum verwöhnt davonschweben – so könnte man es umschreiben. Für jede der 17 Badestationen gibt es eine Verweilempfehlung. Wohl deshalb, weil man sonst vor lauter Wohlfühlen vergessen würde, zu gehen. Eine echte Empfehlung ist zweifellos die Seifenbürstenmassage. Der Körper wird mit Wasser und Seife eingerieben und mit einer Naturhaarbürste massiert. Ein herrliches Peeling! Aus den Duschen regnet Thermalwasser auf einen herab, das aus einer Tiefe von 2000 Metern stammt und zu den mineralreichsten in Deutschland gehört.

Weinbergromantik

Hat man die ▸ **Kapellenruine St. Anton** gefunden, steht man an einem wildromantischen Kleinod mit Traumkulisse. In der Abgeschiedenheit des großen Hardtwalds errichteten vermutlich die Franziskaner von Offenburg diese kleine Kapelle, um sich in der Einsamkeit ganz dem Gebet und Gottesdienst hingeben zu können. Als Bruderhaus im Staufenberger Hart fand diese Wallfahrtskapelle bereits 1455 erstmalig Erwähnung und die Durbacher nutzten diesen heiligen Ort zur Seelsorge. Bald 570 Jahre später möchte man hier einfach nur Ja sagen – zum Leben und natürlich zur Liebe.

Ein Paradies für Weinliebhaber ist das ▸ **Schloss Staufenberg.** Selten schmeckt ein Glas Wein, wie zum Beispiel ein Klingenberger, besser als hier auf der Sonnenterrasse mit Blick über die Weinberge hinweg. Die Markgrafen von Baden setzten im badischen Weinbau Qualitätsstandards. Christoph erließ 1495 ein Weinbaugesetz, Carl Friedrich baute 1782 Riesling in Reinkultur am Durbacher Klingelberg an: Der Klingelberger, eine Durbacher Spezialität, entstand. Daher der Mythos Klingelberger, der für die einzigartige Riesling-Tradition in der Ortenau steht. Einzigartig ist auch die Lage der 383 Meter hohen Felsnase über dem Durbachtal, die die Grafen von Stouffenberg vor rund 1000 Jahren bebauten.

Die Amsel singt zum Abend, der nur eines ist: zum Feiern. Zum Feiern der Aussicht, zum Feiern der Ruhe, zum Feiern des Lebens. Zum Feiern der baldigen Wiederkehr in den Schwarzwald sei zum Abschluss noch eine ganz besondere Übernachtung empfohlen: Wenn in vino veritas, dann liegt in einer Fassübernachtung die Happy Hour des genüsslichen Lebens. Eine Nacht im Schlummerfass des ▸ **Winzerhofs Sester** im Kinzigtal bedeutet Erholung pur. Man sitzt vor seinen beiden Fässern – eines zum Schlafen, eines zum Wohnen – und entspannt.

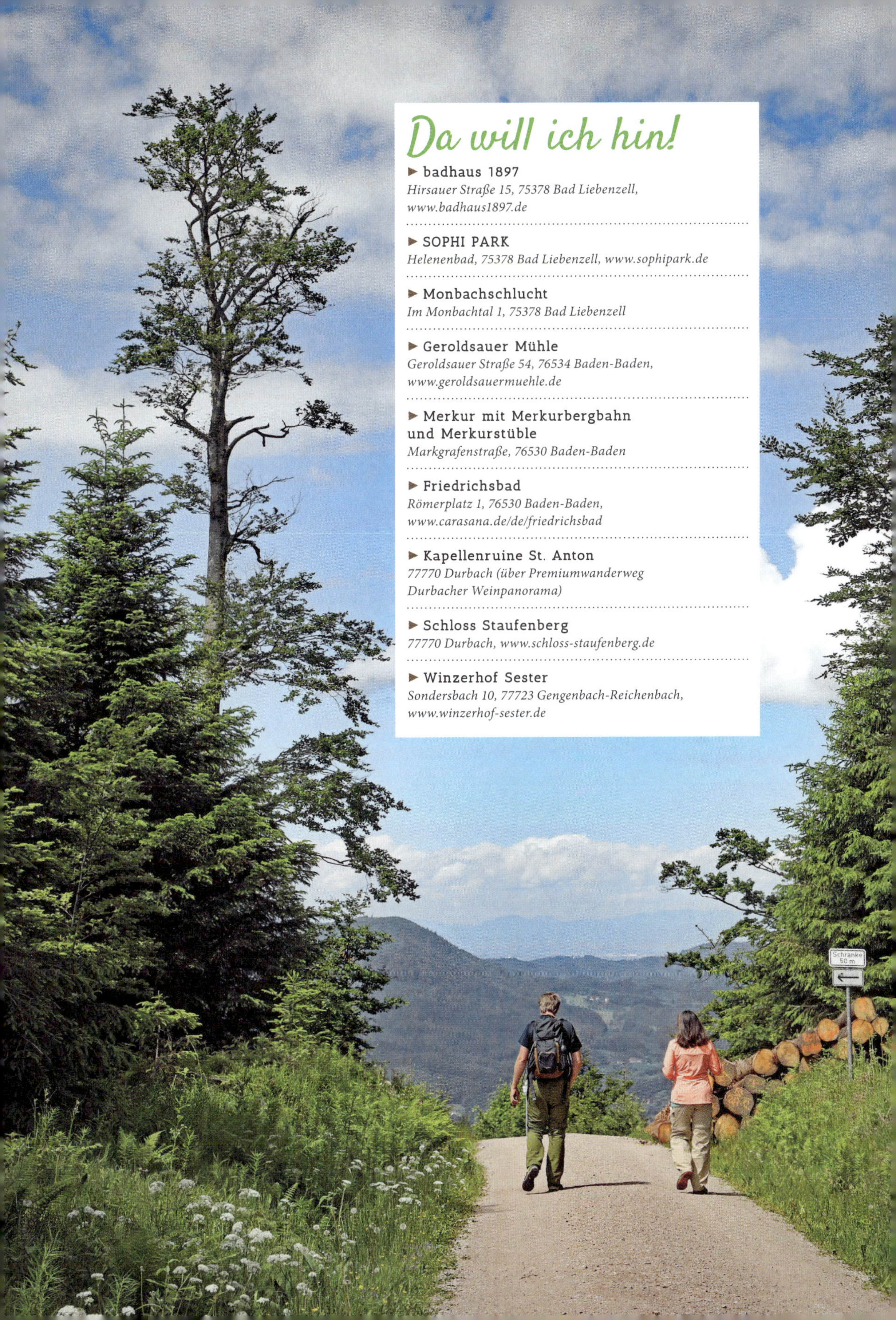

Da will ich hin!

▶ **badhaus 1897**
Hirsauer Straße 15, 75378 Bad Liebenzell, www.badhaus1897.de

▶ **SOPHI PARK**
Helenenbad, 75378 Bad Liebenzell, www.sophipark.de

▶ **Monbachschlucht**
Im Monbachtal 1, 75378 Bad Liebenzell

▶ **Geroldsauer Mühle**
Geroldsauer Straße 54, 76534 Baden-Baden, www.geroldsauermuehle.de

▶ **Merkur mit Merkurbergbahn und Merkurstüble**
Markgrafenstraße, 76530 Baden-Baden

▶ **Friedrichsbad**
Römerplatz 1, 76530 Baden-Baden, www.carasana.de/de/friedrichsbad

▶ **Kapellenruine St. Anton**
77770 Durbach (über Premiumwanderweg Durbacher Weinpanorama)

▶ **Schloss Staufenberg**
77770 Durbach, www.schloss-staufenberg.de

▶ **Winzerhof Sester**
Sondersbach 10, 77723 Gengenbach-Reichenbach, www.winzerhof-sester.de

SYLT

Von Kranichen, Kultur und Kultrestaurants

Die nordische Diva ist immer eine Reise wert und im Grunde recht bodenständig. Der erste Tag auf Sylt startet sportlich mit einer der wohl schönsten Radtouren, die die Insel zu bieten hat: einmal rund ums Vogelschutzgebiet ▸ **Rantumbecken**. Ursprünglich sollten hier statt Kranichen und Graureihern militärische Wasserflugzeuge landen. Dieser Plan wurde aber zum Glück wieder verworfen und das Rantumbecken, das 1936 durch den Bau eines 5 Kilometer langen Deichs vom Wattenmeer abgetrennt wurde, steht heute unter Naturschutz. Eine Radtour rund ums Rantumbecken ist vor allem während der Zeit des Vogelzugs im Frühjahr und Herbst, wenn riesige Schwärme die Wasserflächen bevölkern, ein Naturerlebnis der besonderen Art: links die Biotope und Sümpfe, aus denen ein Durcheinander an Zwitschern und Piepen die Luft erfüllt, rechts das weite Wattenmeer. Auf dem Deich grasen Schafe, dazwischen spazieren Alpenstrandläufer, Brandgänse und Säbelschnäbler umher – und manchmal lässt sich der heimliche Star des Rantumbeckens, ein riesiger Albatros, blicken. Da sich hier aber auch immer gerne der Wind blicken lässt, kann so eine Radtour ums Rantumbecken auch schon mal anstrengend sein.

Daher hat man sich anschließend den Besuch einer der beiden ▸ **Rantumer Strandsaunen** nahe dem Campingplatz oder am Strandabschnitt Samoa mehr als verdient. Hier lautete das Motto „Schöner schwitzen mit Meerblick". Durch große Panoramafenster genießt man freie Sicht auf die Nordsee, die nach dem Saunagang für ein wenig Abkühlung sorgt – zumindest, wenn man mutig genug ist, sich in die kalten Fluten zu stürzen.

Anschließend geht es zurück zum Rantumbecken, genauer gesagt, zum dortigen kleinen Hafen, in dem man neben ausgefallenen Shops und Restaurants auch das Gelände der ▸ **Sylt Quelle** findet. Hier wird nicht nur das Insel-Mineralwasser produziert und abgefüllt, sondern auch Kunst und Kultur gefördert. So kann man in den Sommermonaten im Rahmen des Meerkabaretts in einzigartiger Atmosphäre namhaften Kabarett- und Comedy-Größen lauschen. Außerdem finden regelmäßig Ausstellungen, Theateraufführungen, Konzerte oder Lesungen statt.

Wer lieber selbst eine Runde lesen möchte, wird hier ebenfalls fündig: In einem Strandlektüre-Automaten gibt's literarische Unterhaltung für gerade mal 1 Euro.

Um den Tag ganz entspannt kulinarisch ausklingen zu lassen, muss man Rantum, den Ort an der schmalsten Stelle der Insel, nicht verlassen. Denn hier steht mitten in den Dünen das wohl bekannteste Restaurant der Insel, die ▸ **Sansibar**. Im Sommer sitzt man herrlich unaufgeregt auf einfachen Holzbänken, im Strandkorb oder auf der Treppe vor der Hütte – die Füße im Sand, die Sonne im Gesicht und im Glas die legendäre Erdbeerbowle. Gegessen wird, was auf der wechselnden Tageskarte steht. Von Sushi bis Currywurst mit knusprigen Bratkartoffeln ist hier für jeden etwas dabei. Abends wird es dann im Inneren so richtig gemütlich, denn das Restaurant wird durch unzählige Kerzen erhellt. Und es geht sogar noch romantischer: Wenn der Sonnenuntergang die Dünen hinter der Sansibar rot leuchten lässt, erklingt jeden Abend das Lied der Capri-Fischer – mehr Sylt-Glück geht nicht.

Reise in die Inselvergangenheit

Im Kapitänsdorf ▸ **Keitum** kann man problemlos einen ganzen Tag verbringen und sich dabei auf eine charmante Zeitreise in die Sylter Vergangenheit begeben. Der kleine Ort im Inselosten liegt hoch oben auf dem Grünen Kliff und bietet einen einmaligen Rundumblick

aufs Wattenmeer – vom Lister Fähranleger im Norden bis hin zum Hörnumer Leuchtturm am südlichen Ende der Insel. Bei einem Bummel durch Keitum fühlt man sich ein bisschen wie in einem Freilichtmuseum. Kleine Gässchen und enge Straßen schlängeln sich durch den historischen Ortskern, vorbei an alten, ehrwürdigen Reetdachhäusern mit bunt blühenden Bauerngärten. Im 18. Jahrhundert, dem Jahrhundert des Walfangs, wohnten hier die vermögenden Sylter Kapitäne. Heute beherbergen die hübschen Häuser Luxusboutiquen, Galerien und Ateliers von Kunsthandwerkern und Schmuckdesignern. Im Schatten riesiger hundertjähriger Linden und Kastanien kann man hier den ganzen Tag verbummeln – zum Beispiel in der ▸ **Kleinen Teestube**. Mitten in Keitum erwartet die Besucher hier neben friesischer Gemütlichkeit und einem lauschigen Strandkorb-Garten eine riesige Auswahl an bekannten und ausgefallenen Teesorten und natürlich eine Theke voller Kuchen- und Torten-Leckereien. Bei Sylter Schietwetter sitzt man im Inneren der Teestube und fühlt sich dort zwischen plüschigen Sofas, Spitzendeckchen und Rosengardinen wie in Omas Wohnzimmer. Neben süßen Köstlichkeiten gibt es auch eine kleine Auswahl an herzhaften Gerichten.

So gestärkt kann der Ausflug in die Inselvergangenheit weitergehen – und zwar im Museum ▸ **Altfriesisches Haus**. Wer wissen möchte, wie die Sylter lebten, als noch der Walfang und nicht der Tourismus die Haupteinnahmequelle auf der Insel war, kann sich hier auf eine spannende Zeitreise begeben. Das Reetdachhaus von 1739 steht direkt über dem Grünen Kliff und wurde 1907 vom Verein Sol'ring Foriining als Museum eingerichtet. Seitdem wird hier die Sylter Wohnkultur so anschaulich erlebbar wie an keinem anderen Ort auf der Insel. Die Räume wurden weitestgehend in ihrem ursprünglichen Zustand belassen und fast sieht es so aus, als seien die Bewohner nur kurz unterwegs und würden gleich zurückkommen. Dank originalgetreuer Möbel, detailverliebter Dekoration und jeder Menge Alltagsgegenstände aus längst vergangenen Tagen ist das Altfriesischen Haus der perfekte Abschluss für eine kleine Sylter Zeitreise.

Natur spüren – Genuss erleben

Der letzte Tag auf Sylt wird mindestens genau so abwechslungsreich, wie die Insel selbst es ist. Los geht es am nördlichsten Punkt der Republik, dem ▸ **Ellenbogen.** Auf der kleinen Halbinsel erwartet die Besucher eine einzigartige Naturlandschaft, die zu ausgedehnten Spaziergängen zwischen unzähligen Schafen und blühenden Heidelandschaften einlädt – Ruhe, Erholung und das ganz besondere Sylt-Feeling sind hier garantiert. Mit etwas Glück kann man sogar Schweinswale und Robben beobachten oder eine angeschwemmte Auster am Strand finden. Auch wer sich nach etwas sportlicher Action sehnt, kommt am Ellenbogen nicht zu kurz. Baden ist aufgrund gefährlicher Tiefenströmungen zwar verboten, dafür bietet die Naturbucht Königshafen optimale Bedingungen für Surfanfänger – also unbedingt eine Schnupperstunde buchen.

Anschließend lohnt ein Besuch in der nahe gelegenen Lister ▸ **Genussmacherei,** in der neben dem einzigen Meersalz Deutschlands auch Bier aus Sylter Hopfen und ganz besondere Inselpasta hergestellt wird. Vor allem das Salz, das als reines Naturprodukt in liebevoller Handarbeit hergestellt wird, ist ein beliebtes Mitbringsel.

Ist das Wetter mal wieder eher „sylttypisch", findet man im ▸ **Erlebniszentrum Naturgewalten** im fußläufig erreichbaren Hafen nicht nur Schutz vor Regen und Sturm, sondern auch interessante Infos über letzteren. Neben einem Wind- und einem Wellenkanal gibt es zahlreiche interaktive Stationen zu Schwerpunkten wie „Kräfte der Nordsee" oder „Wetter und Klima".

Unsere Kräfte sind nach dem Wochenende wieder aufgeladen. Aber wir kommen wieder – so bald wie möglich!

Da will ich hin!

▶ **Rantumbecken**
Hafenstraße, 25980 Sylt/Ortsteil Rantum

▶ **Strandsauna Samoa**
Parkplatz Samoa an der Hörnumer Straße, kurzer Fußweg durch die Dünen, www.strandsauna-samoa.de

▶ **Strandsauna am Campingplatz**
Dünenübergang am Campingplatz Rantum, Hörnumer Straße 3, www.strandsauna.de

▶ **Sylt Quelle**
Hafenstraße 1, 25980 Sylt/Ortsteil Rantum, www.sylt-quelle.de, www.meerkabarett.de

▶ **Sansibar**
Hörnumer Straße 80, 25980 Sylt/Ortsteil Rantum, www.sansibar.de

▶ **Keitum**
www.keitum.de

▶ **Kleine Teestube**
Westerhörn 2, 25980 Sylt/Ortsteil Keitum, www.kleineteestube-sylt.de

▶ **Altfriesisches Haus**
Am Kliff 13, 25980 Sylt/Ortsteil Keitum, www.soelring-foriining.de

▶ **Halbinsel Ellenbogen**
Anfahrt über die mautpflichtige Ellenbogen-Straße, 25992 List

▶ **Genussmacherei**
Hafenstraße 2, 25992 List, www.sylter-meersalz.de

▶ **Erlebniszentrum Naturgewalten**
Hafenstraße 37, 25992 List, www.naturgewalten-sylt.de

UNTER FRANKEN

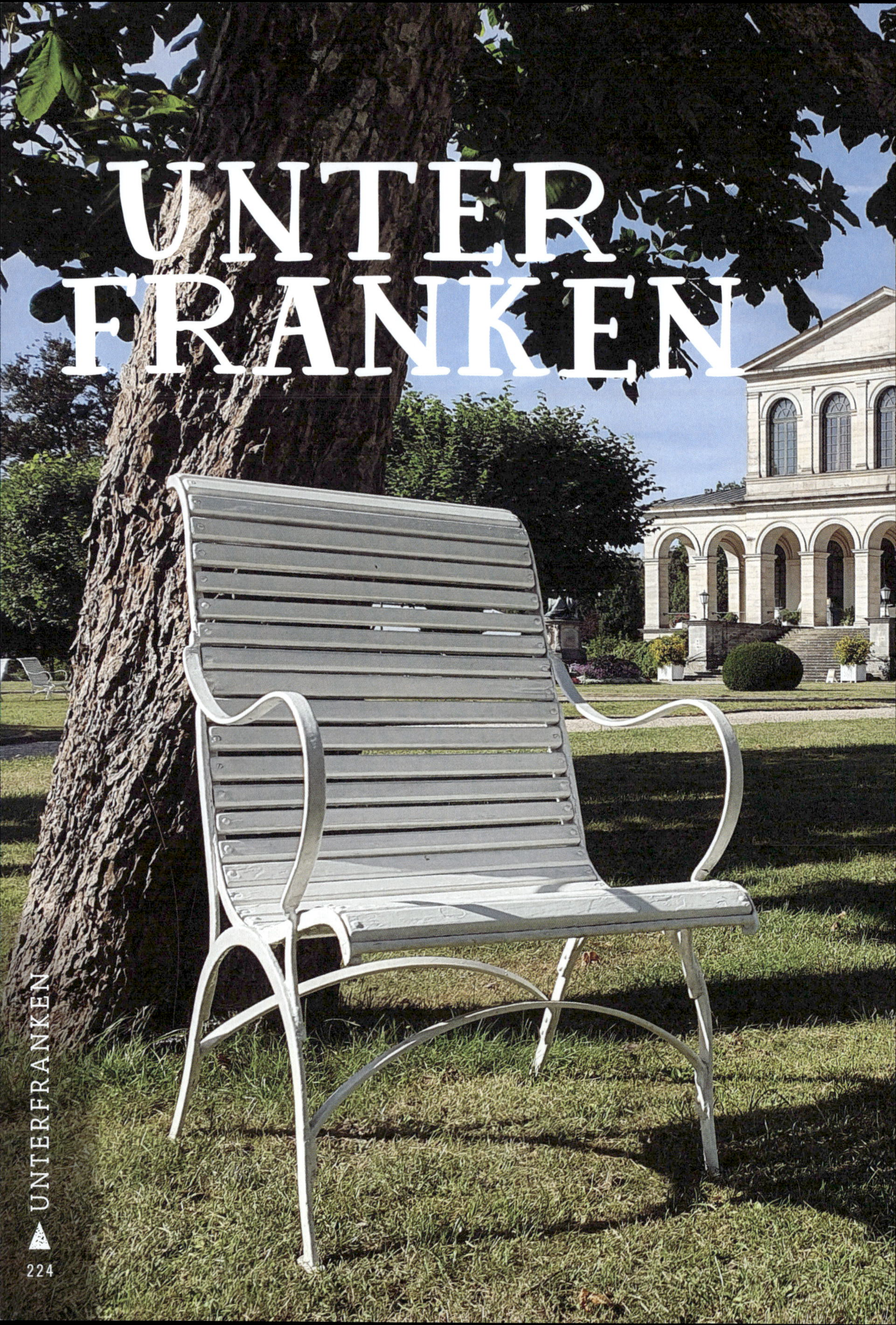

Main und Wein

Maindreieck und Mainviereck gestalten die herrliche Landschaft im Süden Unterfrankens, deren wichtigstes Gut der Wein ist. Was liegt also näher, als diesen Bezirk vom Weinberg aus zu erobern? Wandert oder radelt man von Nordheim auf den hiesigen ▸ **Kreuzberg**, wird man von unzähligen Rebstöcken begleitet und immer wieder trifft man auf Rosenstöcke am Beginn einer Rebreihe. Sie sind willkommene Farbtupfer im Grün der Weinpflanzen und Wohnort für diverse Nützlinge.

Bald ist der Aussichtspunkt erreicht. Von hier oben scheint die ganze Welt aus Weinbergen zu bestehen. Nur in der Ferne sind ab und an Gebäude zu erkennen. Infotafeln benennen nicht nur sichtbare und unsichtbare Orte, sondern auch die verschiedenen Weinlagen. Hier auf dem Kreuzberg treffen nämlich die großen Weinlagen der Weininsel zusammen und bilden die größten zusammenhängenden Weinberge Unterfrankens. Nachdem man sich sattgesehen hat, geht es weiter nach Volkach, wo ein lauschiger Biergarten wartet.

Das ▸ **Hinterhöfle** versteckt sich hinter einem Durchgangshaus. Es ist wunderschön hier! Man sitzt gemütlich in Nischen, hinter Pflanzen verborgen, an rustikalen Tischen. In der Speisekarte liest man, dass die angebotenen Weine aus umliegenden Weingütern stammen und dass frisch und regional gekocht wird. Zu empfehlen ist der Winzereintopf. In einer kräftigen Brühe mit einem Schuss Silvaner schwimmen Gemüse und Bratwurstteig. Eine Scheibe Bauernbrot gehört dazu und ein Gläschen vom gleichen Wein ergänzt das Mahl. Das macht satt und zufrieden!

Nach dem Essen widmet man sich gerne dem Wohl der Seele. Was wäre dazu besser geeignet als das ▸ **Kloster Münsterschwarzach** mit der mächtigen Kirche? Die vier quadratischen Türme überragen den Ort und laden ein, sich das Kloster näher anzusehen. Die rohen, kaum behauenen Steine des Münsters und die geraden geometrischen Formen erinnern an eine romanische Kirche, dabei wurde es erst in den 1930er-Jahren erbaut. Im Innern wirkt die symmetrische, schmucklose Architektur ruhig und beschützend und bietet Gelegenheit zur stillen Einkehr und Meditation.

Der bekannteste Mönch des Klosters ist der erfolgreiche Autor spiritueller Bücher, Pater Anselm Grün. Seine Vorträge und Kurse vor Ort sind gut besucht und seine Bücher werden in der Klosterbuchhandlung angeboten.

Der Abend gehört einem besonderen Erlebnis im ▸ **Torturmtheater** in Sommerhausen. 1950 wurde es von Luigi Malipiero gegründet, 1976 übernahm der große Regisseur, Schauspieler und Maler Veit Relin das Theaterchen und machte daraus eine Institution, die nach seinem Tod im Jahr 2013 von seiner Frau Angelika Relin weitergeführt wird. Es ist wohl eine der intimsten Bühnen Deutschlands, die intensivste Theatererlebnisse ermöglicht. Maximal 50 Zuschauer erleben hautnah, was auf der nur 20 Quadratmeter großen Bühne unmittelbar vor ihnen passiert. Die Wände des Foyers sind bedeckt mit Veit Relins Bildern, ein Augenschmaus in der Pause.

Die Schönheiten der Rhön

Ein Tag in der Rhön kann kaum besser beginnen als im ▸ **Staatsbad Brückenau**, denn der Schlosspark bietet alles, was das Leben angenehm macht. Ein schattiger Biergarten lockt mit Speis und Trank. Kaffee und Kuchen lässt man sich im Wandelgang oder unter den Bäumen der Kastanienallee schmecken. Hinter der Wandelhalle mit den Mineralquellen geht es hinauf zum Hotel Bellevue, das jetzt ein

italienisches Restaurant mit grandiosem Blick über den Park ist.
Das Kurhaus sorgt mit Musik und Tanz für Abwechslung. Entschleunigung, Ruhe und Entspannung findet man im Liegestuhl am Flussufer, am Kneippbecken, im Küchenkräutergarten oder auf den vielen Bänken und Stühlen zwischen den Kastanien und auf den Rasenflächen.

Nach so viel Wohlergehen fahren wir in den Norden der Rhön, um ein besonderes Biotop zu entdecken. Das ▸ **Schwarze Moor** ist eines der seltenen Hochmoore in Deutschland, das nicht durch Entwässerung und Torfabbau zerstört wurde. Es steht unter Naturschutz, sodass sich viele seltene Tiere hier wohlfühlen. Sogar ungewöhnliche Pflanzen wie der fleischfressende Sonnentau gedeihen vor Ort.

Zum Schutz der empfindlichen Flora und Fauna werden die Besucher auf einem Holzbohlenpfad durch das Moor geführt, begleitet von Infotafeln, die spannende Details über das Moor verraten. Vom Aussichtsturm am Weg erkennt man die Ausdehnung des Geländes und die dunklen Wasserlöcher.

Weiter führt der Weg zu dem vermutlich meistbesuchten Berg in Unterfranken. Jedes Jahr besteigen über 600.000 Menschen den ▸ **Kreuzberg**. Die meisten zieht es zu der von Fürstbischof Julius Echter im Jahr 1582 aufgestellten Kreuzigungsgruppe, die man über den Kreuzweg oder über 296 Stufen erreicht. Der Mühsal Lohn ist die atemberaubende Aussicht auf die eigenartig karge Landschaft der Rhön, das „Land der offenen Fernen".

Gern kehrt man anschließend in der ▸ **Klosterschänke** mit dem großen Biergarten ein, wo deftige Brotzeiten und vor Ort gebrautes Bier angeboten werden.

Im ▸ **Bruder-Franz-Haus** findet man Ruhe und Besinnung in entsprechend gestalteten Meditations- und Ruheräumen oder man besucht die Ausstellung über Franz von Assisi und die Geschichte der Franziskaner.

Genuss für die Sinne

Heute beginnt der Tag mit einem Fest für die Augen in der ▸ **Martinskapelle** in Bürgstatt, einem schlichten Kirchlein aus dem 10. Jahrhundert. Sobald man das Kirchenschiff betritt, fühlt man sich wie in einem begehbaren Bilderbuch, denn das Langhaus wurde im Jahr 1593 mit einer sogenannten Bilder- oder Armenbibel ausgestaltet. 40 Medaillons in drei Reihen zeigen Motive aus dem Alten Testament, dem Leben Jesu und von Passion und Auferstehung. Staunen und Nachdenken tun der Seele gut.

In der Altstadt von **Klingenberg** lockt der Gewürzladen der Manufaktur ▸ **Altes Gewürzamt**. Aromatische Düfte umschmeicheln die Nase, während man ein paar Stufen hinauf in ein wahres Zauberreich der Gewürze steigt. In den weißen Schrankregalen kommen die grünen Dosen und Tüten besonders gut zur Geltung. Staunend liest man die Namen exotischer Gewürze wie Ajowan, Chili Bhut Jolokia, Panch Phoron, Mélange Blanc. Glücklich über den Einkauf und in Erwartung ungeahnter Gaumenfreuden verlässt man den Laden und begibt sich auf die Weiterreise nach Aschaffenburg.

Für eine kurze Zeit im Frühjahr machen 42 Magnolienbäume den ▸ **Park Schöntal** jedes Jahr zum schönsten Ort der Stadt. Wenn die rosaweiße Blütenpracht vorbei ist, übernimmt den Romantikpart die Insel des kleinen Parksees mit der Ruine eines Beginenklosters. Sie spiegelt sich mit ihrer Doppelbogenbrücke im Wasser – ein lohnendes Motiv für alle Fotografen.

Am östlichen Parkende lädt ein idyllischer Biergarten zu einer gemütlichen Brotzeit unter Parkbäumen ein. Bei Regen schmeckt es in der urigen Gaststube genauso gut. Frisch gestärkt macht man sich mit einem weinenden und einem lachenden Auge auf den Heimweg. Der Abschied ist bestimmt nicht für immer!

Da will ich hin!

▶ **Aussichtspunkt Kreuzberg**
97334 Nordheim am Main

▶ **Hinterhöfle**
Hauptstraße 30, 97332 Volkach, www.hinterhoefle.de

▶ **Abtei Münsterschwarzach**
Schweinfurter Straße 40, 97359 Münsterschwarzach, www.abtei-muensterschwarzach.de

▶ **Torturmtheater Sommerhausen Veit Relin**
Hauptstraße 1, 97286 Sommerhausen, www.torturmtheater.de

▶ **Bayerisches Staatsbad Bad Brückenau**
Heinrich-von-Bibra-Straße 25, 97769 Bad Brückenau, www.staatsbad.de

▶ **Schwarzes Moor**
97650 Fladungen, www.biosphaerenreservat-rhoen.de

▶ **Kreuzberg mit Klosterschänke**
97653 Bischofsheim, www.kloster-kreuzberg.de

▶ **Bruder-Franz-Haus**
Kreuzberg 1, 97653 Bischofsheim, www.bruder-franz-haus.de

▶ **Martinskapelle**
Martinsgasse 22, 63927 Bürgstadt

▶ **Altes Gewürzamt**
In der Altstadt 7, 63911 Klingenberg, www.altesgewuerzamt.de

▶ **Park Schöntal**
Hofgartenstraße 1 a, 63739 Aschaffenburg, www.aschaffenburg.de

VOGT LAND

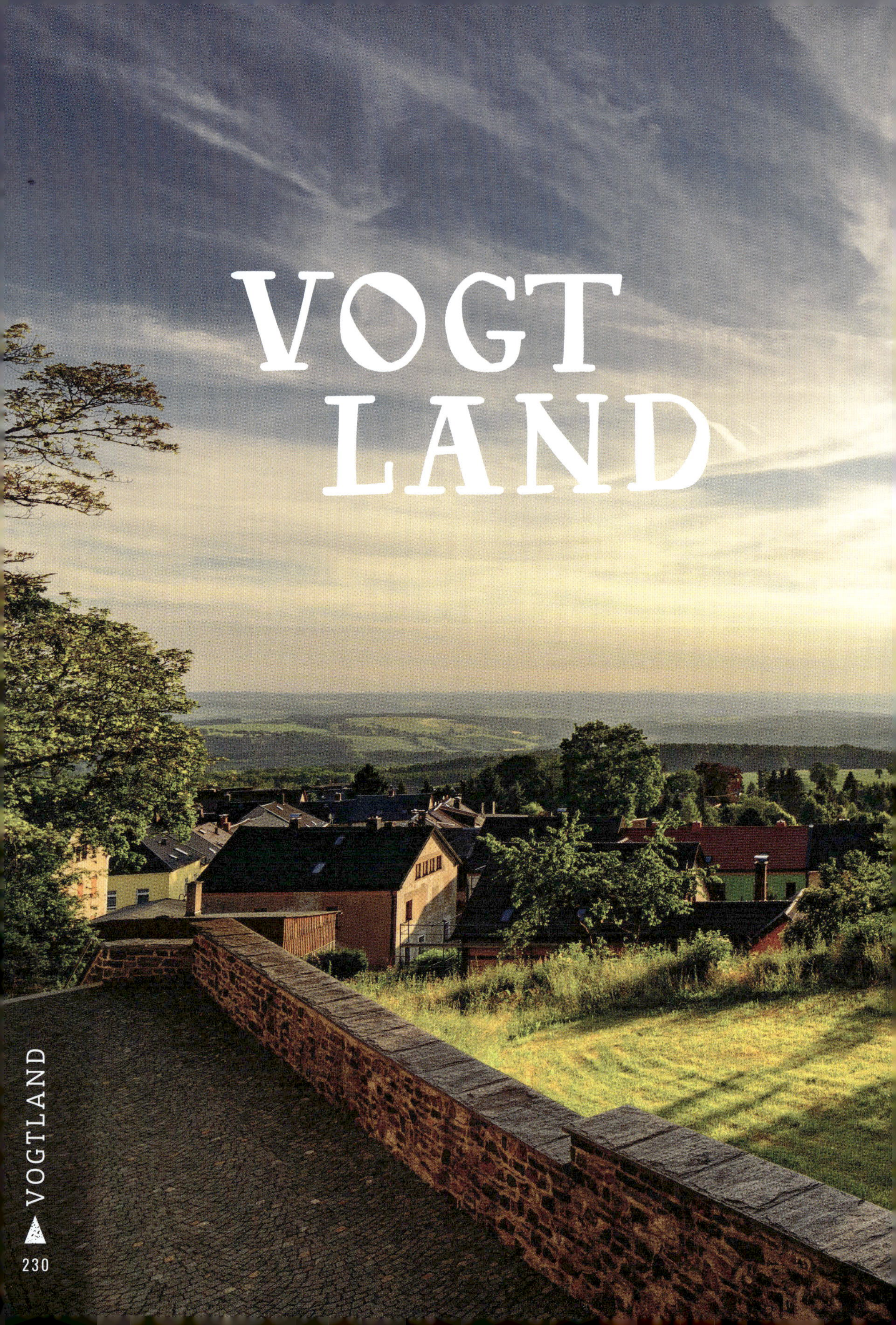

Plauen – das textile Herz

Die abwechslungsreiche Region in Westsachsen reicht im Süden bis nach Oberfranken und ins Böhmische hinein sowie im Westen bis nach Thüringen. Der Name geht auf die Herrschaft der Vögte ab dem 11. Jahrhundert zurück. Der Landstrich ist geprägt durch vielfältige Kultur, lebendiges Handwerk und reichhaltige Natur.

Unsere Landpartie beginnt in **Plauen**. Die Geschichte der Stadt ist eng verbunden mit der Textilindustrie und der Plauener Spitze. Am besten startet man den Rundgang am ▸ **Vogtlandmuseum**. Durch das große zweiflügelige Tor betritt man die Welt von Christian Baumgärtel und Johann Christian Kanz. Beide waren Baumwollwarenhändler in Plauen und ließen sich im späten 18. Jahrhundert repräsentative Gebäude im klassizistischen Stil errichten. Die drei Häuser sind nicht nur Zeugen der bürgerlichen Architektur zur Blütezeit des Baumwollwarenhandels, sondern bilden heute den Museumskomplex. Hier spürt man noch den Geist der regen Handelstätigkeit der Kaufleute und erhält Einblick in die Plauener Geschichte und das Leben in der Stadt. Besonders beeindruckend sind die Stilzimmer im Obergeschoss, allen voran der Festsaal im Louis-Seize-Stil, der einen Schlosses würdig wäre.

Direkt angeschlossen an das Vogtlandmuseum ist die ▸ **Galerie e.o.plauen**. Sie ist Erich Ohser gewidmet, der mit seinen comicartigen Geschichten von Vater und Sohn bis heute unvergessen ist. Nach einem kurzen Zwischenstopp in der ▸ **klein & fein Pâtisserie**, die zauberhafte Köstlichkeiten bereithält, führt der Weg an der Johanniskirche hinab ins Elstertal. Hier liegt der Ursprung der Plauener Textilgeschichte.

Das ▸ **Weisbachsche Haus** ist eines der ältesten noch erhaltenen barocken Manufakturgebäude in Sachsen. Hier entsteht das neue Spitzenmuseum, das bis zu seiner Fertigstellung im Alten Rathaus untergebracht ist. Der Weg führt weiter zur Walkmühle und zu den pittoresken Weberhäusern, die einer der romantischsten Orte der Stadt sind. Wer erleben möchte, wie lebendig die Tradition der Plauener Spitze noch ist, kann der ▸ **Modespitze** einen Besuch abstatten. Im Laden mit Schauwerkstatt kann man hautnah erleben, wie die berühmte Plauener Spitze entsteht, denn hier steht eine noch voll funktionstüchtige Stickmaschine der VOMAG aus dem Jahr 1911. Auf Wunsch wird sie gern vorgeführt und dabei erklärt, was die Plauener Spitze so einzigartig macht. Wie faszinierend, wenn man dem Muster bei der Entstehung zuschauen kann! Aber im Laden der Modespitze gibt es nicht nur historische Maschinen zu bestaunen, sondern auch moderne Spitze.

Den Tag kann man in Plauen gemütlich im ▸ **Alten Handelshaus** bei einem typisch vogtländischen Essen ausklingen lassen. Aber hier kann man nicht nur lecker speisen, sondern auch in den gemütlichen Zimmern übernachten.

Abwechslungsreiches Gera

Unser zweiter Tag führt uns nach **Gera.** Direkt an der Weißen Elster liegt der Stadtteil Untermhaus. Der seltsam klingende Name deutet auf die Lage unter dem einstigen Schloss hin, von dem nur noch der Bergfried steht. Der Weg hinauf lohnt aber auf jeden Fall, denn von hier hat man einen schönen Blick über die Stadt. Das Zentrum von Untermhaus ist der idyllische Mohrenplatz. Das prägende Bauwerk ist die imposante ▸ **Marienkirche** mit ihrem sehenswerten Balkenwerk im Inneren. Die Kirche wurde 1440 im spätgotischen Stil erbaut. Sie ist eine der schönsten und ältesten Kirchen der Stadt. Rechts und links von ihr stehen interessante Häuser. Linker Hand befindet sich das ▸ **Geburtshaus von Otto**

Dix. Der Maler wurde 1891 in dem zu Beginn des 18. Jahrhundert erbauten Fachwerkhaus geboren. Seit 1991 beherbergt es eine sehenswerte Ausstellung über Leben und Wirken des großen Sohns der Stadt. Kirche und Haus sind durch einen ruhigen und idyllischen Hinterhof verbunden. Rechterhand der Kirche steht das ► **Lummersche Backhaus,** das heute ein Restaurant ist. Hofbäcker Lummer lies 1742 ein Haus aus ehemals zwei Häusern errichten. Er nutzte es als Backstube und Verkaufsraum. Direkt neben dem Lummerschen Backhaus führt die im Jahr 1863 erbaute ► **Untermhäuser Brücke** über die Weiße Elster. Sie ist eine der ältesten noch erhaltenen Stahlnietenbrücken in Mitteldeutschland. Bei schönem Wetter kann man nicht nur über die Brücke flanieren, sondern auch bei einem Gläschen Wein und leckerem Essen das bunte Treiben beobachten, denn auf der Brücke befindet sich der Freisitz des Lummerschen Backhauses.

Frisch gestärkt geht es zu einem Meisterwerk der Moderne – dem ► **Henry van de Velde Museum Haus Schulenburg** am westlichen Stadtrand von Gera. Das geräumige Landhaus wurde in den Jahren 1913/14 errichtet. Van de Velde entwarf nicht nur den großzügigen Klinkerbau, er zeichnete auch für die Inneneinrichtung verantwortlich. Möbel, Teppiche, Bezugsstoffe, textile Wandbespannung und sogar Geschirr entstammen seinen Entwürfen. Das Museum ist heute ein wahres Kleinod. Im Nebengebäude lädt ein Café zu einer Pause ein.

Der Meisterschüler von van de Velde – Thilo Schoder – hinterließ in Gera zahlreiche Bauten im Bauhausstil, die bei einem Rundgang entdeckt werden können. Ganz in der Nähe des Hauses Schulenburg befindet sich der ► **Dahliengarten** mit einem Brunnen von Thilo Schoder. Gerade wenn man im Frühherbst Gera besucht, sollte man die blühenden Wunderwerke der Natur bestaunen.

Greizer Geschichte

An unserem letzten Tag ist noch Zeit für einen kurzen Abstecher in die Natur. Vom Bahnhof Barthmühle, an dem auch ein Wanderparkplatz ist, führt ein kurzer Weg entlang der Elster bis zur ▸ **Elstertalbrücke**, der zweitgrößten Ziegelsteinbrücke. Ein echter Hingucker!

Und wenige Schritte weiter steht man mitten im wildromantischen Triebtal. Danach empfiehlt sich eine Einkehr in der ▸ **Barthmühle**.

Frisch gestärkt geht es nach **Greiz**. Zwei Schlösser, ein Sommerpalais und der Fürstlich Greizer Park machen die Stadt zu einem besonderen Kulturort. Das ▸ **Obere Schloss** bildet den Ausgangspunkt. Historische Bausubstanz geht mit der interaktiven Ausstellung „Vom Land der Vögte zum Fürstentum Reuß ältere Linie" eine spannend erzählte Verbindung ein. Der Weg führt weiter vorbei an der Alten Wache zum ▸ **Unteren Schloss**. Die Ausstellung vom Oberen Schloss findet hier ihre Fortsetzung mit der Zeit ab 1800. Außerdem geben die fürstlichen Räume einen Einblick in die damalige Wohnkultur. Den Abschluss bildet ein Spaziergang durch den ▸ **Fürstlich Greizer Park** mit dem frühklassizistischen ▸ **Sommerpalais**. Der prachtvolle Bau beherbergt die Staatliche Bücher- und Kupferstichsammlung sowie die Karikaturensammlung. Der Park selbst ist ein besonderes Beispiel für spätklassizistische Gartenkunst. Immer wieder bieten sich wunderbare Blicke zum Schloss oder zum Aussichtspunkt am Weißen Kreuz. Vor unserer Abreise machen wir im ▸ **Café im Küchenhaus** eine Kaffeepause. Ein leckerer Abschluss unserer Landpartie durch das Vogtland, die einen kleinen Einblick in die große Vielfalt der Region gegeben hat und neugierig auf weitere Ausflüge macht.

Da will ich hin!

- **Vogtlandmuseum und Galerie e.o.plauen**
Nobelstraße 7–13, 08523 Plauen, www.vogtlandmuseum-plauen.de, www.e-o-plauen.de

- **klein & fein Pâtisserie**
Johanniskirchplatz 2, 08523 Plauen, www.kleinundfein-patisserie.de

- **Weisbachsches Haus**
Bleichstraße 1–3, 08527 Plauen

- **Modespitze**
Annenstraße 9, 08523 Plauen, www.modespitze.de

- **Altes Handelshaus**
Straßberger Straße 17, 08527 Plauen, www.altes-handelshaus.de

- **Marienkirche**
Gries 1X, 07548 Gera, www.marienkirche-gera.de

- **Otto-Dix-Haus**
Mohrenplatz 4, 07548 Gera

- **Lummersches Backhaus**
Gries 1, 07548 Gera, www.lummersches-backhaus.de

- **Untermhäuser Brücke**

- **Henry van de Velde Museum Haus Schulenburg**
Straße des Friedens 120, 07548 Gera, www.haus-schulenburg-gera.de

- **Dahliengarten**
07548 Gera, www.dahliengarten-gera.de

- **Elstertalbrücke**

- **Barthmühle**
Barthmühle 20, 08543 Pöhl, www.feuerferkel.de

- **Oberes Schloss**
Oberes Schloss 1, 07973 Greiz

- **Unteres Schloss**
Burgplatz 12, 07973 Greiz

- **Fürstlich Greizer Park mit Sommerpalais**
Fürstlich Greizer Park, 07973 Greiz, www.sommerpalais-greiz.de

- **Café im Küchenhaus**
Im Fürstlich Greizer Park, 07973 Greiz, www.cafe-kuechenhaus.de

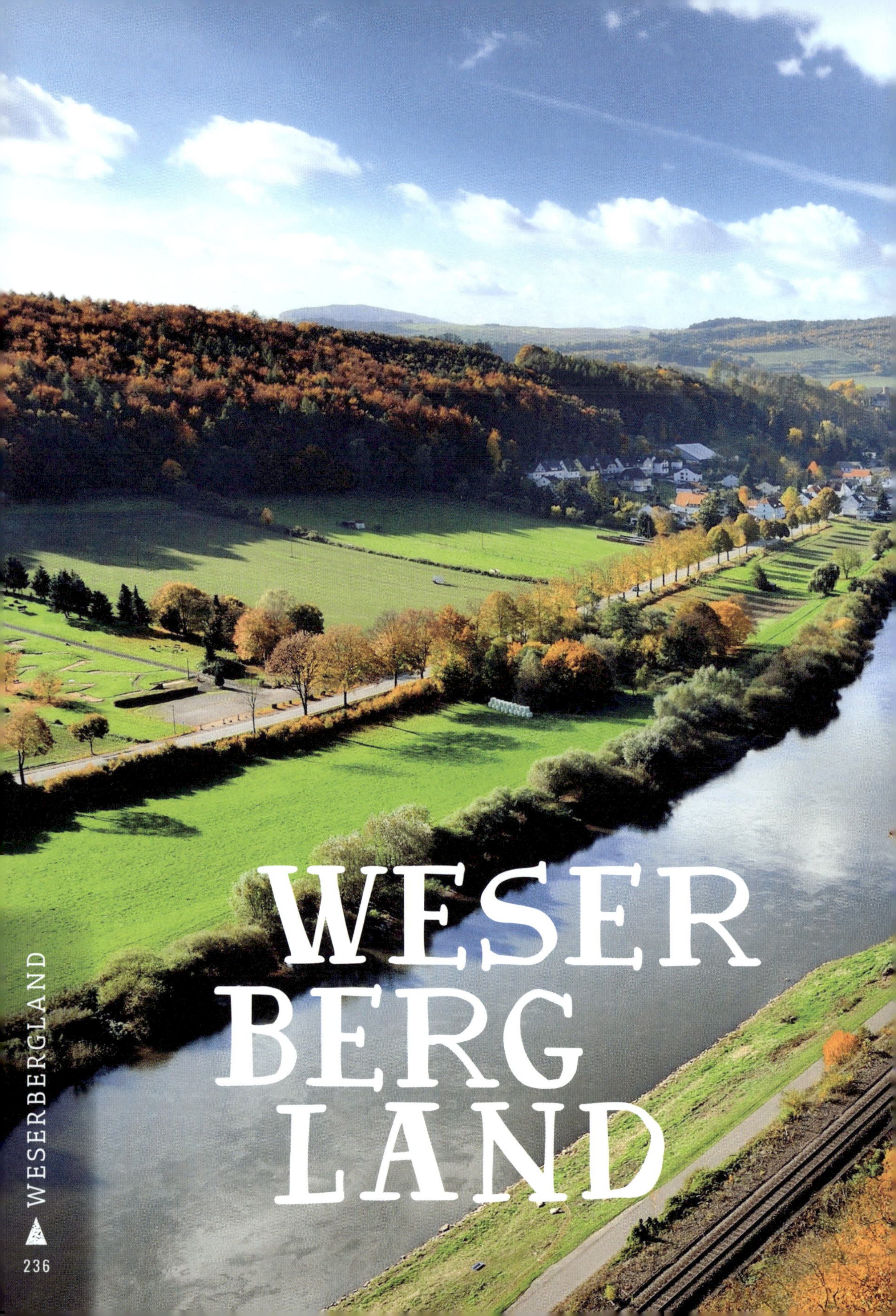

WESER BERG LAND

Welterbe und Höhenrausch

Das Weserbergland erstreckt sich, seinem namensgebenden Fluss folgend, von Hannoversch Münden bis nach Porta Westfalica. Von wo aus ließe sich die märchenhafte Landschaft also besser erkunden als vom Ursprung der Weser? Der Zusammenfluss von Fulda und Werra in **Hannoversch Münden** zum längsten innerdeutschen Fluss markiert gleichzeitig auch den Beginn einer der beliebtesten Urlaubsregionen Deutschlands. Auf einer zweigeteilten Flussinsel, dem Tanzwerder, weist der ▸ **Weserstein** auf ihren Ursprung hin – und stellt ein beliebtes Ausflugsziel für Touristen dar. Von diesem Punkt starten von Mai bis Oktober auch täglich Schiffsrundfahrten.

Sowieso darf eine ▸ **Schifffahrt** bei einem Besuch des Weserberglands auf keinen Fall fehlen! Denn vom Wasser aus lässt sich die Region hervorragend erkunden: An Bord eines Schiffs können die Gäste die malerische Landschaft ganz in Ruhe an sich vorbeiziehen lassen – und so ihren märchenhaften Reiz mal aus einer ganz anderen Perspektive kennenlernen. Mit den Ausflugsdampfern der Reederei Flotte Weser werden verschiedene Flussabschnitte befahren; unterwegs halten die Schiffe an vielen Orten, sodass die Fahrt gut mit dem Besuch einer Stadt oder einer Sehenswürdigkeit kombiniert werden kann. Ein besonders schöner Streckenabschnitt liegt im Bereich der Oberweser zwischen Bad Karlshafen und dem ▸ **Weltkulturerbe Corvey**.

Corvey war eine der bedeutendsten Klosteranlagen der mittelalterlichen Welt und stellt heute eine der wichtigsten Sehenswürdigkeiten des Weserberglands dar. Im Jahr 2014 wurde die Anlage mit der Klosterkirche, dem karolingischen Westwerk und dem fürstlichen Schloss

in die Liste der UNESCO-Weltkulturerbestätten aufgenommen. Während hier früher Kaiser und Könige Hof hielten, befindet sich die weitläufige barocke Anlage heute in herzoglichem Besitz. Viele der Räumlichkeiten werden nun als Museum genutzt. Hier können die Besucher 1200 Jahre klösterlicher und weltlicher Geschichte bestaunen.

Zurück in Bad Karlshafen, ist ein Abstecher zum ▸ **Weser-Skywalk** ein Muss. Hier können die Besucher in luftiger Höhe über der Weser schweben – ein besonderes Erlebnis! Die Aussichtsplattform befindet sich auf einer einmaligen Formation von Sandsteinfelsen (bekannt unter dem Namen Hannoversche Klippen), die bis zu 80 Meter über der Weser thronen. Aufgrund seines fantastischen Panoramas ist der Weser-Skywalk bereits seit seiner Eröffnung im Jahr 2011 eines der beliebtesten Ausflugsziele im Weserbergland.

Wer nach so viel Sehenswürdigkeiten Hunger verspürt, sollte weiter in den kleinen Ort Hehlen reisen. Denn dort verbirgt sich eines der besten Restaurants der Region: die ▸ **Schloßwirtschaft.** Direkt neben dem Wasserschloss Hehlen, das als eines der frühesten Schlösser im Stil der Weserrenaissance gilt, befindet sich in einem der renovierten Wirtschaftsgebäude ein Restaurant (und Café), das Tradition und Moderne auf die beste Art und Weise miteinander verbindet. In stilvollem Ambiente genießen die Gäste unter Kronleuchtern hausgemachte Kuchen, Kaffeespezialitäten und feine deutsch-österreichische Küche. Am schönsten ist ein Besuch der Schloßwirtschaft an warmen, sonnigen Tagen, denn dann haben die Gäste von der großen Außenterrasse einen tollen Blick auf die Weser und die grüne Landschaft.

Rattenfänger und Weserrenaissance

Weiter geht es in die inoffizielle Hauptstadt des Weserberglands, die weltweit als Rattenfängerstadt bekannt ist: ▸ **Hameln.** Die Sage des Rattenfängers, der die Stadt von einer Ratten-

plage befreite, ist weltbekannt und lockt jährlich Tausende von Besuchern an. Die kleinen Nagetiere sind in Hameln allgegenwärtig: Die sogenannten Rattensteine führen die Besucher auf einer Art Rundwanderweg an den wichtigsten Bauten und Sehenswürdigkeiten vorbei, wie z. B. dem Hochzeitshaus oder der Marktkirche.

Wer eine kulinarische Pause braucht, sollte im Spezialitäten-Restaurant ▸ **Pfannekuchen** einkehren. In einem etwas versteckt gelegenen Fachwerkhaus in Hamelns Altstadt, das auf eine über 350-jährige Geschichte zurückblickt und somit zu den ältesten Gebäuden der Stadt zählt, können die Gäste unzählige Arten der Leckerei genießen. Hier gibt es über 40 Variationen: von klassisch süß (mit Apfelmus oder Nutella) bis herzhaft (mit Lachs oder hausgemachtem Sahnegeschnetzelten).

Frisch gestärkt, können sich die Besucher auf den Weg zu Hamelns Hausberg, dem Klüt, und dem dortigen Aussichtsturm machen. Der Berg und der tiefer gelegene Bereich Finkenborn sind sowohl bei Hamelnern als auch bei Touristen ein beliebtes Naherholungs- und Ausflugsziel. Zudem ist der Klüt bei Wanderern sehr gefragt: Wer gut zu Fuß ist, kann von Hameln eine mittelschwere Wanderung (ca. 1,5 Kilometer Aufstieg durch den Wald) zum ▸ **Klütturm** unternehmen. Belohnt wird man mit einem tollen Panoramablick über die Rattenfängerstadt, die sich dahinschlängelnde Weser und das Hamelner Umland.

Apropos Hamelner Umland: Wer Zeit hat, sollte unbedingt einen Abstecher zur nahe gelegenen ▸ **Hämelschenburg** unternehmen, einem märchenhaften Hauptwerk der Weserrenaissance. Mit der ersten freistehenden protestantischen Kirche Deutschlands, den Wirtschaftsgebäuden, dem Park und dem Inventar ist die Anlage vollständig erhalten – und zählt deshalb zu den bedeutendsten Renaissanceanlagen in Deutschland! Besucher können einen Spaziergang über die weitläufigen Gartenanlagen unternehmen und dabei allerhand entdecken; zudem können sie auch einen Teil des Schlosses bei einer Führung besichtigen – und dabei in die Geschichte einer niedersächsischen Adelsfamilie im Laufe von sechs Jahrhunderten eintauchen.

Kaiser und Fürsten

Am dritten Tag geht's in das nördliche Weserbergland, das zusammen mit dem Wiehengebirge die letzten Ausläufer der Mittelgebirge darstellt. Hier grüßt die Besucher schon von Weitem das ▸ **Kaiser-Wilhelm-Denkmal**. Wo sich die Weser ihren Weg zwischen dem Wiehengebirge im Westen und dem Wesergebirge im Osten bahnt, wacht ein Standbild des Kaisers über dem „Tor zu Westfalen", der **Porta Westfalica**. Mit seiner stolzen Höhe von 88 Metern ist es nach dem Völkerschlachtdenkmal in Leipzig sogar das zweitgrößte Denkmal Deutschlands. Und deshalb ein beliebtes Ausflugsziel, das weit über die Region hinaus bekannt ist. In die Ringterrasse wurden ein Informationszentrum sowie ein Panoramarestaurant gebaut, von dem sich tolle Aussichten bieten. Allein für diese wahrlich kaiserliche Sicht lohnt sich ein Ausflug hierhin allemal!

Im nicht weit entfernt gelegenen Bückeburg lockt eine weitere besondere Sehenswürdigkeit: das ▸ **Schloss Bückeburg**, das bereits seit 700 Jahren der Stammsitz der Fürstenfamilie zu Schaumburg-Lippe ist. Nicht nur das Schloss selbst, das im Rahmen von verschiedenen Themenführungen entdeckt werden kann, sondern auch der im Stil eines englischen Landschaftsgartens angelegte Schlosspark ist sehenswert. Hier befindet sich auch das größte private Mausoleum der Welt, das nach dem Vorbild des Pantheons in Rom errichtet wurde und über die größte Goldmosaikkuppel Europas verfügt.

Pferdeliebhaber aufgepasst: Direkt neben der Schlossanlage befindet sich die ▸ **Fürstliche Hofreitschule Bückeburg** – die einzige Hofreitschule Deutschlands! Der Besuch der öffentlichen Trainings und der Vorführungen der barocken Reitkunst sind faszinierend. Jährliche Veranstaltungs-Highlights, wie die Landpartie im Sommer oder der Weihnachtszauber im Winter, sind etwas ganz Besonderes – und damit typisch für das Weserbergland.

Da will ich hin!

- **Weserstein**
  34359 Hannoversch Münden
- **Schifffahrtsbüro Hameln**
  Am Stockhof 2, 31785 Hameln, www.flotte-weser.de
- **Schloss Corvey**
  Corvey, 37671 Höxter, www.corvey.de
- **Weser-Skywalk**
  Hannoversche Klippen, 37688 Beverungen
- **Die Schloßwirtschaft Hehlen**
  Schloßstraße 2, 37619 Hehlen, www.die-schlosswirtschaft.de
- **Rattenfängerstadt Hameln**
  www.hameln.de
- **Restaurant Pfannekuchen**
  Hummenstraße 12, 31785 Hameln, www.pfannekuchen-hameln.de
- **Klütturm**
  Klütturm 1, 31787 Hameln
- **Schloss Hämelschenburg**
  Schlossstraße 1, 31860 Emmerthal, www.schloss-haemelschenburg.de
- **Kaiser-Wilhelm-Denkmal**
  Kaiserstraße 15, 32457 Porta Westfalica, www.kaiser-wilhelm-porta.de
- **Schloss Bückeburg mit Fürstlicher Hofreitschule**
  Schlossplatz 1, 31675 Bückeburg, www.schloss-bueckeburg.de, www.hofreitschule.de

Auf erholsamer LandPartie waren:

© Stephan Dinges

Kristin Berschet bloggt mit großer Leidenschaft auf *www.rheinhessenliebe.de*. An **Rheinhessen** schätzt sie besonders die lebenslustigen, humorvollen Menschen. Ihr liebster Glücksort ist der Flonheimer Adelberg.

Ingmar Bojes studierte Politikwissenschaften und Germanistik und arbeitete bis 2019 als Redaktionsleiter für das Freizeitportal *www.muensterland.de*. Als leidenschaftlicher Wanderer und Radfahrer erkundet er das **Münsterland** nach wie vor und entdeckt immer wieder neue Orte in der münsterländischen Weite.

Klaus Bovers arbeitet seit fünf Jahrzehnten in der Buch- und Verlagsbranche: als Verlagsvertreter, Literaturagent und Autor. Im **Inntal** findet er Erholung und Abenteuer zugleich, nach Rosenheim zieht es ihn, wenn ihm der Sinn nach Stadtluft steht.

Melanie Brozeit ist ein Kind des **Ruhrgebiets** und erlebt das Revier heute am liebsten vom Wasser aus. Die ausgebildete Journalistin arbeitet als TV-Redakteurin für Serien und Filme. Im **Alten Land** fühlt sie sich äußerst heimisch, denn Ehemann Peter Jännert ist ein echter Altländer Junge, der sie stets mit der Kamera begleitet.

Heike Burkhard war Lehrerin mit Leib und Seele. Heute hat sie die nötige Muße, sich in ihrer Heimat **Mittelfranken** und in **Unterfranken** auf die Reise zu machen. Dabei entdeckt sie immer neue Highlights und stellt fest: Man lernt nie aus!

Marion Demme-Zech wurde im **Saarland** geboren und wollte nie woanders leben. Eigentlich schreibt sie Krimis. Diesmal suchte sie in ihrer Heimat nach Spuren des Glücks und ermittelte zahlreiche wunderbare „Tatorte".

Katja Edelmann ist Kommunikationswirtin, Autorin und Gästeführerin in Speyer. Nach zehn Umzügen hat sie in der **Pfalz** ihr Glück gefunden – wegen des Toskana-Gefühls zum Sehen, Fühlen und Schmecken, der kühlen Weißherbstschorle und der Pfälzer Frohnatur.

Cornelia Ertmer und **Anne-Kathrin Koppetsch** haben eines gemeinsam: ihre Kindheitserlebnisse im **Sauerland**. Auch heute noch trifft man sie auf Wanderwegen, an Talsperren und in Tropfsteinhöhlen. Mit der Autorengruppe *LiteraturRaumDortmundRuhr* haben sie jede Menge Lieblingsplätze im „Land der 1000 Berge" (neu) entdeckt. *www.literaturraumdortmundruhr.de*

Für **Andrea Fischer** gibt es kein schöneres Fleckchen Erde als den **Hunsrück**. Sie lebt auf einem Bauernhof mitten im Nationalpark Hunsrück-Hochwald und arbeitet als Redakteurin beim Trierer Wochenspiegel.

Seit über 30 Jahren leben **Andrea** und **Harald Hesse** in München. Fast jede freie Minute verbringen die Lehrerin und der Journalist da, wo andere Urlaub machen: im **Allgäu** und im **Chiemgau**. Mit jedem Besuch lernen sie Land und Leute besser kennen und wachsen ihnen die Regionen mehr ans Herz.

© Anke Lammek

Jens Höhner arbeitet als Journalist und Autor in Köln. Das **Bergische Land** kennt er wie seine Westentasche. Längere Auszeiten verbringt er am liebsten an der **Ostsee** in Schleswig-Holstein, wo sich ihm eine wahre Schatzkiste an Glücksmomenten offenbart.

© Klaus Eppele

Birgit Jennerjahn-Hakenes ist freiberufliche Autorin und detailverliebte Entdeckerin. Im **Schwarzwald** fasziniert sie die Mischung aus Natur und Geschichte, aus Entschleunigung und Adrenalin.

Barbara Klein lebt am **Niederrhein** und ist Autorin aus Leidenschaft. Ihre Wahlheimat hat sie über viele Jahre ausgiebig erforscht – und ist überrascht, wie viel Neues und Schönes es hier immer wieder zu entdecken gibt.

Die waschechte Oberfränkin **Kerstin Elisabeth Klinger** erfüllt sich mit dem Schreiben einen persönlichen Traum. Dass sie dabei ihre Heimat **Oberfranken** noch besser kennen- und noch mehr lieben lernt, ist dabei das extra Sahnehäubchen.

Angelika Koch wohnt seit vielen Jahren in der **Eifel** und arbeitet als freie Redakteurin, Journalistin und Autorin. Ihren persönlichen Glücksort entdeckte sie damals rein zufällig: das von blühenden Seerosen bedeckte Meerfelder Maar.

Anja Koser ist studierte Literatur- und Kulturwissenschaftlerin und arbeitet als Online-Redakteurin. Ursprünglich aus Ostwestfalen-Lippe, lebt sie heute im märchenhaften **Weserbergland.** Neben ihrer Leidenschaft fürs Schreiben liebt sie Ausflüge in die Natur und leckeres Essen.

Marike Langhorst ist Literaturwissenschaftlerin und leidenschaftlich Reisende. Sie ist kulturbegeistert, outdoorsüchtig und genießt regionale Köstlichkeiten. Am **Havelland** liebt sie besonders die zahlreichen Strände und versteckten Kunstorte. *www.reisefrequenzen.de*

Janet Lindemann kam als 1234. Baby des Jahrgangs 1977 in Bergen auf **Rügen** zur Welt. Hier arbeitet sie als freie Journalistin, Autorin und Verlegerin. Die Mama von vier Kindern lebt in Stralsund und liebt ihre Heimat.

Alexandra Matzke wurde im romantischen Wiedenbrück geboren und ist ihrer Heimat immer treu geblieben. Auf zahlreichen Touren durchs schöne **Ostwestfalen-Lippe** entdeckt sie immer neue Glücksorte.

Für **Karin** und **André Niedostadek** begann das Glück schon vor vielen Jahren auf der Insel **Föhr.** Bis heute sind die freiberufliche Dozentin und der Professor an der Hochschule **Harz** auf den Inseln und Halligen unterwegs – wenn sie nicht gerade das heimische Mittelgebirge erkunden.

© Charlotte Dyckerhoff

Andrea Reidt ist Journalistin, Essay- und Buchautorin. **Mittelhessen** ist ihre Heimat: In Marburg wuchs sie auf, in Wetzlar, Dillenburg und Gießen arbeitete sie als junge Reporterin, im Vogelsberg verlebte sie viele Ferien und in Goßfelden an der Lahn liegt ihr Garten.

Manja Reinhardt pendelt zwischen Leipzig und Plauen und schreibt als freie Autorin über die Themen Kultur und Reise. Im Gebiet zwischen **Saale und Unstrut** ist sie aufgewachsen, im **Vogtland** ist sie zu Hause. Die Soziologin liebt die Mischung aus Tradition und Moderne, aus Natur und Kulinarik. *www.vogtland-zauber.de*

Die Journalistin **Carmen Sadowski** pendelt zwischen Köln und Zeltingen an der **Mosel** und schreibt am liebsten übers Reisen. Nebenbei betreibt sie ein Mosel-Onlinemagazin, für das sie flussauf und flussab Neues, Charmantes und gerne auch Skuriles aufstöbert. *www.mosel-zweinull.de*

Ein schöner Spaziergang mit Blick auf den Rhein, ein Päuschen mit Weinprobe: So erlebt der gebürtige Mainzer **Günter Schenk** „seinen" Fluss am liebsten. Als Journalist, Autor und Publizist kennt er den **Mittelrhein** in all seinen Facetten.

Carola Siedhoff ist Historikerin und arbeitet als freie Journalistin, Autorin sowie Dozentin für Medienpädagogik in Hamburg. Im Sommer genießt sie die wunderschöne Natur der **Lüneburger Heide**. *www.elbe-bild-text.de*

Lothar Simmank ist Redakteur und lebt seit vielen Jahren in Kassel. Das begehbare Dach des Museums Grimmwelt ist sein persönlicher Glücksort. Von hier aus sieht man Grün soweit das Auge reicht – die typische Farbe im märchenhaften **Nordhessen**.

Nicole Steffens wohnt idyllisch auf dem Land in der Nähe von Limburg. Sie arbeitet im Marketing, ist Lese- und Literaturpädagogin und Autorin. An der **Lahn** erlebt sie besonders intensive Glücksmomente. *www.nicolesteffens.de*

Sigrid Stöckel lebt in Darmstadt und liebt es, draußen in der Natur zu sein. Der **Odenwald** mit all seinen urigen Cafés und Landgasthöfen gehört schon familienbedingt zu ihrer Lieblingsregion. *www.odenwaldlust.de.*

© Fotodesign Rammler

Brenda Stumpf ist erfolgreiche Krimödien-Autorin und von Geburt an halb Nordseekrabbe, halb Ruhrpottgöre. Heute lebt sie in Wilhelmshaven und entdeckt in ihrer Wahlheimat **Ostfriesland** immer wieder neue, spannende Lieblingsorte.

Elke Weiler zog schon vor langer Zeit nach **Nordfriesland**. Das Meer und der weite Strand von Sankt Peter-Ording haben sie dazu verführt. Nun schreibt die Reisejournalistin Bücher und berichtet auf *www.meerblog.de* über ihre Reisen und das wilde Leben an der Küste.

Tanja Werle ist Rheingauerin aus Leidenschaft. Seit 2016 führt sie als Rheingauprinzessin einen regionalen Blog und teilt ihre Tipps und Entdeckungen. Sie selbst ist im **Rheingau** schon seit über 25 Jahren glücklich.
www.rheingausprinzessin.de

Claudia Welkisch ist freie Redakteurin und Autorin und lebt in der Nähe von Köln. Mit ihr und **Sylt** war es Liebe auf den ersten Blick. Seit über 20 Jahren ist die Insel ihr zweites Zuhause und seit ihrer Hochzeit im Hörnumer Leuchtturm auch ihr ganz persönlicher Glücksort.
www.lieblingsplaetze-blog.de

© Daniela Blöchinger

„Da Woid is schee!“ Den Schlusssatz der inoffiziellen Bayerwald-Hymne „Mia san vom Woid dahoam“ kann **Gregor Wolf** uneingeschränkt unterschreiben. Der gelernte Journalist und ausgebildete Waldführer ist im **Bayerischen Wald** aufgewachsen und möchte seine Heimat gegen keinen anderen Ort der Welt tauschen.
www.waldundwelt.de

Die Fotos stammen von den jeweiligen Autor*innen und Fotograf*innen, außer:

Bali Therme/Bernd Opitz: S. 163; **CARASANA Bäderbetriebe GmbH:** S. 215 r.; **Chiemsee Marina GmbH_WingmenMedia:** S. 34 M.; **Edersee Touristic GmbH/ Katharina Jäger:** S. 130 r.; **Dirk Egelkamp:** S. 114 r.; **Eifel Tourismus GmbH, Dominik Ketz:** S. 41 l., **Emser Therme GmbH:** S. 78 l.; **Klaus Eppele:** S. 214 r., S. 215 M., S. 216 r., S. 217; **Erlebniszentrum Naturgewalten Sylt GmbH:** S. 222 l.; **Faber-Castell:** S. 88 r.; **Freilichtspiele Tecklenburg e. V.:** S. 114 l.; **GDKE Rheinland-Pfalz/Pfeuffer:** S. 106 M.; **Grimmheimat/Paavo Blåfield:** S. 132 l.; **Joachim Haessler:** S. 214 l.; **Stefan Hirtz:** S. 179 l.; **Hotel zur Krone:** S. 76 r.; **Johann Huber Anderlbauer:** S. 34 r.; **Insel Sylt Tourismus-Service GmbH:** S. 220 M.; **Peter Jännert:** S. 16– 19, S. 190, S. 191 M., S. 191 r., S. 193; **Kassel Marketing GmbH/Paavo Blåfield:** S. 133; **Lahntaltourismus Verband:** S. 74; **Lahntours Aktivreisen:** S. 79; **LOCHER Fotodesign & Manufaktur:** S. 214 M.; **LWL/Sabine Ahlbrand-Dornseif:** S. 112 r.; **Julia Martin/Abtei Münsterschwarzach:** S. 226 M.; **maulaff CC BY-SA4.0:** S. 228 r.; **Henrik Morlock:** S. 215 l.; **Robins Nest:** S. 131 M.; **Ulla Scherzer:** S. 138 r.; **Schloss Weilburg:** S. 76 M.; **Tobias Schnurr:** S. 216 l.; **Stadt Limburg:** S. 77 l.; **Sylter Meersalz GmbH & Co:** S. 220 r.; **Tomas Riehle/Arturimages:** S. 120 l.; **Tiergarten Worms:** S. 178 r.; **Tierpark Sababurg:** S. 132 r.; **Martin Weidhaas:** S. 170, S. 172 r., S. 173, S. 174 r.; **Herbert H. G. Wolfe, Städtische Museen Wetzlar**/Gemälde: Ferdinand Raab nach Wilhelm von Kaulbach: S. 95 M.; **www.stock.adobe.com:** S. 14: ©powell83, S. 20: ©lettas, S. 26: ©Lukasz, S. 38: ©RalfenByte, S. 44: ©mmphotographie.de, S. 50: ©dk-fotowelt, S. 68: ©Luigi, S. 80: ©Ingo Bartussek, S. 85: ©fotovogelgesang, S. 92: ©Sina Ettmer, S. 97: ©Björn Wylezich, S. 98: ©Markus Schoeffler, S. 104: ©dudlajzov, S. 110: ©Sven Förter, S. 116: ©Frank Kimpfel, S. 128: ©Moritz Becker, S. 134: ©schulzfoto, S. 140: ©Dirk, S. 146: ©Dar1930, S. 158: ©ON-Photography, S. 164: ©TA-Photographie, S. 172: ©rheingau.net, S. 174 l.: ©Branko Srot, S. 175: ©Kara, S. 176, S. 188: ©Peter, S. 182: ©spga, S. 191 l.: ©ErnstPieber, S. 192 l.: ©saiko3p, S. 192 r.: ©Claudia Paul, S. 194: ©dina, S. 200: ©Boris Stroujko, S. 206: ©Thanh, S. 208 M., S. 209 r.: ©Marcus Retkowietz, S. 212: ©kfritsch_69, S. 218: ©Wilm Ihlenfeld, S. 230: ©Lars, S. 236: ©reimax16, S. 238 l.: ©mojolo, S. 239 M.: ©jordi2r, S. 239 r.: ©travelpeter, S. 240 r.: ©fotobeam.de; **Beate Zoellner:** S. 221 M.

Bibliografische Information der Deutschen Nationalbibliothek
Die Deutsche Nationalbibliothek verzeichnet diese Publikation in der Deutschen Nationalbibliografie; detaillierte bibliografische Daten sind im Internet über http://dnb.d-nb.de abrufbar.

© 2022 Droste Verlag GmbH, Düsseldorf
Konzeption/Satz: Droste Verlag, Düsseldorf
Herausgeberin: Ute Voges
Einbandgestaltung und Illustrationen: Britta Rungwerth, Düsseldorf, unter Verwendung von Bildern ©Bogdan Sonjachnyj/Shutterstock
Druck und Bindung: P&B Print, Europe
ISBN 978-3-7700-2376-9

www.droste-verlag.de